Urte Schulz

Das schwarze Schaf des Hauses Baden

Urte Schulz

Das schwarze Schaf des Hauses Baden

Markgraf Eduard Fortunatus

Casimir Katz Verlag

Die Deutsche Bibliothek – CIP-Einheitsaufnahme

Schulz, Urte
Das schwarze Schaf des Hauses Baden: Markgraf Eduard Fortunatus /
Urte Schulz
Gernsbach: Katz, 2012
ISBN: 978-3-938047-61-3

Umschlaggestaltung: Jörg Schumacher, Casimir Katz Verlag,
unter Verwendung eines Münzporträts des Markgrafen Eduard
Fortunatus © Österreichische Nationalbibliothek, Wien
Satz: Casimir Katz Verlag, Gernsbach
Druck: Books on Demand GmbH, Norderstedt
ISBN: 978-3-938047-61-3

Inhalt

Vorwort

Skandale und Intrigen, Morde und Hexenprozesse, Verrat und Bespitzelung, Sittenlosigkeit und klösterliche Unzucht begleiteten das 16. Jahrhundert, eine Zeit, die geprägt war von konfessionellen und somit politischen Machtkämpfen. Eine schillernde Figur jener Epoche ist Markgraf Eduard Fortunatus von Baden. Die Betrachtung seines kurzen Lebens, unter besonderer Berücksichtigung seiner Vorgänger und seines Umfeldes, gibt einen spannenden Einblick in die Zustände dieses Jahrhunderts – nicht nur in Baden.

Eduard Fortunatus ist der verlorene Sohn der badischen Geschichte.[1] Von keinem Heldenleben gilt es zu berichten, von keinen großen Taten, die auf sein eigenes Dasein, das seines Hauses und auf die Geschicke seines Landes dauerhaft hätten Einfluss nehmen können. Kein bedeutendes Werk wurde von ihm hinterlassen, kaum eine Spur ist sichtbar geblieben von seinem Leben und seiner kurzen Regentschaft. Was er hinterließ, waren eine Tochter und drei Söhne und ein ungeheurer Schuldenberg.

Übriggeblieben sind aber auch die Sagen und Geschichten um diesen Markgrafen, die von Vielweiberei, Münzfälschung und Straßenraub erzählen, vom Giftmischen, von versuchten Mordanschlägen und einer unbekümmerten Verschwendungssucht – Geschichten aus dem Leben eines badischen Glücksritters. Und eben jene Geschichten machen neugierig auf diese historische Gestalt, auf ihren Platz im markgräflichen Baden, auf die Umstände und Hintergründe ihres Handelns.

Quellen zu seiner Person gibt es viele. Sie bestehen jedoch zum größten Teil aus Niederschriften, Briefen und Protokollen von Zeitzeugen, die dem Protagonisten – zumal in einer Zeit der religiösen Gegensätze und der wechselnden Machtkonstellationen – meist alles andere als wohlwollend gegenüberstanden. Es ist daher nicht leicht, sich ein objektives Bild zu machen von diesem unheilvollen und letztlich unglücklichen Markgrafen von Baden, der ein Leben führte, das seiner Stellung nicht entsprach.

Der Wunsch der Autorin war es, bei Durchsicht der Schriften und im Vergleich mit anderen Regenten ein wenig Verständnis und Sympathie zu entdecken für diesen Markgrafen – es ist ihr nur selten gelungen. Eduard Fortunatus wird im Gedächtnis bleiben als ein negatives Beispiel und als tragische Figur, aber immerhin als Ahnherr des Markgrafen Ludwig Wilhelm, als Urgroßvater des berühmten „Türkenlouis".

Die Autorin hatte nicht die Absicht, eine geschichtswissenschaftliche Schrift zu verfassen, wenngleich alles, was nachfolgend geschrieben steht, auf Quellen beruht. Ihre Absicht bestand einzig darin, eine Geschichte zu erzählen über einen Markgrafen von Baden, der als facettenreiche Gestalt durch die Jahrhunderte hindurch die Phantasie der Menschen dieses Landes beflügelt hat – und über das Treiben an den mit ihm verwandten Höfen und an manch anderen Höfen seiner Epoche. Allein Neugierde war die Triebfeder für diese Arbeit, und Neugierde sollte auch der Anlass sein, diese Geschichte zu lesen.

Danken möchte ich meinem Mann und meiner älteren Tochter für die Übersetzung lateinischer Passagen, schwedischer Texte sowie das Korrekturlesen.

Urte Schulz

Prolog

An einem Sonntagabend, man schrieb den 18. Juni[2] des Jahres 1600, verließ Eduard Fortunatus zu später Stunde das Gemach seines Gastes und wollte sich eben in seine eigenen Räume zurückziehen, als er auf einer steinernen Spindeltreppe so unglücklich stürzte, dass er schon bald darauf sein junges Leben aushauchte. Tags zuvor hatte sich auf seine Einladung hin Pfalzgraf Karl bei ihm auf der Burg Kastellaun eingefunden, um mit ihm einige wichtige Fragen der sponheimischen Gemeinherrschaft zu besprechen, aber wie der Pfalzgraf in einem Schreiben am Tage nach jenem Unfall wissen ließ, gedachte man auch, eine lustige Zeit miteinander zu verbringen. Eduard Fortunatus wird also nicht mehr ganz nüchtern gewesen und auf der Treppe mehr getorkelt denn aufrechten Ganges geschritten sein, und so endete dieser unterhaltsame und gewiss auch feuchtfröhliche Abend mit jenem tödlichen Unfall, der einem abenteuerlustigen und verschwenderischen, wilden und wollüstigen, treulosen, ja sogar verbrecherischen Leben ein jähes Ende bereitete.

Wirkliche Trauer war in seinem Lande nicht zu spüren, vielmehr wird ein großes Aufatmen durch die Markgrafschaft gegangen sein, die ihr Herr nie gepflegt, in der er sich nur selten aufgehalten hatte und die wegen der fortdauernden Misswirtschaft schon fast sechs Jahre zuvor von seinem Vetter Ernst Friedrich von Baden-Durlach okkupiert worden war. Selbst den Ort seines Exils, Kastellaun, hat Eduard Fortunatus hochverschuldet hinterlassen. So schrieb der markgräflich badische Propst Bornius denn auch an Ernst Friedrich von Baden-Durlach, weil Gott das Mittel geschickt habe, dass er hinweggenommen, sei er „wegen des öffentlichen Friedens und Eurer Hoheit Gemütsruhe“ froh.

Christoph und Cäcilia

Die Herkunft des Eduard Fortunatus und das ruhelose Leben seiner Eltern

Der Sommer neigt sich, noch ist alles grün. In London wartet eine Frau der schweren Stunde. Es ist ihr erstes Kind, das sie gebären wird, ein Kind der Liebe und der Staatsraison. Ein Knabe ist's, der ihren Schoß verlässt, der Zukunft laut und hell entgegenschreiend. Ganz ungewiss ist, was den Sohn erwartet, und doch ist schon bestimmt durch seine Herkunft, welche Neigung seine Wege leiten wird. Nur wenig Glück bringt er fortan für Land und Leute. Doch „Glück" ist seinem Namen beigegeben, denn Fortunatus hat man ihn benannt und gibt zudem auf Wunsch der englischen Regentin ihm als ersten Namen – Eduard.

Alles hatte sich so wohl gefügt, aber ein schwerwiegender Verdacht lastete plötzlich auf dem frischvermählten Paar. Christoph II. von Baden-Rodemachern, als Oberst in schwedischen Diensten stehend, und Cäcilia Wasa, die Schwester des schwedischen Königs Erik XIV., wurde vorgeworfen, an einer landesverräterischen Verschwörung beteiligt zu sein. Kurzerhand hatte Erik sie des Landes verwiesen. Die junge Frau war sehr glücklich dort gewesen, in ihrer Heimat Schweden. Nun aber, eine persona non grata, in Ungnade gefallen, sollte die Prinzessin dem Markgrafen in sein kleines Land am Oberlauf der Mosel folgen, an einen Hof, der ihr nicht all diese Pracht und den Glanz würde bieten können, wie sie es in ihrem bisherigen Leben gewöhnt war.

Das Paar zog es indes nicht sofort zurück nach Rodemachern, denn Christoph war ein recht reiselustiger junger Mann, und so machte man zunächst mit großem Gefolge einen Umweg durch die baltischen Länder. Aber auch in ihrer kleinen Residenz hielt es die jungen Eheleute hernach nicht lange; vielmehr zog es sie nach London an den königlichen Hof, denn in Rodemachern schien Cäcilia das Dasein allzu langweilig und reizlos.

Hier jedoch, am Hofe Elisabeths I., war das Leben bunt und abwechslungsreich. Lange schon hatten sie sich freundschaftliche Briefe ausgetauscht, die Königin von England und Cäcilia, und die Jungvermählten waren daher gern gesehene Gäste. Wie herzlich sie willkommen waren, zeigte sich an der Großzügigkeit der Königin. Um das ruhelose und reisefreudige Paar für eine längere Weile in ihrer Nähe festhalten zu können, gab sie Weisung, dem Markgrafen eine jährliche Summe von zweitausend französischen Sonnenkronen zukommen zu lassen. Es ging Elisabeth aber wohl doch eher allein um die Anwesenheit Cäcilias, von deren Gesellschaft und Konversation sie sehr angetan war, denn die Pension sollte nur so lange gewährt werden *as he suffereth the ladye his wife to resyde here in Englande.*[3]

Seine Gemahlin für zweitausend Kronen als Gesellschafterin Ihrer Majestät zu überlassen, konnte indes nicht der Grund gewesen sein, warum Christoph in diesen Handel einschlug. Vielmehr sollte Cäcilia zwischen der Königin von England und Erik, dem König von Schweden, vermitteln. Dieser nämlich, ihr ältester Bruder, war einer der Bewerber um Elisabeths Hand.

So kam es, dass London der Geburtsort des ersten Kindes von Christoph und Cäcilia wurde.

Am 17. September 1565, nur wenige Tage nach der Ankunft des jungen Paares, stieß Eduard Fortunatus seinen ersten Schrei in diese Welt hinaus. Er wurde begutachtet und gebadet, und, wie in jener Zeit üblich, wurde gewiss auch sein kleiner Leib von Tüchern umhüllt und in enge Bandagen geschnürt. Die Beinchen zusammengelegt, die kleinen Arme an den Körper gepresst, wie eine Mumie gewickelt lag Eduard fortan in seiner Wiege. Keine Gefahren sollten den zarten Gliedmaßen drohen, keine freien Bewegungen ihren normalen Wuchs beeinträchtigen. Da lag er nun, der erste Sohn von Christoph II. von Baden-Rodemachern und seiner Gattin Cäcilia Wasa von Schweden, bar jeder Bewegung, schlafend, schreiend und saugend.

Königin Elisabeth I., der jungen Mutter in Freundschaft zugeneigt, stand Pate. Sie selbst trug das Kind in die Saint Paul's Cathedral, hob es aus der Taufe und gab ihm den Namen Eduard. Sie tat dies in Erinnerung an ihren innig geliebten Bruder Edward VI., der zwölf Jahre zuvor gestorben war. Und *for that God had gratiously assisted his mother in so long and gengerous a journey and brought her safe*[4] (weil Gott seiner Mutter auf einer so langen und gefährlichen Reise gnädig beigestanden und sie unversehrt hergebracht hatte), aber auch um dem eigenen Glück Ausdruck zu verleihen und dem kleinen Erdenbürger alles Glück für sein ganzes weiteres Leben zu wünschen, fügte man einen weiteren Namen hinzu – „Fortunatus", der Glückselige. Glücklich sollte sein Leben verlaufen, Glück sollte ihn stets begleiten, und Glück sollte er denen bereiten, die seinen Weg kreuzen würden. Niemand konnte ja zu jener Zeit ahnen, dass dieses Kind einmal regierender Markgraf von Baden-Baden werden sollte, und dass er zwar stets sein eigenes Glück suchen, das Wohlergehen der Markgrafschaft indes nicht in seine Lebensplanung würde einschließen wollen.

Nichts deutete zunächst darauf hin, dass die kleine Nebenlinie Rodemachern einmal wichtig sein würde für den Fortbestand der Linie Baden-Baden und dass ein Spross dieses Zweiges regierender Markgraf werden könnte. Niemand konnte zu jener Zeit ahnen, welche wichtige Rolle einmal Eduard Fortunatus und seine Familie spielen würden, und so war auch die Erziehung während seiner frühen Kindheit nicht darauf ausgerichtet, dereinst zuverlässig die Pflichten eines verantwortungsvollen Regenten erfüllen zu können.

Regierende Markgrafen der Linien des Hauses Baden nach der Teilung 1515

- **Christoph I. von Baden** 1453-1527
  - Bernhard III. von Baden 1474-1536
    - Philibert von Baden-Baden 1536-1569
      - Philipp II. von Baden-Baden 1559-1588
    - Christoph II. von Baden-Rodemachern 1537-1575
      - Eduard Fortunatus von Baden-Baden 1565-1600
  - Philipp I. 1479-1533
  - Ernst von Baden-Pforzheim 1482-1553
    - Karl II. von Baden-Durlach 1529-1577
      - Ernst Friedrich von Baden-Durlach 1560-1604
      - Georg Friedrich von Baden-Durlach 1573-1638

Unter seinem Urgroßvater Markgraf Christoph I. von Baden war das Land noch ein Ganzes. Aber je älter er wurde, desto mehr ließen seine Kräfte nach, und schließlich, im Jahre 1515, musste sich der alternde Landesherr gänzlich von seinen Regierungsgeschäften zurückziehen. Schon im Jahr darauf wurde er unter die Vormundschaft seiner Söhne gestellt, die das Entmündigungsvefahren bei Kaiser Maximilian betrieben hatten. Die Markgrafschaft wurde unter seinen drei Söhnen Bernhard, Philipp und Ernst aufgeteilt: Der älteste, Bernhard III., erhielt die linksrheinischen nördlichen Teile Rodemachern und Sponheim, der mittlere Sohn, Philipp I., die altangestammten Lande Baden, Pforzheim und Durlach und der jüngste von ihnen, Ernst, die südlich gelegenen oberländischen Besitzungen Hachberg, Rötteln, Sausenberg und Badenweiler. Nicht ohne Grund wurden dem Zweitgeborenen die Kernlande zugeteilt. Philipp hatte schon seit 1511 eine führende Position in der Regierung eingenommen als kluger Verwalter und Vermittler, als rechte Hand seines Vaters und als tüchtigster und fähigster unter den Söhnen.

Bei seinem Abschied von der Regierungstätigkeit hatte Christoph I., weitsichtig und in Sorge um die Zukunft seines Landes, ein Hausgesetz erlassen. Die „Pragmatische Sanktion", die am 1. August 1515 unterzeichnet wurde, legte fest, dass das gesamtbadische Gebiet, trotz aller Teilungen, immer eine Einheit bilden solle. Später wurde dieser Vertrag noch erweitert durch eine wichtige Bestimmung, die für Eduard Fortunatus einmal von essentieller Bedeutung werden sollte: Sollte einer der Partner in der Abtragung der gemeinsamen Schulden sich als säumig erweisen und dem anderen dadurch Schaden zuwachsen, *dann durfte der Geschädigte binnen Monatsfrist nach Mitteilung der Schadenshöhe Ersatz beanspruchen. Andernfalls war er berechtigt, das Land seines Verwandten zu besetzen und bis zum Ausgleich seiner Verluste in Besitz zu halten.*[5]

Christoph wurde auf das alte Schloss Baden gebracht, weggesperrt, und dort verbrachte er nun seine letzten Lebensjahre. Im Jahre 1527 starb er, der zunächst letzte Regent eines einheitlichen Baden, *der erfolgreichste und angesehenste der Markgrafen; man hat gesagt: auch der Glücklichste, wenn er einige Jahre früher gestorben wäre.*[6]

Alles geschah ganz anders, als der alte Markgraf es sich vorgestellt hatte. Wenige Jahre später, 1533, starb Philipp, sein von ihm bevorzugter Sohn, ohne einen männlichen Erben hinterlassen zu haben. Erneut musste die Markgrafschaft Baden aufgeteilt werden. Bernhard erhielt den südlichen Teil mit Baden-Baden, Ernst den nördlichen und größeren Teil mit Pforzheim und Durlach. Fortan gab es zwei Herrscherhäuser in der Markgrafschaft, die „Bernhardinische Linie" Baden-Baden und die „Ernestinische Linie", Baden-Pforzheim, später Baden-Durlach, und erst im Jahre 1771, nachdem die Linie Baden-Baden im Mannesstamm erloschen war, sollten unter Karl Friedrich beide Teile wieder zusammenkommen.

Bernhard III. wurde somit der Begründer einer der beiden badischen Linien, die in Zukunft, wie die beiden Brüder, sich unterschiedlicher nicht hätten entwickeln können.

Die Markgrafen Bernhard III. von Baden-Baden und Ernst von Baden-Pforzheim.

Die Pflicht trifft ja nicht immer auf die Neigung. Einer Frau in Liebe zugeneigt zu sein ohne jede Aussicht, sie als rechtmäßige Gattin anerkennen zu können, ist das Schicksal manches Regenten gewesen. So wie Eduard Fortunatus später allein dem Rufe seines Herzens folgen sollte, war auch sein Großvater Bernhard zunächst nicht gewillt, eine für sein Land zweckmäßige Pflichtverbindung einzugehen. Schon in jungen Jahren hatte er sich auf das Innigste mit einer nicht standesgemäßen jungen Frau verbunden, deren Namen heute niemand mehr kennt. Diese Frau hatte ihm fünf Söhne geboren, Caspar und Melchior, Bernhard, Philipp und Johann. Zwar wurden diese Kinder von ihm und von der Öffentlichkeit anerkannt und akzeptiert, ja sogar von Kaiser Karl V. später zum Teil legitimiert, aber auf die Regierungsnachfolge durften sie ihrer unebenbürtigen Abstammung wegen keinen Anspruch erheben.

Erst spät, im Herbst seines Lebens, hat sich der fast Sechzigjährige dann doch noch standesgemäß vermählt. Er wollte seinem Bruder Ernst, mit dem er ständig im Streit lag, nicht das Erbe hinterlassen müssen und nahm sich, um wenigstens einen einzigen legitimen Sohn zu hinterlassen, eine hochadlige Gemahlin, die Gräfin Franziska von Luxemburg, Ligne, Roussy und Croy. Tatsächlich schenkte ihm die junge Frau schon bald einen Sohn, den kleinen Philibert, der am 22. Januar 1536 geboren wurde, und als der Vater kein halbes Jahr später am 29. Juni starb, trug seine Witwe bereits ein weiteres Kind unter ihrem Herzen. Sie brachte am 26. Februar 1537 einen zweiten Sohn zur Welt, Christoph II. Postumus, den Vater des Eduard Fortunatus.

Die beiden Knaben Philibert und Christoph kamen unter die Vormundschaft der Herzöge Wilhelm IV. von Bayern und Johann II. von Pfalz-Simmern. Beide Vormünder waren katholische Fürsten, und die Wünsche der Witwe und Mutter, die gemeinsam mit ihrem verstorbenen Gemahl der protestantischen Glaubensrichtung zuneigte, fanden bei dieser Regelung keinerlei Beachtung.

Bernhard hatte in seiner Markgrafschaft die schon von seinem Bruder Philipp geduldete Priesterehe weiterhin erlaubt, auch der Empfang des Abendmahls unter beiderlei Gestalt blieb während seiner Herrschaft weiterhin möglich, und gewiss hätte eine völlige Einführung des Protestantismus in seinem Lande stattgefunden, wenn er denn länger gelebt hätte. Nun aber wurde, besonders unter dem Einfluss des bayerischen Herzogs, das katholische Bekenntnis in der Markgrafschaft wieder das vorherrschende, denn sofort wurden Wege gesucht, den Katholizismus zu stärken und das Luthertum zu unterdrücken. Ein durchschlagender Erfolg war diesen Bemühungen jedoch nicht beschieden. Nachdem Philibert im Jahre 1556 selbst die Regierungsgeschäfte übernommen und sich, trotz seiner katholischen Erziehung, bald dem evangelischen Glauben zugewandt hatte, wurde der Katholizismus allmählich fast vollständig aus der Markgrafschaft verdrängt.

Noch unter der Herrschaft ihrer Vormünder, als Philibert und Christoph II. aber schon herangewachsen waren, erfolgte eine erneute Teilung der Markgrafschaft. Hatten die Brüder bislang das Kernland Baden-Baden gemeinsam innegehabt, so wurde in einem am 23. April 1556 abgeschlossenen Vertrag verfügt, dass Philibert diesen Teil fortan allein besitzen solle, dazu den Anteil an der Grafschaft Sponheim, Christoph hingegen wurden Rodemachern[7] und die übrigen luxemburgischen Herrschaften zugesprochen; er wurde der Begründer der Baden-Rodemacherschen Nebenlinie.

Rodemachern war einst 1492 Markgraf Christoph I. für seine Verdienste von Kaiser Maximilian verliehen worden. Der jetzige Erbe ließ dort wenig später, um 1560, das „Kleine Schloss" errichten, und noch heute kann man an den Fensterstürzen das Wappen der Markgrafen von Baden erkennen.

Christoph fühlte sich bei der Landesteilung übervorteilt und war daher überaus zerstritten mit seinem Bruder Philibert. Dennoch überließ er ihm bereitwillig die Verwaltung seiner Lande mitsamt den Einkünften und verlangte nur die jährliche Auszahlung einer festgelegten Summe Geldes. An den Regierungsgeschäften und allem, was damit zusammenhing, war er vorerst nicht sonderlich interessiert; vielmehr spürte er, noch jung an Jahren, den Drang, hinaus in die Welt zu ziehen und fremde Höfe kennenzulernen. Er brachte fortan den größten Teil seines Lebens auf Reisen zu.

Zunächst nahm er seinen Aufenthalt am kurpfälzischen Hofe Otto Heinrichs in Heidelberg, aber schon bald darauf, im Jahre 1557, reiste er abenteuerlustig in die Niederlande und schloss sich dem Heer des Königs Philipp II. von Spanien an, der damals Krieg gegen Frankreich führte. Philipp empfing Christoph *sehr gnädig; gab ihm eine monatliche Pension von 500 Gulden, und nahm ihn selbst mit ins Feld.*[8] Der junge badische Markgraf wohnte auch der Schlacht von Saint-Quentin teil, bei der das französische Heer 1557 entscheidend geschlagen wurde.

Wohl bald nach dem Friedensschluss 1559 kehrte Christoph wieder nach Heidelberg zurück, aber dann, 1561, zog es ihn doch weiter. Er reiste nach Schweden. Der Grund für diese Reise lag in der Schwermut, die Christoph in Heidelberg befallen hatte, und von der er sich in Schweden zu befreien hoffte. Ein adliges Fräulein, das er sehr verehrt hatte, war des Mordes angeklagt und enthauptet worden, und trübsinnig, fast depressiv erreichte der Markgraf schließlich Örebro. Sein Zustand verschlimmerte sich; er wurde krank und war für einige Zeit unfähig weiterzureisen. Dann ließ er sich aber doch nach Stockholm bringen, und dort, wo sich der endlich Genesene als Feldobrist im Dienste des königlichen Hofes nützlich machen konnte, kam es zu jener entscheidenden Begegnung, die sein junges Leben ganz und gar verändern sollte.

Es ging prachtvoll zu am Hofe des Königs Erik XIV. Das selbstbewusste Land war im Begriff sich auszudehnen. Hier machte der badische Markgraf Bekanntschaft mit Prinzessin Cäcilia, und schon bald begann er, um diese schöne und geistreiche Schwester des Königs zu werben. Cäcilia war nicht nur von ansehnlicher Gestalt, sie hatte auch eine ansehnliche Mitgift zu erwarten; zudem gehörte das schwedische Königshaus dem protestantischen Lager an, und eine Verbindung war daher auch politisch von hohem Interesse. Zahlreiche Freier hatten Cäcilia daher schon den Hof gemacht, aber letztlich war es doch Christoph, der die Zuneigung der Umworbenen und die Zustimmung des Königs erhielt. Die Vermählung musste jedoch vorerst verschoben werden, denn 1563 kam es zu einem Krieg zwischen Schweden und Dänemark. Christoph stand seinem zukünftigen Schwager hilfreich zur Seite, führte ihm eine Anzahl deutscher Reiter zu und leistete ihm in diesem Krieg auch sonst treffliche Dienste.

Am 18. Juni 1564 endlich reichte Christoph II. der schönen Cäcilia Wasa die Hand zum Ehebund, und künftig führte der ohnehin reisefreudige Markgraf von Baden-Rodemachern mit seiner Gemahlin ein umherschweifendes und unruhiges, von Geldnöten und Gläubigern bedrängtes, aufregendes Leben.

Christoph II., Markgraf von Baden-Rodemachern.

Eduard Fortunatus soll viel vom Wesen seines ruhelosen Vaters, vor allem aber den Charakter seiner Mutter Cäcilia geerbt haben. Die schöne Prinzessin stand schon zu Lebzeiten in einem zweifelhaften, schlechten Ruf. So sagte man ihr nach, sie sei verschwenderisch gewesen, abenteuerlich und ausschweifend und habe in ihrer Jugend durch ihr Verhalten dem alternden Vater viele Sorgen und Kümmernisse bereitet. Bei vielen Zeitgenossen galt sie gar als das „schwarze Schaf" ihrer Familie.

Ein zartes Mädchen war Cäcilia einst gewesen, oft kränkelnd und schwach. Ihre besorgte Mutter[9] war stets sehr fürsorglich darauf bedacht, der kleinen Tochter beizustehen, und häufig hatte sie sich Rat bei ihren Angehörigen geholt. Man hatte ihr manches Mal recht seltsame Empfehlungen gegeben. So wurde ihr einmal geraten, der Prinzessin, als diese erneut recht erschöpft war, nur noch Brot und Rotwein zu reichen. Ein andermal wurde ihr vorgeschlagen, man solle eine Haselhuhnfeder abziehen, sie trocknen lassen, im Mörser zerkleinern und das Pulver hernach mit lauwarmen Bier vermischen. Das kleine Mädchen hat alle diese Anwendungen nicht nur überlebt, sondern sich sogar noch ganz prächtig entwickelt.

Aber schon früh, sie war erst elf Jahre alt, verlor Cäcilia ihre inniggeliebte Mutter. Die Prinzessin, von früh an verhätschelt und verwöhnt, wuchs fortan ohne Zucht und Disziplin in großer Freiheit und Pracht heran und reifte zu einer bezaubernden und allseits beliebten jungen Dame mit einem ausgeprägten Temperament und großem Lebenshunger, sich ihrer Begabungen und Vorzüge sehr wohl bewusst. Am prachtvollen schwedischen Hofe, dem es gewiss nicht an schönen Frauen mangelte, galt sie zu jener Zeit als „die Schönste unter den Schönen". Der Hofdichter Henrik Mollerus, ein deutscher Poet der Renaissance, schrieb damals, sie sei noch schöner als die Göttin Venus.

Ihre Stirne ist so weiß wie Schnee,
die Augen strahlen wie die Sonne
ihre freundlichen Lippen sind anmutiger als Rosen
die Locken leuchten schöner als Gold.[10]

Feste und Bankette, Tafeln und Tänze – die junge und schöne Cäcilia liebte diese zahlreichen Gesellschaften, und gerne ließ man die lebhafte Königstochter bei ihren Vergnügungen gewähren. Aber diese Zügellosigkeit führte schließlich dazu, dass Cäcilia bald nicht mehr die Grenzen erkannte, die auch einer hochgestellten Person gesetzt waren. Durch ihre unbekümmerte Art und ihr unbesonnenes Verhalten sorgte die Prinzessin für einen aufsehenerregenden Skandal, der ihren Vater, Gustav I. Wasa, schwer getroffen hat, und man sagt, der Vorfall habe womöglich das baldige Ende des alten Königs herbeigeführt.

Wieder einmal fanden große, diesmal besonders prachtvolle, glänzende Feste statt. Cäcilias ältere Schwester Katharina heiratete am 1. Oktober 1559 Graf Edzard von Ostfriesland, und alle, alle waren gekommen. Ein festliches Ereignis folgte dem nächsten, es wollte kein Ende nehmen, ja bis in den November hinein feierte die Gesellschaft jene königliche Hochzeit und sich selbst. Im Dezember endlich sollte das frischvermählte Paar in ihr Land Ostfriesland reisen, und der Brautbruder und Kronprinz Erik begleiteten es mit einem großen Gefolge durch das südliche Schweden. Unterwegs legte man eine längere Rast auf Schloss Vadstena ein, der Heimstatt des jüngeren Bruders Magnus, wo man gemeinsam das Weihnachtsfest verbringen wollte. Mehrere hundert junge Menschen zogen in das Schloss ein, darunter auch Cäcilia, und leicht lässt sich ausmalen, wie fröhlich und ausgelassen die ganze Gesellschaft ihre Tage, Abende und Nächte verbrachte.

Im Trubel all dieser Feierlichkeiten und Bälle ging die leichtsinnige 19-jährige Cäcilia ein Liebesverhältnis mit Graf Johann ein, dem jüngeren Bruder des Bräutigams. Eines Abends bemerkten zwei Diener Eriks, wie ein Mann zum Fenster der schönen Cäcilia emporkletterte und in ihren Jungfrauengemächern verschwand. Wieder und wieder machten sie diese Beobachtung, bis einer der Diener diesen ungeheuerlichen Vorfall schließlich dem Kronprinzen meldete. Er besprach sich mit dem Bruder und Hausherrn Magnus und dem Diplomaten Charles de Mornay, und man kam überein, der geheimnisvollen Sache nachzugehen und den Unbekannten auf frischer Tat zu ertappen.

Einige Nächte lang geschah nichts, dann aber sah man wieder, wie jener Unbekannte angeschlichen kam und in Cäcilias Gemächern verschwand. Sofort stürmten Charles de Mornay und einige Wächter ohne Vorwarnung die Räume der Prinzessin und fanden dort Graf Johann vor – leichtbekleidet mit heruntergelassenen Hosen, wie er eben im Begriff war, Cäcilia zu umarmen.

Wer weiß denn wirklich, was in jener Nacht geschah? Wie immer, wenn ein schrecklicher Verdacht den gut gepflügten Boden düngt, sorgen Gerüchte für die gute Saat. Charles de Mornay soll sehr unzuverlässig gewesen sein und der Nachwelt ein Bild Cäcilias als leichtlebige junge Dame hinterlassen haben. Gewiss sind nächtliche Herrenbesuche für eine ehrsame Jungfrau nicht schicklich, doch ist es oft die Leichtigkeit der Jugend, die unbedarft für manchen Frohsinn gern die Grenzen überschreitet.

Alles habe sich ganz züchtig und ehrenhaft zugetragen, auch seien sie keineswegs allein in den Gemächern gewesen, so schwor Johann von Ostfriesland; dennoch wurde er wie ein Verbrecher in Fesseln gelegt und in das Gefängnis geworfen. Es ging später das Gerücht, Graf Johann sei zur Strafe für seine unsittliche Handlungsweise sogar kastriert worden.

Der alte König war zutiefst getroffen, denn dieser Vorfall, der als „Vadstenaskandal“ in die schwedische Geschichte einging, hatte für ein ungeheueres Aufsehen gesorgt, zumal zu jener Zeit schon Verhandlungen geführt wurden über eine Vermählung der lebenslustigen Prinzessin mit dem Pfalzgrafen Georg Johann von Veldenz.

König Gustavs Gesundheit war ohnehin recht angeschlagen, und nun, ausgelöst durch diesen Skandal, begann der 63-Jährige erneut zu kränkeln, und Schmerzen plagten seinen ganzen Körper. Zornig machte er in einer Flut von Briefen seinem Herzen Luft, er brüllte und er weinte und drohte dem Grafen mit der Todesstrafe.

Cäcilia schrieb hernach, ihr erzürnter Vater habe sie grausam misshandelt, geschlagen und ihr gar Haare ausgerissen, und als ihr Bruder Erik den König mit einem Kniefall um Gnade für seine Schwester gebeten habe, soll der Vater sogar mit einer Änderung der Erbfolge gedroht haben. Dass es dazu nicht kam, sei schließlich dem inständigen Bitten des zweiten Sohnes Johann zu verdanken gewesen. Aber der König soll überhaupt ein gespanntes Verhältnis zu seinem ältesten Sohn Erik gehabt haben, der aus seiner ersten Ehe stammte,[11] und es hieß, er habe sich sogar überlegt, ob er ihm nicht den Status eines Thronfolgers aberkennen und ihn statt dessen lieber in den Kerker werfen solle.

Um zu zeigen, für wie rein und unschuldig er seine Halbschwester hielt, ließ Erik später Cäcilia zu Ehren eine Erinnerungsmedaille gießen mit dem Abbild Susannas im Bade, jener treuen Ehefrau aus dem Alten Testament, die im Bad von einem Mann belästigt worden war und wegen ihrer angeblichen Untreue gesteinigt werden sollte.

Als sich die Gemüter wieder beruhigt hatten, sann man nach einem Weg, wie mit der unerfreulichen Angelegenheit umgegangen werden könne, stets bedacht auf den Ruf des königlichen Hauses. Nach vielen Vorschlägen kam man überein, es sei wohl am besten, der Übeltäter heirate die entehrte Jungfrau. Aber Graf Johann war über die Behandlung, die ihm widerfahren war, derart entrüstet, dass er alle Pläne in diese Richtung entschieden von sich wies und ablehnte.

Dieser Affront kränkte den König sehr, und er glaubte, überall an den Höfen Europas sei das schwedische Königshaus nun der Lächerlichkeit preisgegeben. Fast ein Jahr lang versuchten Gesandte der Familie des Grafen, den Gefangenen freizubekommen, unzählige Verhandlungen wurden geführt; dann endlich, im September 1560, dem Sterbemonat des greisen Königs, durfte der unglückliche junge Mann heimreisen. Zuvor jedoch musste er erneut unter Eid seine und der Prinzessin Unschuld beteuern und schwören, nie habe er sich damals in den jungfräulichen Gemächern ungebührlich verhalten, zudem wolle er niemals Rache nehmen für das, was ihm in Schweden widerfahren war.

Vielleicht war an dem Gerücht, Graf Johann sei zur Strafe kastriert worden, ja doch etwas Wahres dran. Als er nämlich in die Heimat zurückgekehrt war, zog sich Johann gänzlich von allen gesellschaftlichen Ereignissen zurück. Er, der bisher auf ausgelassenen Festen stets gerne zugegen war und dem der Ruf vorauseilte, ein rechter Frauenheld und Schürzenjäger zu sein, führte fortan ein bescheidenes und enthaltsames Leben und hat nie geheiratet.[12]

Trotz dieses Eklats, dem man wohl an anderen Höfen nicht dieselbe Bedeutung wie in Schweden beimaß, genoss der schwedische Hof weiterhin großes Ansehen, und Cäcilias Schönheit und hohe Mitgift lockten noch viele Heiratskandidaten. So warben neben vielen anderen Zar Iwan der Schreckliche und der König von Polen Sigismund II. August um die Hand der schönen Prinzessin, beide wurden jedoch abgewiesen. Die vor jenem Vorfall geplante Hochzeit mit dem Pfalzgrafen Georg Johann von Veldenz fand indes auch nicht statt; der für Cäcilia vorgesehene Bräutigam nahm drei Jahre später deren jüngere Schwester Anna zur Frau.

Am erfolgreichsten bei allen Werbungen zeigte sich ein Gesandter des Königs von Polen. Dieser Gesandte, Graf Johann von Tenczin, hielt sich im Sommer 1561 zur Zeit der Krönung Eriks XIV. in politischem Auftrag in Stockholm auf. Schon bald nach jenem Skandal, am 29. September 1560, war König Gustav I. Wasa gestorben. Immer schwächer und kränkelnder war er geworden, immer finsterer sein Gemüt, und der Inhalt der Briefe, die sich Vater und Sohn geschrieben hatten, klang oftmals recht heftig und gereizt. Nun aber war eine Ära zu Ende gegangen, und der ungeliebte Sohn übernahm als Erik XIV. Nachfolge und Krone.

Johann von Tenczin verliebte sich über alle Maßen in die schöne Prinzessin. So sehr war er in Liebe zu ihr entbrannt, dass er, um ihr Herz zu gewinnen, eines Abends Musikanten unter die Fenster der Gemächer Cäcilias schickte, um der Angebeteten aufzuspielen. Die Nachtmusik schien nicht allen bei Hofe gefallen zu haben, denn schon bald waren die Wächter zur Stelle, schlugen die nächtlichen Ruhestörer nieder und beendeten auf diese kraftvolle Weise das Liebesständchen.

Aber Johann zeichnete sich in der Hauptsache doch durch ein vortreffliches Betragen aus. Dadurch erlangte er bald das Wohlwollen des Königs, und seine Bitte um die Hand der Angebeteten hatte Erfolg. Das Paar verlobte sich, und Graf Johann kehrte glücklich zurück nach Polen, um seine Geschäfte zu regeln.

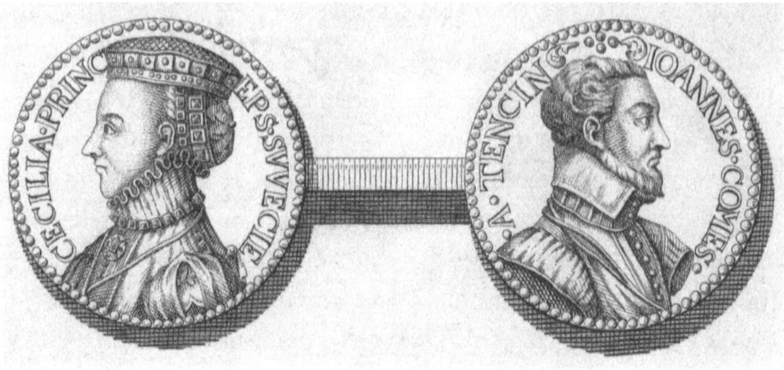

Cäcilia Wasa und Johann von Tenczin, Gedenkmünze.

Alle Hochzeitsvorbereitungen waren bereits in vollem Gange, ja sogar Gedenkmünzen mit dem Bildnis der jungen Leute waren schon geprägt, alles war also so offiziell wie nur möglich, als ein unglückliches Ereignis alle schönen Pläne zunichte machte. Auf seiner Rückreise nach Schweden Ende 1563 wurde das Schiff des Grafen von den Dänen gekapert. Schweden und Dänemark standen sich zu dieser Zeit als kriegerische Feinde gegenüber, und so wurde Johann von Tenczin auf Befehl des dänischen Königs gefangengenommen und nach Kopenhagen gebracht. Dieser Umstand ängstigte den Grafen nicht sonderlich, hatte er doch große Hoffnung, seine Freiheit bald wiederzuerlangen. Es war dann in der Tat ein anderer Feind, der ihm nach dem Leben trachtete. Ein heftiges Fieber überfiel den gefangenen Bräutigam, warf ihn auf das Krankenlager, und schließlich war er so entkräftet, dass er sein Leben aushauchte.

Nur über einen kurzen Zeitraum hinweg schien die schwedische Prinzessin tatsächlich erschüttert gewesen zu sein. Schon bald wurde jene traurige Episode nicht mehr erwähnt. Auch schien sie jenen folgenschweren Zwischenfall während der Hochzeitsfeierlichkeiten einigermaßen verdrängt zu haben, denn Cäcilia führte ihr Leben in Leichtigkeit und Lebensfreude unbekümmert weiter, und nächtliche Gesellschaften in ihren Privaträumen waren keine Seltenheit. Weiterhin gab sie sich ihren Vergnügungen hin und war, wie zu erwarten, auch bald wieder in Skandale verwickelt.

So kam es, dass ihr Bruder Erik, dem es nun als König oblag, die Ordnung und Sittlichkeit zu wahren, sich einmal in ihre Privaträume begab in der Befürchtung, dort finde mitten in der Nacht ein Fest statt mit Musik und Lärm. Tatsächlich sah er, sobald er eingetreten war, seine Schwester inmitten einer fröhlichen Besucherschar, unterhalten von italienischen Musikanten, und er sah einen üppig mit Karaffen und Schüsseln gedeckten Tisch. Zornig löste er die nächtliche Festgesellschaft auf. Durch diesen Vorfall sah sich der junge König veranlasst, neue Verhaltensregeln für den Hof zu erlassen, in denen unter anderem festgelegt wurde, wer mit wem zu welcher Zeit in wessen Gemach sich aufzuhalten habe.

Die Gerüchte über den Lebenswandel der schönen Prinzessin breiteten sich aus wie eine Seuche, und schon bald hörte man es bei Hofe tuscheln und raunen, flüstern und munkeln: Die Prinzessin spucke, um eine Schwangerschaft zu vermeiden, sogar einer Kröte in das offene Maul.

Unterdessen waren die Bemühungen Englands um eine Verbindung ihrer Königin mit Erik fortgesetzt worden, denn diese Heirat hätte zu einer wesentlichen Stärkung der protestantischen Glaubensrichtung in Europa führen können. Auch auf katholischer Seite war man an Erik interessiert; dort wünschte man eine Vermählung mit Maria Stuart, der Königin von Schottland. Viele Briefe fanden in dieser Zeit ihren Weg über das Meer, Briefe Cäcilias und Elisabeths I. Dieser Briefverkehr wurde kurz getrübt durch die geänderten Heiratsabsichten des Königs von Schweden, aber wenig später standen die beiden wieder in liebevollem Kontakt miteinander, und schon bald sollte Elisabeth I. eine großzügige Gastgeberin ihrer schwedischen Freundin und deren Gemahls werden.

König Erik XIV. folgte später allein der Stimme seines Herzens. Er heiratete weder die englische noch die schottische Königin, sondern vermählte sich im Jahre 1568 mit Karin Mansdotter, seiner jugendlichen, nicht standesgemäßen Geliebten.

Auch um die schöne Cäcilia wurde weiterhin geworben. Von allen Heiratskandidaten war schließlich, wie schon zu erfahren war, Markgraf Christoph II. von Baden-Rodemachern erfolgreich, der

Herrscher über ein kleines Land im Südwesten des deutschen Reiches. Es heißt, er habe sie mit großer Zärtlichkeit geliebt. Sein ganzes weitere Leben hindurch versuchte Christoph, seine Gemahlin zu behüten und zu beschützen.

Cäcilia wurde ein gutes Verhältnis zu ihren Geschwistern nachgesagt, und sie soll die Lieblingsschwester ihres Halbbruders Erik gewesen sein. Dennoch musste auch sie sich den Machtverhältnissen im Lande und bei Hofe beugen. Erik, nun König geworden, hatte seinen jüngeren Bruder, Herzog Johann von Finnland, unter dem Verdacht des Landesverrats auf Schloss Gripsholm gefangensetzen lassen. Ihm war zugetragen worden, dieser trachte ihm nach der Krone und dem Leben. Inständig soll Cäcilia für dessen Freilassung eingetreten sein und geriet bald selbst in den Verdacht, gemeinsam mit ihrem Gemahl an landesverräterischen und staatsgefährdenden Konspirationen beteiligt zu sein. Es wurde ihnen vorgeworfen, sich mit Johann in Verbindung gesetzt zu haben mit dem Ziel, ihn, Erik, zu entmachten. Das jungvermählte Paar wurde schließlich des Landes verwiesen. Mit großem Gefolge begaben sich Cäcilia und Christoph zunächst auf eine ausgedehnte Reise durch das Baltikum. Sie fuhren mit dem Schiff nach Livland und von dort weiter nach Reval, wurden dort aber nicht im Schloss eingelassen. Zu Beginn des Frühjahres 1565 reisten sie weiter durch Kurland, durch Preußen und die deutschen Städte an der Ostseeküste und erreichten endlich *glücklich und vergnügt, nach vielen angestandenen Widerwärtigkeiten*[13] Rodemachern.

All die Pracht, die sie gewohnt war, fand die schöne Gemahlin hier nicht vor. Schon bald wurde die Prinzessin des Aufenthalts in dieser bescheidenen Welt überdrüssig, und fortdauernd bat sie Christoph, sich doch mit ihr nach England zu begeben. So machte sich das junge Paar, kaum war die vergangene beschwerliche Reise überstanden, noch im selben Jahr auf den Weg zu Cäcilias liebevoller Freundin Königin Elisabeth I.

Dort in England hatte Cäcilia mehrere Aufträge zu erfüllen. So sollte sie nicht nur versuchen, die Verhandlungen über eine Heirat Eriks mit Elisabeth I. voranzutreiben, sie sollte auch als Vertreterin ihres Heimatlandes für eine Ausfuhr englischer Textilien nach Schweden werben. Eine Aufgabe ganz besonderer Art war außerdem zu erledigen: Es galt auszukundschaften, welches englische Schiff bereit sei, sich für Kaperzüge gegen dänische Schiffe einsetzen zu lassen.

Immer wieder wird als Hauptgrund für den Aufenthalt in England die Heiratsvermittlung zwischen Elisabeth I. und Erik XIV. angegeben. Es ist daher interessant zu lesen, was ein Zeitgenosse dazu schrieb: *Einige sagen, der Marggrav seye deßwegen nach Engelland gereißt, um das alte Lied von der Vermählung des Königs in Schweden mit der Elisabeth wieder anzustimmen, er halte es aber nicht vor wahr, sie müßten denn ganz verwirrt seyn.*[14]

Schon bald nach der Geburt seines ersten Kindes, Eduard Fortunatus, musste Christoph England wieder verlassen, denn die Regierungsgeschäfte riefen ihn zurück in sein eigenes kleines Land. Vor seiner Abreise gab die Königin am 22. November 1565 die schriftliche Anweisung auf die bereits erwähnte Geldsumme aus dem Schatz von Westminster unter der Voraussetzung, dass Cäcilia bliebe. Sie blieb.

In vollen Zügen, als sei Geld im Überfluss vorhanden, genoss die junge Frau, die fleißig die englische Sprache erlernte, das abwechslungsreiche Hofleben. Kaum ein Fest ließ sie aus, kaum eine Theatervorstellung, und dieses Leben in Saus und Braus führte dazu, dass ihre Geldvorräte schnell zur Neige gingen. Cäcilia war umgeben von zahlreichen Bediensteten, deren Unterhalt nicht nur sehr viel Geld verschlang, sondern von denen eine ihrer Hofdamen auch für eine unterhaltsame Episode sorgte. In ihrem Geleit hatte die Markgräfin eine junge Deutsche von großer Schönheit, Helene Snachenberg, in welche sich der schon recht bejahrte Marquis von Northampton wie toll verliebte. Natürlich warnte man den reifen Herrn vor seinem jugendlichen Streich. Aber er heiratete die Angebetete dennoch, und fünf Monate später bezahlte er sein Liebesfeuer, dem der alternde Körper nicht mehr gewachsen war, mit dem Leben.

Das Geld zerrann Cäcilia unter den Händen, aber die schwedische Königstochter war nicht bereit, ihre verschwenderische Lebensweise einzuschränken. Mit der Zeit hatte sich ein großer Schuldenberg angehäuft, und die wirtschaftliche Lage des Markgrafen wurde trotz etlicher Zuwendungen immer angespannter. Wohl hatte die Königin in ihrer Freigiebigkeit auch Cäcilia ein Gehalt bewilligt, doch jene tausend Kronen verdunsteten wie ein Wassertropfen auf dem heißen Stein.

Wie auch hätte eine verhätschelte Prinzessin sparsam haushalten können, wenn niemand es jemals von ihr hatte erwarten wollen? Leicht wurde es ihr gemacht, Geld auszugeben, und mancher Kredit wurde ihr gewährt, bestand doch die Aussicht auf einen großen Geldbetrag, auf den sie sich bei ihren Schuldgeschäften berufen konnte. Denn Cäcilia war ein Brautgeld zugestanden worden in Höhe von 100.000 Talern, aber vergebens wartete sie auf dessen Auszahlung. Die Eheleute gerieten in immer größere finanzielle Bedrängnis. Selbst später, unter der Regierung ihres Bruders Johann, wurde die Schwester immer wieder hingehalten und mit kleineren Zahlungen auf spätere, bessere Zeiten vertröstet, und Markgraf Christoph II. konnte nicht mit großen Einnahmen aus seinem kleinen Rodemachernschen Lande rechnen.

Schließlich sah sich der Markgraf veranlasst, nach England zurückzukehren; zu sehr drückten ihn inzwischen die hohen Schulden seiner Gemahlin und die Forderungen der Gläubiger. Mit jenen wollte er sich einigen und hernach mit seiner Familie nach Rodemachern zurückreisen. Aber so einfach gestaltete sich die Abwicklung der geschäftlichen Angelegenheit dann doch nicht. Bei etlichen Londoner Geschäftsleuten, bei Metzgern, Geflügelhändlern und Juwelieren standen noch Rechnungen offen, und am Ende war es so weit gekommen, dass er seine Gemahlin vor dem Drängen der Gläubiger beschützen musste und sie daher zu entführen versuchte. Als das Paar sich heimlich auf den Weg nach Dover machte, wurde Christoph in Rochester verhaftet und in Schuldhaft genommen. Der Mayor, der ihn verhaftet hatte, berichtete später dem königlichen Rat, *Christopher, Marquis of ‚Bawdwyn' was a prisoner in his custody,*[15] und dass dessen Betragen unerhört und empörend gewesen sei. Wie es scheint, muss der Markgraf sich sehr heftig im Gefängnis aufgeführt haben. Nur durch das Eingreifen der Gastgeberin Elisabeth und durch die Bürgschaft deutscher Kaufleute konnte er schließlich wieder die Freiheit erlangen.

Das Paar flüchtete. Aber als das Gefolge Dover erreicht hatte und zum europäischen Festland übersetzen wollte, kam es zu einem für die Markgräfin äußerst ärgerlichen und peinlichen Vorfall, den sie niemals verschmerzen konnte. Cäcilia wurde überraschend von einigen Gläubigern festgehalten, und die wichtigsten von ihnen, die beiden Kaufleute Georg North und John Dymoch, beschlagnahmten im Handstreich ihre schönsten Kleider und den wertvollsten Schmuck mit all ihren Juwelen. Das hitzige, temperamentvolle Blut der Wasa-Tochter geriet in Wallung; sie war außer sich und fast rasend vor Zorn. Zu diesem Zeitpunkt war die Markgräfin erneut schwanger, und als sie wenig später von einem behinderten Jungen entbunden wurde, sah sie jenen Vorfall in England als Grund für all ihr Unglück und das ihres Kindes an. Sie machte, solange sie lebte, ihre Gläubiger für dieses traurige Schicksal verantwortlich.

Dieses unglückliche Kind kam – noch kein Jahr war seit der Geburt des Eduard Fortunat vergangen – am 13. August 1566 zur Welt. Das Markgrafenpaar weilte gerade zu Besuch beim Bruder Philibert in Baden, als ihnen dieser zweite Sohn geschenkt wurde, Christoph Gustav. Das Kind ging keinem freudevollen Leben entgegen. Zwar sei er rein und unverdorben, so äußerte sich später einmal Vetter Ernst Friedrich in einem Brief an Herzog Maximilian, aber leider auch taub und blind und darum *pro semimortuo* zu halten, also für halbtot. Christoph Gustav fristete ein unglückliches Dasein, das fast 43 Jahre lang dauern sollte. Er ist am 18. Januar 1609 zu Rodemachern gestorben.

Die Kinder des Markgrafen Christoph II. und seiner Gemahlin Cäcilia Wasa

Christoph II. von Baden-Rodemachern, 1537-1575
∞ Cäcilia Wasa, 1540-1627

Eduard Fortunatus 1565-1600	Christoph Gustav 1566-1609	Philipp 1567-1620	Karl 1569-1590	Bernhard 1570-1571	Johann Karl 1572-1599

Charitas Wasa 1579-1629, außereheliches Kind der Witwe Cäcilia,
Vater Francisco de Eraso

Fast jedes Jahr brachte Cäcilia Wasa ein Kind zur Welt. Schon am 15. August 1567, Christoph Gustav war gerade ein Jahr alt geworden, wurde auf Rodemachern dem Paar ein dritter Sohn geboren, Philipp. Er soll von keiner guten Gemütsart gewesen sein, und es heißt, ihm sei *sein Hirn verruckt,* und er habe gar einen zu Rodemachern entleibt. Er wurde später, nach seines Vaters Tod, von Ernst Friedrich von Baden-Durlach freundlich aufgenommen und lebte im Schloss Ettlingen in aller Freiheit und seinem Stande gemäß. Nach dessen Tod, als Georg Friedrich die Nachfolge angetreten hatte, wollte er die okkupierte Markgrafschaft Baden-Baden zurückerobern und warb heimlich Soldaten an. Wenn sein Onkel verreist sei, so der Plan, wolle er zuschlagen. Das Vorhaben wurde jedoch entdeckt. *Der Marggrav ließ ihn hierauf mit seinen vornehmsten Bedienten gefänglich nach Durlach bringen. Von da setzte man ihn auf das veste Schloss Hachberg,*[16] und bis zu seinem Tod am 6. November 1620 erlangte er nicht mehr die Freiheit. Seine letzte Ruhe fand er in der Kirche von Emmendingen.

Bald schon folgte der vierte Sohn, Karl, der am 17. März 1569 geboren wurde, auch er auf Rodemachern. Zwar wird er in der Geschichtsschreibung als ein Prinz von großer Hoffnung genannt, der Geschichtsschreiber *Reidanus*[17] *aber mahlt ihn mit schwarzen Farben. Er schreibt, Prinz Carl habe seine Frau Mutter wegen ihrer schändlichen Ausschweifungen zu Antwerpen, mit Erlaubnis des Raths, an den Haaren durch die Straßen geschleift, mit Füssen vor sich hin-*

gestoßen, dass sie einen Arm verrenkt, endlich habe er sie, nachdem sie erbärmlich geschrien, vor die Stadt hinaus geschleppt, und in einen von der menschlichen Gesellschaft entfernten Ort eingeschlossen.[18]

Ob dieser Vorfall der Wahrheit entspricht oder übertrieben wurde, ist nicht bekannt. Reidanus fügte hinzu, der Prinz sei bald nach diesem Vorfall von einer bösen Krankheit befallen und von derselben so abgezehrt worden, dass er als ein Beispiel göttlicher Rache alsbald habe sterben müssen. Tatsächlich hatte Karl eine Reise nach Spanien angetreten, war dann auf der Rückreise nach Hause 1590 in Genua erkrankt und schloss dort für immer seine Augen.

Noch kein Jahr war nach Karls Geburt vergangen, als im Dezember 1570 ein weiterer Sohn das Licht der Welt erblickte. Der kleine Bernhard schied aber schon im folgenden Februar im zartesten Kindesalter wieder aus dem Leben.

Das sechste Kind war wieder ein Sohn. Im Jahre 1572 wurde dem Paar in Schweden Johann Karl geboren. Ihm wurde nachgesagt, er sei jähzornig gewesen und sein Dasein ausgefüllt mit Tanzen, Saufen, und, *salva venia,* bei allem Respekt, mit Hurerei und dergleichen anderen Dingen, so dass er ein zweiter Eduardus sei. Er stand in seiner Jugend unter der Vormundschaft Wilhelms V. von Bayern, der ihn im Collegium Germanicum in Rom erziehen ließ. In einem Brief dankte er diesem für seinen Aufenthalt dort und bat um weitere Hilfe, da es dem Collegium und vor allem ihm selbst an Geld fehle. Immerhin habe er aber Papst Sixtus V. den Fuß geküsst. Johann Karl trat später in den Malteserorden ein und nahm an den Feldzügen in den Niederlanden teil. Auch er musste diese Welt schon als junger Mann, am 29. Januar 1599, wieder verlassen.

Christophs Mutter, Franziska von Luxemburg, hatte nur die Geburt des ersten Enkels, Eduard Fortunatus, erleben dürfen; sie starb am 17. Juni 1566. Christoph erbte von ihr den Besitz ihres Wittums, die Herrschaften Useldingen und Püttingen und die Grafschaft Roussy. Aber eine sparsame Haushaltsführung war ihm und seiner Gemahlin ja nicht eigen. Das Paar verstand es nicht, sich einzuschränken, und so sah sich der Markgraf schon bald veranlasst, das kaum erhaltene Püttingen zu verpfänden.

Vermutliches Porträt von Cäcilia Wasa.

Inzwischen, es war im Sommer des Jahres 1571, hatte die markgräfliche Familie wieder nach Schweden übersiedeln können. Hier hatte sich das Blatt gewendet. Cäcilias zweiter Bruder Johann war nun König geworden, nachdem sein Bruder Erik ihm die Freiheit geschenkt hatte. Nach einem Aufstand des schwedischen Adels ließ Johann III. seinerseits den Bruder gefangennehmen. Erik starb wenige Jahre darauf, und es wird vermutet, er sei vergiftet worden.

Ein Grund für die Rückkehr nach Schweden waren die unsicheren Zustände jener Zeit. In den Niederlanden, zu denen Luxemburg gehörte, war der wesentlich religiös motivierte Aufstand gegen die spanische Herrschaft im vollen Gange. Am 30. August 1571 traf die markgräfliche Familie in Kalmar ein.

Kaum waren alle Zustände geregelt und mit König Johann Zukunftspläne geschmiedet worden, als Cäcilia erfuhr, dass ein englischer Kaufmann, nämlich John Dymoch, mit seinen Schiffen im Hafen eingelaufen war. Er war einer jener beiden Gläubiger, die Cäcilia für das traurige Schicksal ihres behinderten Kindes verantwortlich gemacht hatte. Was war zu tun? Ihr Zorn und ihre Rache waren grenzenlos, aber dennoch zögerte sie zunächst. Dann aber schlug sie zu, und noch ehe Dymoch begriff, um was es ging, saß er in Kerkerhaft in Kalmar. Keiner Vergehen hatte er sich schuldig gemacht, einzig damals in England sein ihm zustehendes Geld einzutreiben versucht. Nun war von der Schuldnerin all seine Ware und Habe beschlagnahmt worden, und fünf bittere Jahre sollte er fortan im Gefängnis zubringen, ehe ihn seine Verwandtschaft endlich freikaufen konnte.

König Johann wollte seine Schwester nicht unversorgt wissen, und so gab er Cäcilia das Königsgut Arboga zu Lehen. Dort ließ sie sich nieder und nannte sich nun Gräfin von Arboga. Auch einige Schiffe wurden ihr für ihren Unterhalt überlassen. Sofort schickte sie diese Schiffe auf die Jagd gegen englische Handelsschiffe, die in Narwa Ware aufgenommen hatten, und wann immer es möglich war, ließ sie diese Schiffe kapern. Wegen dieses Vorgehens kam es immer wieder zu Beschwerden, aber der König war zu dieser Zeit mit anderen, wichtigeren Dingen beschäftigt. Als ihm jedoch zugetragen wurde, seine Schwester habe Waren im Wert von 100.000 Talern erbeutet, schickte er einige hundert Soldaten in ihr Piratennest. Wo es viel gibt, ist viel zu holen – dachten sich die Söldner, und statt des Befehls, der Freibeuterei ein Ende zu setzen, suchten sie nach Schätzen für ihren eigenen Geldsack. Zu ihrer Enttäuschung war jedoch nichts zu finden.

Cäcilia wurde nach Stockholm gebracht, und dort kam es zu einer heftigen Szene zwischen ihr und Bruder Johann. Über alle Maßen empört, spielte sie gar mit dem Gedanken, sich gegen Johann zu erheben, aber dann beruhigte sie sich, und sie begann wieder, in Arboga zu schalten und zu walten, wie es ihr in den Sinn kam. Die Markgräfin verstand sich nicht nur gut auf das Geldausgeben, sie besaß auch eine talentierte Hand für mannigfaltige Unternehmungen. Eisenhütten und Waffenschmieden standen unter ihrer Obhut, und manches Mal erhöhte sie die Zölle zum Nutzen der Stadt, aber dann auch gegen deren Interessen, was zu heftigen Klagen in Stockholm führte. Cäcilia maß dem jedoch keine Bedeutung zu und handelte weiterhin wie gewollt und wie gewohnt.

Auch für den Schwager Christoph wurde gesorgt. König Johann trug ihm auf, in Deutschland die Geschäfte des schwedischen Hofes wahrzunehmen und Söldner zu werben. Also reiste der Markgraf ständig zwischen Schweden und einigen Ländern in Deutschland umher, und König Johann wusste bald sowohl die Arbeit als auch deren Ergebnisse derart zu schätzen, dass er ihn im Jahre 1572 mit dem Gut Sonnenburg auf der Insel Ösel belehnte. Wahrscheinlich hat Christoph sein Gut aber gar nicht mehr zu Gesicht bekommen, denn schon zu Beginn des Jahres reiste er zurück in die Heimat. Die Eheleute sollten sich niemals wiedersehen, denn am 2. August 1575 verstarb der Markgraf in Rodemachern unerwartet.

Böse Zungen einiger ihrer zahlreichen Gegner, die sich durch das schroffe Auftreten und den herrischen Charakter der Markgräfin verletzt gefühlt hatten, streuten daraufhin Behauptungen und Gerüchte in die Welt. Schon länger sei eine Entfremdung des Paares festzustellen gewesen, und gewiss sei es die Untreue seiner Gattin gewesen, die den Markgrafen dazu veranlasst habe, seine Familie für einen längeren Zeitraum zu verlassen. Aber vielleicht war es einzig die Sorge um sein kleines Land, die Christoph nach einem Jahr Abwesenheit wieder zurückführte nach Rodemachern und ihn dort bis zu seinem frühen Ableben festhielt.

Die traurige Nachricht traf Cäcilia tief. Nun war sie plötzlich auf sich allein gestellt bei all ihren Schwierigkeiten, sich allerdings nie bewusst, dass allein sie der Auslöser mancher Unannehmlichkeiten war. Denn kaum war ihr die Nachricht von Christophs letztwilliger Verfügung überbracht worden, sorgte Cäcilia durch ihr barsches Verhalten abermals für Unruhe. Der Inhalt des Testaments gefiel der Witwe ganz und gar nicht. Sie beschuldigte den Überbringer, Christophs Sekretär Johannes Meerfeld, der Testamentsfälschung und ließ ihn kurzerhand ins Gefängnis werfen. Er habe, so Cäcilias Vorwurf, wenige Stunden vor dem Tod des Markgrafen in der Kanzlei eine veränderte Fassung des Testamentes angefertigt und diese hernach dem Sterbenden zur Unterschrift vorgelegt. Aber die am 1. August 1575, einen Tag vor seinem Tod von Christoph unterzeichnete Urkunde ist bis heute in ihrer Echtheit weder angezweifelt noch angefochten worden.

Ein Mensch, den nahen Tod vor Augen – sieht er nicht manches anders als bisher? Wenig schmeichelhaft, vielmehr unbequem für die Gemahlin äußert sich der Markgraf in dem letzten an den Sekretär diktierten Schreiben seines Lebens. Er kritisiert die verschwenderische Haushaltsführung und mahnt zur Einschränkung, um die Familie und das Land nicht unnötig weiter zu belasten. Christoph schließt sich in der Kritik selbst nicht aus. Er schreibt in seinem Testament, dass die Grafschaft mit Schulden beschwert sei, was daher komme, *das wir der Hochgebornnen Furstin unserer freundlichen lieben gemahlin Frawen Cecilien … zu freundlichem gefahlen vor Jaren ein Reiß Ins Konnigreich Angellandt Zuthun nit allein gewilligt,*[19] sondern dass er selber mitgereist sei, und sie während nicht einmal eines vollen Jahres, auch für die ansehnliche Menge Diener, über vierzigtausend Taler verbraucht haben. Auch habe *Irer Liebden* ein großes Frauenzimmer[20] aus Schweden herausgeführt und, der schwedischen und dänischen Fehden wegen, bis zum Jahre 1571 unterhalten, wodurch Kosten von vielen tausend Talern entstanden seien. Zudem stehe das Heiratsgeld noch aus, und durch die dadurch nötigen Reisen Ihrer Liebden nach Schweden sowie den gemeinsame Aufenthalt dort seien über zehntausend Taler ausgegeben worden. *Also ist unser letster Will und Begeren: gemelte unsere freundliche liebe Ehegemahlin wölle unserer Baider Junger Leibs Erben Nutzen und Heill Betrachten und mit allem Vleiß Darahn sein, Das die K. May. Zu Schweden … Die fünffzig Dausent Daller deß Hinderstendigen Heurat geldts sampt Alle Andere unsere Schulden, Damit dieselbe unß verhafftet, erstatte und bezalle, Damit hinwider unsere verpfende und beschwerte Graff, Herschafften … der beschwernus erledigen … unnd bestes unserer lieben Jungen Sohnne nach Ordnung unnd gutt dunckhen Irer oder der vormunderschafft Ahnlegen laßen.*[21]

Tatsächlich hatte das Paar die Summe des Heiratsgeldes nie vollständig erhalten. *In dem Testament des Königs Gustavs, welches A. 1560 von den Reichsständen ist bekräftigt worden, wurde den Königlichen Prinzeßinnen die Ehesteuer auf hunderttausend Thaler gesetzt. Diese Summa wurde dem Marggraven auf Befehl des Königs Erich durch Gerhard Grammay A. 1566 großen Theils baar ausbezalt.*[22]

Bald nach dem Tod ihres Gemahls trat Cäcilia zum katholischen Glauben über. Vermutlich tat sie dies unter dem Einfluss ihrer Schwägerin, Katharina von Polen, aber wohl eher noch, weil sie sich im Kampf um ihre Rechte vom Kaiser, vom Papst und vom spanischen König tatkräftige Unterstützung versprach, und um ihren Söhnen das Erbe zu sichern. Die Knaben kamen nun unter bayerische katholische Vormundschaft. Christophs letztwillige Verfügung, wonach der Markgraf Karl von Baden-Durlach und der Bischof von Speyer zu Vormündern der unmündigen Kinder einzusetzen seien, wurde nicht erfüllt, ja nicht einmal in Erwägung gezogen.

Eines Tages, es war gegen Ende des Jahres 1577, erhielt die junge Witwe einen Brief ihrer Freundin Elisabeth I. von England, in dem diese einen Heiratsantrag des Grafen von Leicester überbrachte. Sogleich holte Cäcilia Rat bei ihrem Bruder Herzog Karl ein und erhielt von ihm als Antwort ein entschiedenes Nein. Sie solle sich an erster Stelle das Wohlergehen ihrer Kinder zur Aufgabe machen. Für fünf Knaben habe sie zu sorgen, und außerdem solle sie nicht die unerfreulichen Begebenheiten damals in England vergessen. Zudem, so hielt Karl fest, sei der Antrag des „Lümmels" Leicester nicht von eigener Hand, sondern er habe ihn von einem Schreiber verfassen und durch die Königin übermitteln lassen.

Also blieb Cäcilia weiterhin im Witwenstand und konzentrierte sich nun ganz auf den Handel. Ihre Schiffe transportierten Butter, Felle, Eisen, Kupfer, Kanonen, Kugeln und Schwarzpulver in deutsche und holländische Häfen, alles für einen guten Gewinn und im Gegenzug für Wein, Salz und andere Waren. Aber weder ihre Kinder noch der florierende Handel befriedigten Cäcilias lebensfrohes Gemüt. Ehrgeizig in dem Bestreben, die eigene Machtfülle zu erweitern und der katholischen Seite zum Siege zu verhelfen, begab sie sich schon bald auf das rutschige Parkett der internationalen Politik. Ungeschickt angegangen, führte dies zu einer Fortsetzung der Reihe von Skandalen.

Noch einmal nämlich ließ ein Mann das Herz der schönen Cäcilia heftiger schlagen. Die muntere Witwe, noch keine 38 Jahre alt, entbrannte in Leidenschaft zu einem Spanier, der in diplomatischem Auftrag nach Schweden gereist war, um mit dem König zu verhandeln. Doch der Gesandte führte nicht nur Gespräche mit dem König über den Krieg mit Dänemark, er unterhielt sich auch mit der ehrgeizigen Cäcilia über deren eigene Stellung.

Unvorsichtig und unklug verhielt sich die junge Witwe, als ihr der spanische Gesandte einen interessanten Vorschlag machte. Wenn sie dem König von Spanien ihre Piratenflotte überließe, könnte ihr das Amt des Statthalters in Luxemburg angetragen werden. Wichtig war Cäcilia zudem die Verbindung zur katholischen Liga, denn inzwischen ja selbst zum Katholizismus konvertiert, wünschte sie mehr als nur eine Stärkung ihrer eigenen Konfession in Schweden; sie, in deren Händen die Fäden der römische Propaganda des katholischen Europas zusammenliefen, arbeitete nun auf eine Rekatholisierung des ganzen Landes hin.

Diese Angelegenheit musste natürlich gründlich besprochen werden, und so reiste Francisco de Eraso, der spanische Gesandte, einige Male nach Arboga und machte seine Aufwartung bei Cäcilia, was zwangläufig am Hofe zu Irritationen führen musste. Bald war der Argwohn Johanns III. geweckt und der Verdacht genährt, Cäcilia sei in Verschwörungen verstrickt und schmiede ein Komplott gegen ihn, den König.

Aber es waren ja nicht nur geschäftliche und politische Gründe, die zu den zahlreichen Treffen geführt hatten; sie und Francisco de Eraso waren sich mehr als nur freundschaftlich zugeneigt. Cäcilia, nicht mehr ganz so jung an Jahren, aber doch noch nicht verblüht, hatte zwar ihren Mann, nicht jedoch ihre reizvolle Ausstrahlung verloren, und so fand eine Annäherung ganz anderer Art statt. Eine *ergerliche Haushaltung*[23] habe Cäcilia damals mit dem Gesandten angefangen. Auch dies blieb dem König nicht verborgen und führte schließlich dazu, dass Eraso auferlegt wurde, er dürfe nicht das Land, ja nicht einmal Stockholm verlassen.

Die Markgrafenwitwe, von Sehnsucht erfüllt, reiste daraufhin von Arboga nach Stockholm, bestach die Torwächter mit acht Silberrundstücken und passierte das Stadttor. Eilig suchte sie, vermeintlich inkognito, das Haus auf, in dem Francisco Eraso wohnte. Sie wurde jedoch erkannt, Alarm wurde ausgelöst, die Wächter rückten aus und stürmten das Haus. Hier fanden sie die junge Witwe mit ihrer Kammerzofe und nahmen beide mit. Welch ein Skandal! Die bestechlichen Torwächter wurden zum Tode verurteilt; ob das Urteil jedoch vollstreckt wurde, ist ungewiss.

Cäcilia kehrte Schweden für immer den Rücken. Fluchtartig ging sie im Herbst 1579 mit ihrem Sohn Eduard Fortunatus und dessen jüngeren Brüdern an Bord ihres Schiffes und reiste zurück. Am 29. November 1579 traf sie in Rodemachern ein, und nie wieder hat sie den Boden ihrer Heimat betreten.

Auch Eraso, inzwischen des Landes verwiesen, reiste ab. Ende November verließ auch er Schweden, aber er fuhr nicht direkt zurück nach Spanien, sondern nahm unterwegs seinen Aufenthalt in Rodemachern. Dieser Besuch galt allerdings nicht der Geliebten allein.

Denn wieder zurück in Rodemachern, ereignete sich ein weiteres *ergerliches Vorkommnis*: Cäcilia schenkte Anfang Dezember einer kleinen Prinzessin das Leben, die Frucht jener schwedisch-spanischen Romanze. Das Kind erhielt den Namen Charitas Wasa. Bis in das kommende Frühjahr hinein hielt sich der Spanier in Rodemachern auf, und niemand am Hofe, auch die Beamten und Vormünder nicht, waren über diesen Zustand erfreut. Endlich begab sich Eraso dann doch auf die Heimreise und ließ als bleibende Erinnerung an die letzte Liebe der schwedischen Königstochter seine kleine Tochter zurück.

War es wirklich ihre letzte Liebe? Die schöne Markgräfin soll viel herumgereist sein, oftmals auch inkognito. Weniger unerkannt muss sie sich in München aufgehalten haben, denn aus einem Schreiben vom November 1580 geht hervor, Erzherzog Ferdinand sei schon wieder in München, und man wisse nicht, ob der Grund seines Aufenthaltes in der Zuneigung zur Markgräfin von Baden zu suchen sei.

Inzwischen hatte sich die Markgräfin ihren Witwensitz in Rodemachern recht wohnlich ausstatten lassen. In einer kleinen gepflegten Welt, *ausgestattet mit Tapisserien, Gemälden, Gerät und Musikinstrumenten* und einer Dienerschaft von 20 Personen, verlebte nun hier die kleine Halbschwester des Eduard Fortunatus scheinbar unbeschwert ihre ersten Kinderjahre.

Mit großer Hingabe und inniger Liebe wandte sich Cäcilia ihrem jüngsten Kinde zu. Es war ja, nach sechs Söhnen, die erste Tochter, und außer dem gelähmten und taubblinden Christoph Gustav hatten alle Kinder bereits das elterliche Haus verlassen. Vielleicht hatte Cäcilia an ihre eigene Kindheit gedacht, denn so wie sie früher hatte auch die kleine Charitas ihre eigenen Bediensteten, und jedweder Luxus sollte ihr Dasein verschönen. Wohl gab es nach manch rauschendem Fest immer wieder einen finanziellen Engpass, ja sogar bittere Not herrschte zuweilen am Hofe, aber das nötige Geld konnte jederzeit erbarmungslos von den Untertanen abgepresst werden. *Bedrohung und Gewalttätigkeiten auf beiden Seiten waren an der Tagesordnung.*[24]

Eingebettet in diese luxuriöse Scheinwelt merkte das kleine Mädchen aber schon bald, dass es in ihrer Umwelt nicht wohlgelitten war. Charitas, der Bankert, bekam oft zu spüren, wie unerwünscht sie war. Oftmals befand sich ihre ruhelose Mutter monatelang auf Reisen, und stets wurde das Kind in deren Abwesenheit von den fürstlichen Verwandten, den Beamten und der Dienerschaft verachtungsvoll übersehen. Vermutlich wurde ihr dabei auch auf schonungslose Weise eröffnet, welcher Herkunft sie sei.

Vergeblich hatten die badischen Beamten die ganzen Jahre hindurch versucht, Ordnung in die zerrüttete Finanzlage zu bringen, in die das Land durch den verschwenderischen Lebensstil der Markgräfin geraten war. Als nun dieses außereheliche Kind geboren wurde, der „Schaden und Spott der jungen Herrschaften", überlegte man grimmig und verärgert, wie die zusätzlichen Kosten verringert oder gar verhindert werden könnten. Das Kind stand im Weg. Für Situationen wie diese gab es zur damaligen Zeit eine einfache Lösung: das Kloster.

Ein schreckliches Unglück brachte die Beamten und Räte ihrem Ziel näher. Im Sommer des Jahres 1589 zerstörte ein Brand das Schloss Rodemachern, hervorgerufen durch die Unachtsamkeit seiner Bewohner. Cäcilia war daraufhin der Einladung ihrer Söhne gefolgt und hielt sich nun bei Eduard Fortunatus auf, inzwischen regierender Markgraf von Baden-Baden, und sie war auch in Durlach am Hofe Ernst Friedrichs zu Gast, wo ihr Drittgeborener, Philipp, weilte. In dieser Zeit wurde die kleine Charitas, die man in Rodemachern zurückgelassen hatte, *mit gewalt abgedrongen und entzogen*[25] und dem Kloster Lichtenthal anvertraut. Sie empfing dort das Sakrament der Firmung und genoss fortan als sogenannte Schultochter ihre weitere Erziehung und Ausbildung. Das junge Mädchen war jedoch keineswegs unglücklich über diese Entwicklung, verbrachte sie doch nun ihre Jugendzeit wohlgelitten im Kreise Gleichaltriger. Mit der Zeit verstärkte sich sogar bei ihr der Wunsch, selbst den Schleier zu nehmen, aber als ein nicht ehelich geborenes Kind war dieser Schritt kaum ohne Hindernis zu gehen; zudem war ihre Mutter aufs Äußerste entsetzt über diesen Entschluss und versuchte durch inständiges Bitten, ihre Tochter von diesem Vorhaben abzuhalten.

Charitas blieb standhaft, aber erst als der Generalabt des Ordens sie *vom Mangel ihrer Geburt und aller damit verbundenen Irregularität*[26] befreit hatte, war sie vom Empfang der geistlichen Weihen nicht mehr ausgeschlossen und konnte das Gelübde ablegen, zumal sie inzwischen das 16. Lebensjahr erreicht hatte. Die junge Prinzessin, letzte Zisterzienserin aus dem Hause Baden, habe sich, so heißt es später, als eine sehr gediegene Ordensfrau erwiesen. So schrieb einmal die Äbtissin Margaretha Stülzer an Cäcilia, mit gutem Gewissen könne sie berichten, dass das Verhalten ihrer geliebten Tochter Charitas *in geistlichen und ihr anbefohlenen weltlichen Dingen so beschaffen sei, daß der ganze Konvent ihr in schwesterlicher Liebe herzlich zugetan wäre.*[27]

Alles wäre ruhig seinen Weg gegangen, hätte Cäcilia nicht abermals für Unmut gesorgt. Schon Markgraf Ernst Friedrich von Baden-Durlach stand der Halbschwester seines Vetters Eduard Fortunatus nicht wohlwollend gegenüber; nun aber, durch Cäcilias unbedachtes Handeln, verstärkte sich auch unter dessen Nachfolger Georg Friedrich die ablehnende Haltung gegen den „Bankert" Charitas. Unschuldig wurde die Nonne aus ihrer geliebten und geordneten Welt gerissen und verlebte fortan lange unglückliche Jahre in der Verbannung. Der Auslöser für diese traurige Entwicklung waren zwei Briefe ihrer Mutter an sie und an die Äbtissin.

Noch als Dame von über 70 Jahren war Cäcilia nicht müde geworden, für die eigenen Belange und die ihrer Kinder zu kämpfen, und nach wie vor war sie nicht gewillt, Dinge, die ihren Vorstellungen widersprachen, ohne Widerstand hinzunehmen. So bemühte sie sich 1613 auf dem Reichstag zu Regensburg wiederholt um die Freilassung ihres Sohnes Philipp, der wie berichtet auf Schloss Hachberg gefangen saß. Ihre große Hoffnung auf einen glücklichen Ausgang teilte sie in einem Brief an ihre Tochter mit. *Die herzliebe Tochter werde sich gewißlich höchlich bekümmern und verwundern, daß sie in so langer Zeit kein Schreiben von ihr empfangen habe, und meinen, ihre Mutter habe sie ganz und gar vergessen.* Sie habe sich mit großer Mühe und viel Beschwerden auf einer langwierigen Reise zum Reichstag befunden, um eine Befreiung ihres vielgeliebten Sohnes Philipp zu erreichen. Nun sei sie in großer Hoffnung und ganz davon überzeugt, *daß nicht allein dieser endlich einmal seiner langen Haft entledigt werde, sondern auch, dass sie selber ihre Wittumsgüter in ihrem hocherlebten Alter mit Ruhe besitzen und genießen werde. Die Ungewißheit in dieser Angelegenheit sei die Ursache ihres Schweigens gewesen.*[28]

Dieses Schweigen hatte allerdings sehr lange angehalten. Schon seit mehreren Jahren sei von Rodemachern her kein Bote oder Schreiben mehr im Kloster eingetroffen, wusste die Äbtissin zu berichten. Aber die alte, vielleicht auch einsame Markgräfin kannte nun niemanden mehr, dem sie ihre vorerst frohe Botschaft hätte mitteilen können, war doch neben ihrem gefangen gehaltenen Sohn diese außereheliche Tochter das letzte noch lebende Mitglied ihrer eigenen Familie.

Auch der Äbtissin teilte Cäcilia mit, wie zuversichtlich sie sei, und sowohl diese als auch Charitas sandten Antwortschreiben. Für die *Durchleuchtige Hochgeborne Fürstin undt hertzliebe Muter* wolle sie täglich in kindlicher Liebe beten, auch für den so lange gefangen gehaltenen Bruder Philipp. *Sie habe sich nie denken können, daß die Frau Mutter sie vergessen habe, denn sie verspüre ihre mütterliche Liebe und Treue.*

Diese Korrespondenz blieb Markgraf Georg Friedrich nicht verborgen. Er ließ sich die Briefe aushändigen und gab den Befehl, alle weiteren Schreiben ungeöffnet an ihn weiterzuleiten. Natürlich sah er sich durch Cäcilias Aktivitäten in seiner Machtstellung bedroht, und natürlich witterte er ein Komplott. Niemals werde er seinen Widersacher freilassen, teilte er seinen Räten mit, und tatsächlich ist Philipp wenige Jahre später in der Gefangenschaft gestorben.

Die Folge jenes Schriftverkehrs war, dass die Äbtissin einen deutlichen Tadel einzustecken hatte, zudem erging die Order, Charitas in ein anderes Kloster zu versetzen. Dieses Vorhaben erwies sich aber zunächst als äußerst schwierig, denn kein Frauenkloster wollte die Nonne aufnehmen. Zu ängstlich war man überall, möglicherweise mit dem Markgrafen in Konflikt geraten zu können. Äbtissin Margaretha stellte sich schützend vor Charitas; die Klosterschwester sei recht schwächlich und zudem unentbehrlich durch ihr großes Wissen als Apothekerin. Aber Georg Friedrich befahl unerbittlich die Ausweisung der Nonne aus Lichtenthal.

Nach einem späteren Schreiben wurde Sr.[29] *Charitas ‚mit großem Schimpff und Spott, unerbärmlich ja tyrannischerweis' in das Cistercienserinnenkloster Friedenweiler im Schwarzwald gebracht, wohl anfangs oder Mitte Juli 1614.* Sie wurde dort nicht mit großer Herzlichkeit aufgenommen, rechnete man doch mit Unannehmlichkeiten durch die Anwesenheit der bei Hofe abgelehnten Wasa-Tochter. In strenger Abgeschiedenheit verbrachte die unglückliche Nonne über acht Jahre in diesem fremden Kloster. Jeglicher Briefwechsel mit ihren Angehörigen blieb ihr untersagt, und erst nach dem politischen Umschwung im Jahre 1622, als Eduard Fortunatus' ältester Sohn Wilhelm als rechtmäßiger Nachfolger anerkannt wurde und Georg Friedrich die obere Markgrafschaft räumen musste, konnte Charitas wieder einen Brief an ihre Mutter schreiben.

Mit hochschwerlicher Betrübniß sei sie nunmehr in das achte Jahr im armen Gotteshaus Friedenweiler im rauhen Schwarzwald festgehalten, mit höchster Unschuld, einzig wegen verhoffter Erledigung ihres nun in Gott ruhenden Bruders Philipp. Oft schon habe sie der Frau Mutter, mehr mit Zähren als mit Tinte kindlich zugeschrieben, aber nie eine Antwort erhalten können. … Sie hoffe, daß die Frau Äbtissin von Lichtenthal sie wieder in ihr Profeßkloster abholen lasse. Ganz herzlich bitte sie auch um ein Wiedersehen mit der hochgeliebten Frau Mutter vor deren und ihrem Tode.

Endlich, im Spätsommer 1623, durfte Charitas zurückkehren in ihr Heimatkloster Lichtenthal. Ihr Wunsch, die Mutter noch einmal zu sehen, ging allerdings nicht in Erfüllung, auch wenn beide danach noch einige Jahre gelebt haben.

Zwei Jahre nach dem Tod ihrer Mutter ging Charitas als letztes Mitglied ihrer Familie von dieser Welt. Am 22. September 1629, so steht es in lateinischer Sprache im Lichtenthaler Totenbuch, *starb die Ehrwürdige und Erlauchte Frau, Schwester Charitas, Klosterfrau, Schwester des Herrn Eduard Fortunat, Markgrafen von Baden.*[30]

Immer wieder war Cäcilia nachgesagt worden, sie habe während ihrer Ehe stets zwischen Tugenden und Lastern gewechselt und ihren Gatten weder geliebt noch gefürchtet und ein verschwenderisches und zügelloses Leben geführt, und doch muss berücksichtigt werden, dass sie in ihrem kurzen Eheleben sechs Kindern das Leben geschenkt und beharrlich ihr ganzes Leben lang für ihre und ihrer Kinder Rechte gekämpft hat. Aber vielen hatte sie sich auch zur Feindin gemacht, und sensationslüsterne, skandalumwitterte Berichte stießen leicht auf offene Ohren, vor allem im protestantischen Lager, wo der Religionswechsel der Markgrafenwitwe heftig die Gemüter erregte.

So kursierte damals im Rahmen einer hässlichen Schmutzkampagne auch die unglaubliche Geschichte, Cäcilia, inzwischen 54 Jahre alt, habe in Brüssel ein Haus mit sehr schlechtem Ruf betrieben. Ihr ältester Sohn, Eduard Fortunatus, solle einmal versucht haben, seine Mutter dazu zu bewegen, diese sündhafte Stätte zu verlassen. Er habe sie an den Armen ziehen müssen und auch an den Haaren, bis diese ausrissen. Von einem ähnlichen Vorfall mit ihrem Sohn Karl ist schon berichtet worden.

Böse Zungen hatten diese Gerüchte in die Welt gesetzt, mit der Wahrheit haben sie wenig zu tun. Im Kampf um ihre Güter und Rechte reiste Cäcilia durch das katholische Europa und war stets ihres Charmes und ihrer Intelligenz wegen ein gerne gesehener Gast. Mehrere Male wurde sie vom Papst empfangen, auch bei den Reichstagen mit dem Kaiser war sie zugegen, und der Respekt, mit dem ihr überall begegnet wurde, steht in krassem Gegensatz zu den verleumderischen Anschuldigungen.

Die Mutter des Eduard Fortunatus erreichte ein für die damalige Zeit sehr hohes Alter. Im 87. Lebensjahr ist Cäcilia Wasa 1627 in Brüssel gestorben. Fast alle ihre Kinder hatte sie überlebt, einzig die außereheliche Tochter Charitas starb nach ihrer Mutter. Viele Widerstände hatte diese exzentrische und abenteuerliche Frau zu meistern gehabt in ihrem Leben, oftmals hervorgerufen durch ihr eigenes Verhalten. Aber am Ende begegnete ihr dann doch das Glück. Cäcilia durfte noch erleben, dass Eduards ältester Sohn, ihr Enkel Wilhelm, rechtmäßiger Erbe des Landes Baden-Baden wurde.

Wie auch ihr langes Erdendasein verlief: *Bei all ihren Fehlern vergaß Cäcilia nie, dass sie ‚der Schweden, Gotten och Wenden geborene Königinn' war.*[31]

Vielleicht war ihr Enkel Wilhelm nicht nur deshalb ein Hoffnungsschimmer Cäcilias, weil nun die Möglichkeit bestand, das Land wieder ganz dem Katholizismus zuzuführen, wahrscheinlich war er auch ein Lichtblick in ihrem Leben, da sie wenig Glück mit ihren eigenen Kindern gehabt hatte. Besonders ihr ältester Sohn, Eduard Fortunatus, bereitete ihr viele Kümmernisse durch eine Lebensführung, die nicht nur den Ruf des Hauses schädigte, sondern auch die Haushaltslage seines Landes an den Rand des Ruins brachte, was schließlich zur Okkupation der Markgrafschaft führte und als deren Folge zur Tolerierung des Protestantismus – für die Markgräfin eine fatale Entwicklung.

Wohl waren Christoph und seine Familie zunächst Anhänger der lutherischen Glaubensrichtung gewesen, aber nach dem frühen Tod ihres Gemahls hatte Cäcilia die religiöse Front gewechselt, und fortan lag ein wichtiges Augenmerk der Witwe auf der Stärkung der katholischen Sache. Im Jahre 1584 waren in München auch ihre Söhne zum Katholizismus übergetreten, ein Ergebnis der religiösen Erziehung unter dem Vormund Herzog Wilhelm V. von Bayern.

Ob nun der katholischen oder der lutherischen Seite zugehörend – Eduard Fortunatus war es vermutlich in seinem Innersten egal. Dieses Desinteresse sollte sich allerdings später recht positiv auf seine Untertanen auswirken, denn sie konnten ihr religiöses Bekenntnis nun freier ausüben als unter der Herrschaft seines Vorgängers Philipp II. Aber ohne festen Glaubenshalt war Eduard nur allzu bereit, sich abergläubischen Gespinsten hinzugeben. So hatte er in seiner Jugend einige Zauberbücher besessen und sollte diese auf Geheiß seines Beichtvaters verbrennen. Gewiss wird er den Befehl ausgeführt haben, von seiner Vorliebe für die Schwarze Kunst ließ er jedoch niemals ab. Später, so wird zu erfahren sein, brachte er sich aus Löwen neue Zauberbücher mit, denn unbedingt glaubte er an die Macht der Magie und an deren Hilfe zur Verwirklichung seiner Ziele.

Wenig gefestigt soll sich der junge Eduard auch in den Regeln des respektvollen Umganges mit seinen Mitmenschen, selbst den ihm nahestehenden, gezeigt haben. Es wird berichtet, Eduard sei schon als Jüngling ein ungehobelter Bursche ohne viel Anstand und Einfühlungsvermögen gewesen und habe selbst seiner Mutter nicht die nötige Achtung entgegengebracht. So berichtete der badische Probst Bornius, bei öffentlicher Tafel habe der junge Markgraf gelegentlich zu äußern gepflegt: *Mutter, Ihr seit eine Hur.* Einmal habe er gar gesagt: *Mein Mutter ist ein Hur und ich bin ihr Sohn, ergo so bin ich ein Hurensohn,* worauf Probst Bornius ihm entrüstet entgegnete: *Salomon sagt: ‚Ein Auge, das den Vater verspottet, und verachtet, der Mutter zu gehorchen, das müssen die Raben am Bach aushacken und die jungen Adler fressen.'* [32] *Er würd vielleicht nach seinem Leben noch solchen Voglen zuteil werden …* [33]

Die ständige Reisen in seiner Kindheit und Jugend, die wechselnden Höfe und Eindrücke, das ruheloses Umherziehen – dies alles prägte den Markgrafen von früh auf. Stets umgeben von willfährigen Bediensteten, immer in dem Bewusstsein lebend, dass einzig ein Befehl genüge, um durchzusetzen, was gewünscht, und in der Vorstellung, es ließe sich in Zeiten der Geldnot jederzeit eine Lösung finden, und dass ein Herrscher allezeit fordern könne, wessen er bedürfe – solchermaßen aufgewachsen, fehlte Eduard im Mannesalter das Bewusstsein, Pflichten und Aufgaben zu erfüllen und Verantwortung zu übernehmen.

Unruhigen Geistes wie seine Eltern zog es Eduard Fortunatus, kaum dass er volljährig geworden war, hinaus in die Welt. Seine Reisen führten ihn zu den schwedischen und polnischen Verwandten, und als er sich gerade in Danzig aufhielt, wo er vom König von Polen eine einträgliche Stellung erhalten hatte, ereilte ihn gänzlich unvorbereitet die Nachricht vom plötzlichen Tod seines Vetters Philipp II. Dieses traurige Ereignis sollte nicht nur das Leben des Eduard Fortunatus verändern, es sollte auch für die Markgrafschaft ungeahnte Folgen haben.

Philipp und Jakobe

Der Vorgänger des Eduard Fortunatus und der Leidensweg seiner Schwester

Der Sommer findet Anschluss an den Frühling. Zur Reise rüstet sich ein junger Mann. Philipp wird Gast sein auf der Hochzeit seiner Schwester. Schon bald gedenkt er, deren Schwägerin zu freien, die Schwester ihres ungeliebten Gatten. Doch Philipps Tod beendet alle schönen Pläne. Er lässt eine verbitterte Braut zurück, die fortan um der Machterhaltung willen die neue Herrin heimlich observiert und durch Intrigenspiel und Unterstellung bei Hof die Oberhand gewinnt und hält. So ist die Hochzeit nur ein glückloses Beginnen für Philipps Schwester mit dem ungewollten Mann. Die Schwägerin Sibylle zieht die Fäden und knüpft am Ende einen Knoten dran.

Ein stattlicher Tross machte sich in Baden[34] auf den Weg. An einem Junimorgen des Jahres 1585 wurden an die 400 Pferde eingeschirrt und gesattelt, denn nahezu 500 Personen begaben sich auf eine lange und beschwerliche Fahrt nach Düsseldorf. Die große Reisegesellschaft hatte sich schon seit einigen Wochen in der alten Bäderstadt aufgehalten und war hier um einige Teilnehmer erweitert worden. Man hatte noch auf die Rückkehr des Markgrafen Philipp II. warten müssen, der sich zu dieser Zeit auf einer Wallfahrt nach Loreto befand. Als dieser endlich eingetroffen und erneut reisefertig war, konnte der große Tross aufbrechen mit seinen zahlreichen Reisekutschen, der Reiterei und der schier endlosen Kolonne der Pferdewagen.

Der Zug galt Jakobe von Baden, einer Cousine von Eduard Fortunatus. Sie hatte hier mit ihrer Begleitung eine Rast eingelegt auf ihrem weiten Weg von München nach Düsseldorf. Das Ziel dieser Reise sollte ihre Vermählung mit Johann Wilhelm von Jülich-Kleve-Berg sein, dem Sohn von Herzog Wilhelm V. „dem Reichen“. Neben dem Bruder Philipp hatte sich auch Jakobes Schwester Maria

Salome mit ihrem Gemahl der Gesellschaft angeschlossen, auch die Vettern Ernst Friedrich von Baden-Durlach und Jakob III. von Baden-Hachberg begaben sich auf die lange Reise – und mit dabei war natürlich der Vetter Eduard Fortunatus von Baden-Rodemachern.

Jakobe, die junge Braut, war am bayerischen Hof aufgewachsen. Dort stand sie zusammen mit ihren Geschwistern, dem jüngeren Bruder Philipp und den zuletzt geborenen Schwestern Anna Marie und Maria Salome,[35] unter der Vormundschaft des Herzogs Albrecht V. und dessen Mutter, Herzogin Jakobäa. In dieser kunst- und bildungsreichen Atmosphäre hatte sie sich zu einer schönen und geistreichen Dame entwickelt. Zahlreiche Verehrer hatten ihr schon den Hof gemacht und um ihre Hand geworben und viele Liebesbriefe ihren Weg gefunden. Als sie aber 1583 aus politischen und damit auch konfessionellen Gründen dem Erbprinzen Johann Wilhelm versprochen wurde, hatte alle Liebe ein Ende, und Pflichterfüllung, Kampf und Leid sollten ihr weiteres Leben bestimmen.

Nicht ahnend, was sie erwartete, reichte Jakobe am 16. Juni 1585 in Düsseldorf ihrem Bräutigam die Hand. Zwar hatte man für das Paar schon im September 1583 ein geheimes Treffen organisiert, und die jungen Menschen waren sich nicht ganz unbekannt. Aber Johann Wilhelm, der von Jakobe recht angetan war, hatte schon zu dieser Zeit erste Anzeichen einer Geisteskrankheit gezeigt, und geflissentlich hatte man diesen Umstand der Braut und ihrer Umgebung zu verschweigen gewusst. Schon seine Mutter,[36] wenige Jahre zuvor gestorben, war geisteskrank gewesen, und auch der Vater sollte später Anzeichen zunehmenden Schwachsinns zeigen.

Ahnungslos feierte Jakobe also ihr großes Fest, stand im Mittelpunkt, wurde bewundert und bestaunt bei allen Empfängen, und der Vergnügungen gab es viele, denn nach der Trauung des fürstlichen Paares folgte ein prunkvolles, rauschendes Fest dem anderen, und eine Woche lang wurde mit Festbanketten, Bällen, Wettkämpfen, Turnieren und Feuerspektakeln diese Hochzeit begangen, die als die „Fürstlich Jüliche Hochzeit“ in die Geschichte eingehen sollte.

Der Papst selbst segnete den Bund des armen Opfers mit dem Wahnsinnigen und schickte der Braut eine goldene Rose.[37]

Auch Eduard Fortunatus genoss all diese Feierlichkeiten. Er saß beim Hochzeitsbankett zusammen mit seinen Verwandten zur linken Seite der Braut, und an den Eröffnungstänzen konnte er schon an sechster Stelle teilnehmen, da sein Vetter Philipp seltsamerweise seinen Platz nicht eingenommen hatte. Philipps Schwester war nun die zukünftige Herzogin eines angesehenen und mächtigen Fürstentums, aber so glanzvoll ihr neues Leben am Düsseldorfer Hofe auch begonnen hatte, so war das rauschende Fest doch nicht der Beginn einer glücklichen Zukunft als Landesmutter von Jülich, Kleve und Berg.

Jakobe brachte eine große Aussteuer mit in die Ehe, und sehr wichtig sollten ihr einmal diese ganzen Dinge werden, denn manche Gegenstände, so sie mehrfach vorhanden waren, mussten später notgedrungen den Besitzer wechseln. Die Herzogin geriet während ihrer unglücklichen Ehe in große finanzielle Not, und von vielen Utensilien hat sie sich nach und nach trennen müssen. Denn weder wurde ihr die zugesagte Mitgift ausbezahlt noch die Widerlage[38] überschrieben; einzig die 6.000 Gulden, die Johann Wilhelm ihr als Morgengabe verehrt hatte, bildeten das bescheidene Vermögen, und eben jene Aussteuer, die ihr zur Hochzeit mitgegeben war. Auch das jährliche Kammergeld, das dem jungen Paar von den Räten bewilligt wurde, fiel recht kärglich aus. Ganze 800 Reichstaler standen den Eheleuten zur Verfügung, eine sehr geringe Summe, wenn man bedenkt, dass ein Untertan Jakobes, ihr späterer Hauptgegner Marschall Schenkern, durch etliche sich selbst verliehene Ämter über ein jährliches Einkommen von 8.000 Reichstalern verfügen konnte.

Es kam nicht selten vor in der damaligen Zeit, dass die Apanage sehr gering war und manche Fürstin sich gezwungen sah, trotz größter Sparsamkeit Schulden machen zu müssen. Besonders hart traf es die Witwen, wenn ihnen ihr Wittum vorenthalten wurde. Auch Jakobes Großmutter, Franziska von Luxemburg, sollte nach dem Tode ihres Gemahls Bernhard III. ein wehrloses Opfer werden. Die junge Mutter des kleinen Philibert, hochschwanger mit Christoph, dem Vater von Eduard Fortunatus, war sofort ihrer Rechte als Landesherrin enthoben worden. Ihr Schwager Ernst von Baden-

Pforzheim hatte kurzerhand das Schloss Baden besetzt, der Witwe jedweden Kontakt mit den Räten des Landes verboten und die Auszahlung ihrer Apanage zu verhindern gewusst. Es heißt, Franziska habe bald sogar für sich und ihre beiden Kinder um die wichtigsten Lebensmittel betteln müssen. Schließlich hatte die Markgräfin resigniert aufgegeben und war in ihre Heimat Luxemburg zurückgekehrt.

Jakobe von Baden, Herzogin von Jülich-Kleve-Berg.

Jakobes stattliche Aussteuer, welche mit den kunstvollen Gegenständen, dem Schmuck und der Kleidung die ganze Prachtentfaltung am Hofe Bayerns widerspiegelte, bildete nun also zusammen mit der Hälfte aller Hochzeitsgeschenke den einzigen Besitz der jungen Herzogin. Aber dieser muss dennoch ein recht ansehnliches Vermögen dargestellt haben, hatte sich doch zuvor ihr Bruder Philipp verpflichtet, *das frewlin dermaßen mit kleidern und anderen geschmuck außfertigen* zu lassen, dass *der alt und jung Herzog damitten allerdings zufriden sein sollen*; zudem wurde *den gülichischen und clevischen rheten die vertrauliche andeutung gethan, das solche zier, ornamenta und anders einmahl hundertthausend gulden werdt weren.*[39]

All das, was Jakobe damals zu eigen war, fügt sich heute zu einem Bild, das zeigt, wie der Alltag einer hochgestellten Frauenperson jener Zeit gestaltet war, gewiss nicht nur jener der Herzogin von Jülich-Kleve-Berg. Interessant ist es daher, anhand ihrer Inventare einmal hinter die Kulissen zu schauen, zu sehen, wie es um die Körperpflege stand, wie die Kleidung bis zur letzten Hülle beschaffen war und welchen alltäglichen Beschäftigungen eine fürstliche Dame sich seinerzeit widmete. Ein fiktiver Ablauf der Morgentoilette Jakobes erlaubt einen Blick in die ganz private Sphäre der Herzogin.

Der Morgen naht, und langsam steigt Jakobe aus dem Bett. Sie trägt ein Nachthemd, ganz aus Leinen, das einen Kragen hat, mit Spitzen schön verziert. Mit Gold und Borten ist die Haube geschmückt, die in der Nacht ihr Haar gebändigt hat. Ein Mädchen aus dem Frauenzimmer[40] naht und legt ihr den Nachtmantel um, denn es ist kühl. Es wärmt am Feuer die Gewänder, die ihre Herrin heute zu tragen liebt. Das Mädchen hilft ihr aus dem Nachtgewand, Jakobe geht an ihr Lavoir, die Schüssel ist gefüllt mit warmem Wasser. Sie reinigt ihr Gesicht und etwas mehr und trocknet sich mit einem goldverziertem Tuch ab.

Zuweilen nimmt sie auch ein Bad. Dann wird sie in den Baderaum geleitet, legt ihre Kleider ab und setzt die Haube auf. Sie steigt in einen Zuber, mit Rosenwasser halb gefüllt; nur bis zum Nabel darf es sie bedecken. Die Reinigung erfolgt mit einer Seife, die in einer schönen Dose aufbewahrt wird. Hernach hilft man ihr in ein Hemd, legt um die Schultern einen Bademantel und reicht ihr silberne Pantoffeln. Jakobe legt sich auf ein Bett und ruht. Die Füße werden ihr mit Salz und Essig eingerieben, dies treibt die „böse Hitze“ aus dem Leib und sorgt für gute Laune.

Ein Mädchen hilft, Jakobe anzukleiden. Die Unterhosen, ganz aus Seide, bedecken ihre Hüften und die Schenkel, ein rotes Hosenband gibt ihnen Halt. Dieses intime Kleidungsstück steht nirgends im Detail beschrieben; es sind wohl Schamgefühl und Ehrerbietung, die eine nähere Betrachtung untersagen. Auch ist den Domestiken streng verboten, sich je über jene Wäsche zu äußern, ja über Wäschestücke überhaupt, geschweige denn, sie jemandem zu zeigen. Nun nimmt Jakobe Platz und zieht genähte Seidenstrümpfe über ihre Beine, an einem Strumpfband gut und fest gehalten. Es folgt das Leibchen und das Unterkleid, ein Hemd aus buntbestickter Seide, das bald, wie eine Bluse, am Ausschnitt ihres Wamses sichtbar wird. Das Mädchen hilft ihr in den Nachtrock, der doch ein Hausgewand ist für den Tag, bequem und elegant aus Samt und Seide. Jakobe wählt die Schaube,[41] die, ganz mit Pelz gefüttert, wärmen soll. Sie schlüpft in das recht schlichte Paar Pantoffeln und setzt sich vor den Spiegel des Toilettenschrankes.

Vielleicht folgt nun als erstes die Frisur. Der Haarmantel, ein langer Umhang, wird ihr am Hals mit einer Schnur verschlossen. Mit reichverzierten Kämmen und mit Bürsten frisiert das Mädchen das Haar ihrer Herrin und lockt es, wo erwünscht, mit heißem Eisen. Ein Haarteil, ganz aus Seidenfäden, türmt bogenförmig die Frisur. Mit feinen Wässerchen erfolgt die Pflege ihres Teints, der nicht nur rein sein soll, sondern auch blass; und um die Blässe noch hervorzuheben, betont man ihre beide Wangen mit einer öligen Essenz, die hilft, Zinnoberrot gut zu verschmieren. Auch weiße Zähne sind erwünscht, und manches Mittel steht dafür bereit. So gibt es Pulver aus gebranntem Marmor, gebrannten Dattelkernen, weißem Glas, aus roten Ziegeln oder Bimsstein. Mit einem Leinenstückchen reibt sie ihre Zähne mit diesem Pulver gründlich ein und spült hernach den Mund mit Wein. Da gibt es eine Quelle in Viterbo, das Wasser hat viel Kalk und weißen Schaum; wenn dieser fest wird, gibt es Flocken, die zum Zähneputzen ebenfalls beliebt sind.

Die Reinlichkeit und Körperpflege ist ziemlich wichtig auch in jener Zeit, und dennoch gilt es ständig, üble Gerüche zu vertreiben. Es liegt wohl an der Kleidung, kostbar und kunstvoll ausgeführt, genäht aus Seide, Samt, Brokat und oft bestickt mit edelsten Metallen. Wohl kann die Leinenwäsche gut gereinigt werden, die kostbaren Gewänder jedoch nicht, die außerdem als Wertobjekte oft weitervererbt und lange Zeit getragen werden. Mit Wohlgerüchen und Aromen umgibt man Körper, Kleidung, Schmuck. Armreife, Gürtel, Knöpfe, Ketten – fast jedes Stück ist gefüllt mit manchen duftenden Essenzen.

Jakobe ist bereitet für den Tag. Im Kreise ihrer Kammerjungfern beginnt sie mit der Handarbeit. Ein Nähkästchen, vergoldet ist sein Leder, enthält die Garne und die Seidenfäden, ein Nadelköcher auch den Fingerhut, kostbar verziert mit Edelstein. Gerne verschenkt man an die näheren Verwandten kunstvolle Stickereien jeder Art. Auch Briefe schreibt man sich, und dies nicht selten, will man doch wissen, was es Neues gibt. Ein Schreibkästchen enthält die Utensilien, ein Tintenfass und Streusand, die Siegelmasse und den Federkiel. Jakobes Kästchen ist mit rotem Samt und Gold verziert und innen ausgeschlagen. Sie schreibt recht viel, doch lesen mag sie selten; es ist nicht sehr erwünscht in jener Zeit, dass Frauen sich dem Bücherstudium widmen. Wohl finden sich in ihrem Bücherkasten ein paar Bände, doch sind es einzig die Gebetbücher, die wichtig sind; sie allerdings gehören dem Gemahl.

Mit Handarbeiten wird sich Jakobe später kaum mehr beschäftigt haben, denn durch die Krankheit Johann Wilhelms hatte sie andere Aufgaben zu erfüllen. Ihre Versuche, bei Hofe die Führung zu übernehmen, und der Kampf gegen ihre Rivalin füllten mit Sicherheit ihren Tag aus. Am Ende brauchte sie ihre ganze Kraft für ihre Verteidigung in einem Prozess auf Leben und Tod.

Nur wenige Jahre nach der Hochzeit seiner Schwester wurde eine Verbindung Philipps II. mit seiner Schwägerin Sibylle von Jülich-Kleve-Berg geplant, der Schwester von Jakobes Gemahl. Vermutlich war es schon bei der Düsseldorfer Hochzeit zu einer Verlobung gekommen. Alle Vorbereitungen waren bereits getroffen worden, und in den Urkunden zu den Eheabredungen hatte der Bräutigam Sibylle schon als seine Gemahlin und Markgräfin von Baden tituliert. Nach vollzogenem ehelichen Beilager sollte Sibylle als Morgengabe eine hohe Geldsumme erhalten, das Witwengeld war festgelegt, und auch eine ansehnliche Aussteuer war vom Brautvater zugesichert worden, alles war schon in die Wege geleitet – als Philipp kurz vor der Hochzeit, noch keine 30 Jahre alt, ganz plötzlich schwer erkrankte und völlig unerwartet am 17. Juni 1588 für immer die Augen schloss. Mit ihm starb der letzte direkte Nachkomme der Bernhardinischen Linie Baden-Baden.

Die ehelichen Nachkommen Bernhards III. von Baden-Baden mit Franziska von Luxemburg

Bernhard III. von Baden-Baden 1474-1536
∞ Franziska von Luxemburg 1520-1566

Philibert von Baden-Baden
1536-1569
∞ Mechthilde von Bayern
1532-1565

Jakobe 1558-1597

Philipp II. 1559-1588

Anna Marie 1562-1583

Maria Salome 1563-1600

Christoph II. von Baden-Rodemachern
1537-1575
∞ Cäcilia Wasa
1540-1627

Eduard Fortunatus 1565-1600

fünf weitere Söhne (siehe S. 30)

Die Erbfolge der Baden-Badener Linie schien zunächst gesichert. Neben drei Töchtern hatte die Gemahlin des Markgrafen Philibert, Mechthilde von Bayern, auch einem Sohn das Leben geschenkt, eben jenen Philipp. Ein zweiter Sohn ist noch am Tage seiner Geburt verstorben. Aber ein Sohn allein ist nicht genug für eine gesicherte Nachfolge. Gewiss hätte Philipp noch einen Bruder an seiner Seite gehabt, wäre sein Vater nicht schon im besten Mannesalter am 3. Oktober 1569 in der Schlacht von Moncontour gefallen.[42] Obwohl er selbst der protestantischen Religion zugeneigt war, hatte

Philibert auf der Seite des Herzogs von Anjou gegen die Hugenotten gekämpft, die von den Anhängern der katholischen Lehre auf die grausamste Weise verfolgt und schließlich besiegt worden waren.

Nun lag die Verantwortung für das Fortbestehen der Linie Baden-Baden ganz allein auf den Schultern dieses einzigen Sohnes. Sofort nach dem Tod Philiberts leitete der Hof zu Bayern alles in die Wege, um die Vormundschaft für den jungen Philipp zu übernehmen. Jakobäa von Bayern, eine Großtante des Kindes, und deren Sohn Herzog Albrecht V. von Bayern setzten alles daran, dass die protestantischen Markgrafen Christoph von Baden-Rodemachern und Karl II. von Baden-Durlach als mögliche Vormünder umgangen werden konnten. Schließlich erreichten sie trotz lebhafter Einsprüche der badischen Verwandten ihr Ziel, denn Kaiser Maximilian II. setzte Jakobäa und Herzog Albrecht zu Vormündern ein. So war nicht nur sichergestellt, dass der junge Erbe, obwohl sein Vater protestantisch war, streng katholisch erzogen werden konnte, auch stand einer Rückführung der Markgrafschaft Baden-Baden zur katholischen Religion nun nichts mehr im Wege. Philipp wurde umgehend aus der Markgrafschaft hinweggeführt und verbrachte fortan, gemeinsam mit seinen drei Schwestern, die prägenden Jahre seiner Jugend in Bayern.

Mit großem Eifer wandten sich die Vormünder sofort ihrem Hauptziel zu, der Ausrottung des Luthertums in der badischen Markgrafschaft, der Ausmerzung der „Ketzer". Bayern setzte den Grafen Otto Heinrich von Schwarzenberg als Statthalter ein, und mit straffer Hand begann dieser nun, die überwiegend evangelischen Geistlichen zu entlassen und durch katholische Pfarrer zu ersetzen. Aber die Untertanen erwiesen sich als recht widerspenstig, und so schickte der bayerische Herzog seinen Hofprediger, den Jesuitenpater Georg Schorich, nach Baden, der schon in Bayern mit der Ausrottung der Lehre Luthers sehr erfolgreich gewesen war. Überall wurden nun die lutherischen Geistlichen aus ihren Ämtern entfernt, und gegen Ende des Jahres 1573 konnte der Pater den bayerischen Vormündern mitteilen: *Nun weiß ich in diesem Land wenig Orte mehr, so des Reformierens bedörfften.*[43] Kurze Zeit darauf ist Pater Schorich gestorben. Die Jesuiten behaupteten, er sei vergiftet worden.

Diese Entwicklung, diese ganze Vorgehens- und Handlungsweise der bayerischen Vormünder, hatte schon im Jahre 1570 Markgraf Karl von Baden-Durlach dazu bewogen, bei Kaiser Maximilian II. Beschwerde einzulegen. Er hatte Erfolg, denn der Kaiser gab den Befehl, der religiöse und kirchliche Zustand im Lande müsse so beibehalten werden, wie zu Beginn der Vormundschaft vorgefunden. Aber Herzog Albrecht musste nicht lange nach einer Lösung suchen, um sein Ziel zu erreichen. Er erklärte am 29. August 1571 sein Mündel für volljährig, und der kaiserliche Befehl konnte zurückgenommen werden. Offiziell war der Knabe Philipp nun regierender Markgraf, aber weiterhin stand das Land unter der vormundschaftlichen Regierung Bayerns, und es sollten noch einige Jahre vergehen, bis der junge Herr die Geschäfte persönlich übernehmen konnte.

Es bringt nicht viel Gewinn, wenn das Land dem alten Glauben wieder zugeführt ist, der Regent jedoch noch immer Protestant ist. So stand zunächst eine gute katholische Erziehung und Ausbildung des zukünftigen Herrschers im Mittelpunkt, und schon bald, kaum dass er vorzeitig für volljährig erklärt worden war, begann Philipp unter der Leitung der Jesuiten mit seinen Studien an der Hochschule zu Ingolstadt, wo er im März 1573 immatrikuliert wurde. Dort hatte er später sogar das Amt eines Rektors inne. Die Erziehung war schließlich vom Erfolg gesegnet, denn bereits im folgenden Jahr schwor Philipp, der neben seinen Schwestern zu Lebzeiten des Vaters im evangelischen Glauben erzogen worden war, der lutherischen Lehre ab.

Er tat dies unter der Obhut und Überzeugungskraft des Gelehrten Martin Eisengrein. Einst hatte dieser dem protestantischen Lager angehört und über einen langen Zeitraum hinweg die katholische Kirche in seinen Schriften mit großer Heftigkeit angegriffen; aber in Wien war Eisengrein dann wieder katholisch geworden, und so, wie er bisher die katholische Kirche bekämpft hatte, wurde er nun einer der unerbittlichsten Gegner des Protestantismus. Diesen gelehrten Mann als Lehrer und Vorbild, hatte der junge Philipp natürlich den Wunsch, es ihm gleichzutun. Fortan sollte es Philipps wichtigstes Ziel werden, die unter der Vormundschaft begonnene Rekatholisierung in seiner Markgrafschaft weiterzuführen und zu einem Ende zu bringen.

Für manche Frauen in der Markgrafschaft endete während dieser Zeit der Vormundschaft das Leben auf eine grausame Weise. Unter Philibert hatten sie noch nichts zu befürchten gehabt, nun aber, da die Markgrafschaft unter dem Einfluss der streng katholischen Bayern stand, begann eine Welle von Hexenverfolgungen, die auch kein Ende nahm, als Philipp II. im Jahre 1577 die Regierung persönlich übernahm.

Schon kurze Zeit nach Philiberts Tod kam es zu einem ersten Hexenprozess. In Baden wurde eine arme alte Frau der Hexerei beschuldigt und angeklagt. Unter der Folter legte sie, um weiterer Peinigung zu entgehen, ein Geständnis ab und nannte zudem die Namen etlicher Frauen, die mit ihr zusammen „Hexenwerk" getrieben haben sollten und mit ihr und dem Teufel auf dem Hexensabbat gewesen seien. Sie wurde verurteilt und fand auf dem Scheiterhaufen ein qualvolles Ende.

Aber es traf ja nicht nur die armen Frauen. Selbst die ehrbare Stadtschreiberin aus Baden wurde zusammen mit ihrer Tochter, als die Verdachtsmomente zu groß schienen, der Hexerei angeklagt, verurteilt und schließlich durch das Feuer hingerichtet.

Wenn Not und Elend über die Bevölkerung hereinbrachen, wenn niemand sich ein Unglück recht erklären konnte, musste ein Sündenbock gefunden werden, der für all das Unheil verantwortlich gemacht werden konnte. Die Jahre von 1571 bis 1574 waren geprägt von Missernten, einer zunehmenden Verteuerung der Lebensmittel und einer schrecklichen Hungersnot, und als dann noch die Pest über das Land zog, schrieb man all diese Katastrophen dem teuflischen Werk der Hexen zu.

In jener Zeit wurde auch eine Frau mit Namen Margaretha Burckhardt der Hexerei bezichtigt. Bevor sie hingerichtet wurde, beschuldigte sie auf der Folter die Hebamme Margaretha Bauerbacher, diese habe sie das Hexenwerk gelehrt. Aber nicht diese Anschuldigung allein führte schließlich zu einer Verhaftung und Anklage, sondern auch aus der Bevölkerung kam es vermehrt zu Verdächtigungen gegenüber jener Frau.

So, wie es ja immer wieder geschieht: Wenn ein Mensch im nächsten Umfeld einer Untat bezichtigt wird, findet manch braver Bürger hier und dort eine Deutung für Vorkommnisse, die einer Erklärung bisher nicht bedurft hatten. Etliche Vorfälle fallen den Leuten plötzlich ein, vieles wird durch Gerede, Klatsch und Tratsch weitergetragen. Es ist wie ein Sog, dem kaum jemand entrinnen kann und möchte. Es ist der Pöbel, der in unendlicher Gier nach Sensationen, aber doch eigentlich zur Rechtfertigung der eigenen geheimen Verfehlungen sich auf den Schwachen stürzt, durch dessen Fall es leichter wird, sich selber zu erhöhen.

Manch eine Frau, die hört, welche Schwierigkeiten eine andere bei der Geburt ihres Kindes hatte, erinnert sich an ihre eigene Niederkunft oder an die einer ihr bekannten Person, und schnell ergeben Ungereimtheiten ein Ganzes, schnell sind Erklärungen zur Stelle, und hochgeschaukelt in dem ganzen Taumel empfindet jeder seine Ahnung als die absolute Wahrheit.

Die unter der Folter als Mittäterin bezichtigte Hebamme sei, so war nun zu hören, oft *ungedultig mit ihren Weiberen, wan sie Kinds niderkommen wöllen* und daraus sei *Weib und Kinder grosser Nachtheil und Schaden geschehen.*[44] Immer wieder kam es in diesem Fall zu neuen Beschwerden und Klagen, so auch, *dass ihnen täglich viel Viehes angegriffen, gelämt und getötdt werde, und durch niemanden anders, dann durch sie die Hebamm beschehe, dann was sie an ihren Weib und Kindern nit zu wegen bringen könnte, müßte das arme Viehe herhalten.*[45] Durch diese Bezichtigungen und die Aussagen der bereits hingerichteten Frau Burckhardt aufs Höchste belastet, wurde die Hebamme Bauerbacher schließlich verhaftet und schon zwei Wochen später, am 1. Dezember 1576, in Ettlingen dem Scheiterhaufen zugeführt.

Bis zu Philipp II. persönlichem Regierungsantritt im Jahre 1577 fanden unter der Vormundschaft des bayerischen Herzogs wahrscheinlich 26 Frauen einen qualvollen Tod durch das Feuer, und auch danach wurden noch 18 Frauen aus den Ämtern Rastatt, Baden und Kuppenheim als Hexen verurteilt, *so man verbrend hat von dem 7. Februari an biss auff den 25. Juni dises 1580. Jar.*[46]

Später, während der Regierungszeit des Eduard Fortunatus, wurden vermutlich nur drei Frauen der Hexerei bezichtigt; zu den Anklagen kam es in den Jahren 1590 bis 1594 in Ettlingen. Die Beklagten wurden jedoch freigesprochen, einzig eine von ihnen starb hernach an den Folgen der grausamen Folter. Dass es zu keinen Verurteilungen kam, mag vielleicht auch an der Interesselosigkeit des Markgrafen gelegen haben. In den folgenden Jahren, als die Markgrafschaft von Ernst Friedrich von Baden-Durlach okkupiert worden war, ist es zu keinen Hexenprozessen mehr gekommen.

Philipp ging wenig zimperlich vor, um den Protestantismus aus dem Lande zu vertreiben und dem Katholizismus zum Siege zu verhelfen. Angeblich sollte die Bekehrung ja schon 1573, noch unter der Vormundschaft Bayerns, vollständig erreicht worden sein, aber nicht einmal in seiner eigenen Residenz schien es möglich gewesen zu sein, die protestantische Glaubensrichtung gänzlich auszurotten. So äußerte sich noch 1576 der Dechant des Collegiatstiftes Baden, die hiesige Bürgerschaft könne unmöglich viel Lust bekommen, zur alten Religion zurückzukehren, *so lange die Canonici Aergerniß geben mit dem lauten Geschwätz, das sie in den Chorstühlen zu führen pflegen; Aergerniß geben mit ihrem unzüchtigen Wandel, auch Fluchen und Saufen daheim und in den Wirtshäusern; hauptsächlich sehe man den Stiftsherrn Jacob Bolonius und einige andere fast täglich fallen, aber nicht wieder aufstehen durch Buße und durch das heilige Sacrament der Beicht, auch den ‚anderen Religionsverwandten' zum gröbsten Aergerniß.*[47]

Es fand sich in der Markgrafschaft noch manch lutherischer Pfarrer, der des Landes verwiesen werden musste. Noch 1578 wurde dem Pfarrer Vetter zu Kappel unter Windeck gedroht, man werde seine Besoldung einziehen, wenn er nicht aufhören wolle, die Beichte und Absolution auf lutherische Weise zu versehen, und der Pfarrer Geyer in Sinzheim wurde 1578 mit Landesverweisung bestraft, als man von seiner Eheschließung erfuhr, zumal mit einer Protestantin.

Markgraf Philipp II. von Baden-Baden.

Auch gegen den einige Jahre zuvor neu eingeführten Abt des Klosters Schwarzach, den Benediktiner Caspar Brunner, ging der Markgraf unerbittlich vor. Dieser hatte sich geweigert, ihm zu huldigen; nur seinem Lehnsherrn, dem Bischof von Speyer, müsse er diese Huldigung ablegen. Also wurde der Abt nach Baden gebracht, wo ihn eine 14-tägige Gefangenschaft erwartete. Nach seiner Freilassung wurde Brunner eines Nachts abermals festgenommen und diesmal vor den Bischof von Straßburg gebracht unter der Beschuldigung, ein verschwenderisches und unzüchtiges Leben zu führen. Der Bischof indes sprach ihn frei und wies ihm die entzogene Verwaltung des Klosters wieder zu. Dies alles schien Philipp nicht zu beeindrucken. Auch oder gerade weil das Urteil 1575 vom Erzbischof von Mainz bestätigt und er selbst zur Zahlung der Prozesskosten verurteilt wurde, machte der Markgraf dem Abt in Zukunft das Leben so schwer wie nur irgend möglich.

Schließlich, 1587, beschwerte sich Brunner in einer Druckschrift über die Zustände, in welche sein Kloster durch den Markgrafen gelangt sei. Schwarzach, so schrieb er, werde fortwährend von einem markgräflichen Schaffner verwaltet, und die ganze Gegend sei durch badisches Kriegsvolk besetzt. Auch hausten in Schwarzach nicht nur des Regenten Förster, Jäger, Pferde und Hunde, nein, auch schöne Metzen aus aller Welt – Madonna Bella, Damoysella, Muchaca Donna – lasse der sittenlose ledige Herr hier wohnen. Selbst als Brunner seiner persönlichen Sicherheit wegen nach Straßburg entwich, dauerten die Streitigkeiten an bis zum baldigen Tod des Markgrafen.

Wie schwer das Ziel zu erreichen war, den Katholizismus wieder zur alleinigen Religion im Lande werden zu lassen, zeigt ein Erlaubnisschreiben des päpstlichen Legaten, das noch 1581 an den Hofprediger Dr. Franz Bornius von Madrigal erging. Bornius wurde später auch der Hofprediger des Eduard Fortunatus. In diesem Schreiben wird genehmigt, alle verbotenen Schriften weiterhin zu lesen, um so die gottlosen Meinungen Luthers besser widerlegen zu können. Bornius erhielt zudem die Vollmacht, *den durch Satans List zur Ketzerei Verführten alle Pönitenzen zu erlassen, sobald diese*

Personen entweder öffentlich oder insgeheim, je nachdem es dem Doctor zweckdienlich scheine, ihre Irrthümer abschwören und zur Einheit der hochheiligen Kirche zurückkehren wollten.[48]

Schließlich aber bedrohte der Markgraf dann doch seine Untertanen, wenn auch nicht auf eine derart abschreckende Weise wie in anderen Ländern, so in Spanien und den südlichen Niederlanden. In seiner Landesordnung von 1588 gab er bekannt, wer dem Befehl, die heilige Messe zu besuchen, nicht nachkomme, habe mit dem Turm und anderen ernstlichen Strafen zu rechnen. Auch in seiner Hofordnung legte er fest, dass die Offiziere und alle von Adel, so auch die anderen Hofdiener, an den Sonn- und Feiertagen nicht nur für sich selbst und als gutes christliches Vorbild die Predigt, das Amt der heiligen Messe und andere Gottesdienste mit Andacht und Fleiß besuchen sollen, sondern auch ihre untergebenen Diener, Knechte und Burschen mit Ernst dazu anzuweisen seien. Sollte sich aber jemand trotz Ermahnungen widerspenstig oder gottlos zeigen, so müsse der Hofmeister nach der Schwere des Vergehens eine gebührende und unnachgiebige Strafe verhängen, sei es durch das Gefängnis oder die Vertreibung vom Hofe.

Wesentlich milder reagierte später sein Vetter und Nachfolger Eduard Fortunatus. In der Stadt Baden wünschte 1591 ein Teil der Einwohner wiederholt, das Abendmahl unter beiderlei Gestalt nehmen zu können. Der Markgraf gab allerdings nur den Bescheid, man solle sie eines Besseren belehren und erst dann zu anderen Maßnahmen greifen, wenn die Belehrungen nicht fruchteten.

Aber nicht nur die christlichen, katholischen Pflichten seines Hofpersonals wurden geregelt, auch was das gute Benehmen betraf, wurden von Philipp Vorschriften erlassen. So habe nicht nur bei seiner alltäglichen hiesigen Hofhaltung, sondern an jedem anderen Ort, an dem er jemals in seiner Person sein werde, ein aufrechter, steifer und unverbrüchlicher Burgfriede in Worten und Werken zu herrschen. Keiner, wer er auch sei, dürfe den anderen mit Worten schmähen oder ihm hochmütig entgegentreten, fluchen, ihm drohen, ihn herausfordern oder schlagen, stechen, stoßen oder beleidigen. Wer aber den anderen mit Wort oder Tat antaste, der solle ohne Ausnahme sogleich ins Gefängnis kommen. Es wurde sogar, je nach Art des Vergehens, ohne Gnade mit einem Hofverweis gedroht oder einer Leibes- und Lebensstrafe.

Auch bei den Tischsitten legte der Markgraf großen Wert auf Anstand, gutes Benehmen und Pünktlichkeit. Um sechs Uhr morgens gab es die Morgensuppe, das Mittagsmahl wurde um neun und das Nachtessen um vier Uhr gereicht, in den Wintermonaten eine Stunde später. Wer nicht rechtzeitig erschien, musste auf seine Mahlzeit verzichten. Ausgenommen wurden Kranke, die für ihren unfreiwilligen Verzicht ein Kostgeld erhielten.

Jedem war sein Tisch zugewiesen, und mindestens acht Personen sollten es an jedem sein. In seiner Hofordnung legte Philipp fest, ein jeder habe sich *guter Zucht, Erbar- und höfligkeit*[49] zu befleißigen, solle in züchtiger Kleidung bei Tische sitzen und vor und nach dem Essen andächtig beten. In leisem Ton habe man ein freundliches, friedliches und sittsames Gespräch zu führen, und niemand solle von einem zum anderen Tische rufen, schreien oder sogar etwas werfen. Das Hofgesinde, ob hohen oder niederen Standes, habe sich ferner *alles Gottlesterns, fluochens, Schmehens, ungüetlicher, beschwerlicher und verhaßter nachreden, sonderlich von und gegen hohe Personen, item unnöttigen zänkischen Disputierens und dann übermeßigen, schwälgerischen Eßens und Trinckhens* zu enthalten. Ein jeder solle sich *seines Bechers Weins, wie der ime bestimbt, begnuegen laßen, Wie auch keiner selber Brot ußer dem Korb nehmen, sonder erwarten solle, biß es ime von denen, so es anbevohlen, fürgelegt würdt.*

Auch die Zeit, die man bei Tische verbringen durfte, war genau geregelt. Nach dem Dankgebet, wenn der Küchenmeister „aufklopfte", hatte das gemeine Gesinde still aufzustehen und ein jeder an seinen Ort und seine Verrichtung sich zu verfügen. Ihm war für die Mahlzeit eine Stunde zugebilligt, den anderen stand eine viertel oder gar halbe Stunde länger zur Verfügung, und niemandem war es gestattet, ohne besondere Erlaubnis länger am Tische zu sitzen, aber es war auch niemandem erlaubt, sich ohne einen wichtigen Anlass vor dem Gebet von der Tafel zu entfernen.

Der junge Regent war jedoch nicht nur ein eifriger Verfechter des katholischen Bekenntnisses und ein Kämpfer für dessen gänzliche Rückführung im Lande, und er war auch nicht nur ein Förderer der höfischen Etikette, er war zudem ein geistreicher und lebenslustiger junger Mann, prunk- und kunstliebend, den Genüssen des Lebens nicht abgewandt und ausgestattet mit einer großen Neugierde auf die weite Welt. Seine Erziehung am prachtliebenden und kunstsinnigen Hofe Bayern hatte ihm das Gespür für die Kunst und die schönen Dinge des Lebens nahegebracht, und sein ganzes kurzes Leben hindurch umgab er sich gerne mit prächtigen und kunstvollen Dingen.

So genügte auch das von seinem Urgroßvater Christoph I. erbaute Neue Schloss zu Baden bald nicht mehr seinen Ansprüchen. Philipp ließ das alte Wohngebäude niederreißen und einen prächtigen Neubau errichten, ausgestattet mit wunderschönen Wandmalereien und allerlei Gerätschaften aus Gold und Silber. Aber nicht nur der Baukunst und der Malerei galt seine ganze Liebe, auch der Musik war er äußerst zugetan. An seinem Hofe hielt er sich ein eigenes großes Orchester mit hervorragenden Musikern, denen, wie eine Auflistung von 1582 zeigt, 218 Instrumente zur Verfügung standen.

Philipp verstand es stets zu glänzen durch seine ästhetische Bildung, und große Pläne, seinem jungen Kopf entsprungen, rissen so manchen Zeitgenossen mit. Vielleicht gilt er mit Recht als der beste Kunstkenner und größte Kunstfreund unter allen badischen Markgrafen. Aber alle Kunst kostet auch Geld, und Philipp mag manche Tugenden besessen haben – *Die bescheidene Tugend der Sparsamkeit besaß er aber nicht.*[50]

Neben diesem prachtvollen und sinnenfreudigen Lebensstil, der zunehmend die Landeskasse belastete, verschlang auch Philipps Lust zu reisen große Geldsummen. Dies führte dazu, dass seine Finanzen bald vollständig zerrüttet waren. Der junge Markgraf war rechtzeitig vor den Folgen einer leichtsinnigen Haushaltsführung gewarnt worden, denn schon ein Jahr nach seinem Regierungsantritt ohne Vormund schlug ihm auf dem Landtag 1578 heftige Kritik entgegen:

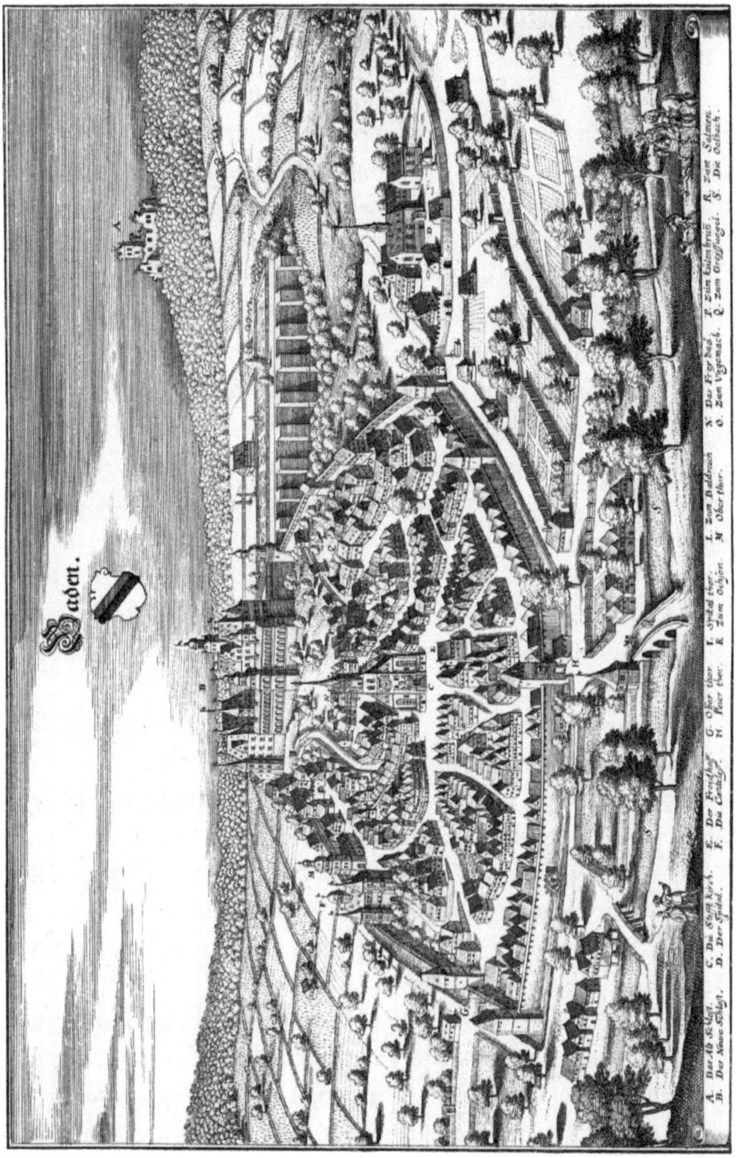

Baden-Baden mit dem Alten und dem Neuen Schloss. Ansicht von 1643.

Er solle *den Wildschaden und die Frohnden zum Schloßbau von Stollhofen und anderer fürstlicher Häuser zu Baden, Rettlingen, ‚Scheubenhart' und Rastatt mindern,*[51] verlangten die Vertreter Rastatts, auch die schlechte Münze solle er abstellen und die landläufige Münze wieder als voll annehmen. Den überflüssigen Hofstaat müsse er verringern, die schweren Steuern heruntersetzen, und die Landschaft dürfe er nicht weiterhin versetzen und verpfänden. Ihm wurde geraten, daheim bei seinen Untertanen zu bleiben, in den Stand der Ehe zu treten und in die *Vestigia*, die Fußspur seiner hochlöblichen und seligen Voreltern. Überhaupt solle er sich *gegen die armen Unterthanen also erzaigen, dass man der nothwendigen Klagen entladen werde und Ursache gewinne, Seine Fürstliche Gnaden zu lieben und Ihr unterhänig und gehorsam zu seyn. Schon sei es durch hohen Zoll und Weinauflagen dahin gekommen, dass die raisenden Leuth und Kauffherren dieß Fürstenthumb fliehen tanquam abominabile malum*, gleichsam wie ein verabscheuenswertes Übel. *Wohin das zuletzt führe, sey leicht zu erachten; sed rem ex eventu judicamibus,*[52] also werde man die Sache am Erfolg messen und nach ihrem Ausgang beurteilen.

Philipp scherte sich nicht um die Mahnungen und Empfehlungen seiner Landstände, vor allen Dingen blieb er nicht daheim bei seinen Untertanen. Es reizte ihn das Leben an fremden Höfen, und immer wieder begab er sich auf Reisen.

Einmal, als es ihn nach Frankreich zog, soll er kurzentschlossen die Kasse der Stadt Rastatt als Reisegeld mitgenommen haben. Zu seiner Rechtfertigung habe er hernach gesagt, das Geld sei von ihm doch nur entliehen.

Ein andermal, es war im Jahre 1584, führte ihn seine Abenteuerlust nach Brüssel, wo er hoffte, auf der Seite Spaniens sein Glück machen zu können. Dort erreichte ihn ein Schreiben seiner Räte, in welchem diese darüber klagten, dass sich trotz größter Sparsamkeit die Schulden stetig vermehrten. Wenn der Herr in der Welt herumreise, wozu bedürfe es dann eines Marstalls mit sechzig kostbaren Pferden, wenn sie doch nur unnütz auf der Streu stünden? Bei seinem Regierungsantritt habe er 300.000 Gulden Schulden vorgefunden, nun, sechs Jahre später, sei die Summe um weitere 240.000 Gulden angewachsen. Jetzt seien wieder 30.000 Gulden nötig, aber die Fugger wollten weder mit noch ohne Bürgschaft leihen; sie verlangten Pfandbestellung und Verschreibung von Adel und Ständen. Da sie, die Räte, die Verantwortung nicht tragen könnten, böten sie allesamt ihre Entlassung an. Aber *mit der unverwüstlichen, vornehmen Heiterkeit, – fast möchte man sagen: mit der Künstlernatur wie er sie besaß, dankte er für ihre Aufrichtigkeit und gab die Entlassung nicht.*[53]

Vielleicht wäre der Fehlbetrag noch weiter angewachsen, hätte Philipp auf seine Reisen verzichtet, die ihn wiederholt nach Italien und in die Niederlande führten, denn seine Baulust hätte sich dann wohl noch stärker entfalten können. Am Ende seines Lebens hatte sich in der Markgrafschaft Baden-Baden ein Schuldenberg angehäuft von 600.000 Gulden.

Eine wichtige Rolle für das Auffüllen der Landeskasse spielten in der damaligen Zeit die Juden in der Markgrafschaft, die trotz einiger Beschlüsse der bayerischen vormundschaftlichen Regierung nicht völlig vertrieben worden waren; zu einträglich waren die Gebühren für ausgestellte Schutzbriefe, als dass man ohne Weiteres auf sie hätte verzichten können. Philipp II. stand ihnen daher anfangs recht freundlich gegenüber. Als aber das Jahr 1588 mit Teuerungen einherging, und sich erneut der Unwille in der Bevölkerung regte, entschloss auch er sich zur Ausweisung der Juden, die sich jedoch in ruhiger und schonungsvoller Weise vollzog. Ein Grund für dieses Vorgehen lag auch in der christlichen Verurteilung des Zinsnehmens. So findet sich in der baden-badischen Landordnung von 1588 der Satz: *Als auch meniglich unverborgen, welcher massen die nagenden und schädlichen Wurm, die Juden, dem gemeinen Nutz beschwärlich, die Armen mit irem schandlichen Gesuch und Wucher wider Gottes Bevelch und Ordnung in Verderben und Sterben richten …*[54]

Ganz anders handelte später Eduard Fortunatus, nachdem er die Nachfolge seines Vetters angetreten hatte. Er beließ die Juden im Lande, denn die Erteilung von Schutzbriefen gegen Bezahlung gab ihm die Möglichkeit, seine hoffnungslose finanzielle Lage etwas abzufedern.

Völlig unerwartet wurde Philipp, noch keine 30 Jahre alt, aus dem Leben gerissen. Sein früher Tod ereilte ihn wohl überraschend, nicht aber unvorbereitet, denn noch im selben Jahre, 1588, hatte der Markgraf ein Testament anfertigen lassen. Er setzte hierin die Söhne seines Onkels Christoph zu Erben ein unter der Voraussetzung, dass sie selbst katholisch blieben und die katholische Religion im Land erhalten und festigen wollten. Zudem stiftete er dem Kloster Lichtenthal eine jährliche Summe von 104 Gulden für das Lesen von Messen.

Vor seinen Schöpfer wird er getrost und mit Vergebung getreten sein, denn Anfang Juni suchte er das Barfüßerkloster zu Freiburg auf zur Beichte und zur Kommunion; ganz sicher wollte er sein, dass er an dem vom Papst ausgeschriebenen Ablass teilhatte. Schon am folgenden Tage ritt er nach Schwarzach, den ganzen Tag lang saß er auf dem Pferd, fastend und betend. Am Morgen danach suchte er die Kapelle Maria-Linden zwischen Bühl und Ottersweier auf, wo ihn ganz plötzlich eine schwere Krankheit auf das Lager warf. All seinen vielseitigen, übereifrigen und rastlosen Tätigkeiten war der junge Körper nicht mehr gewachsen, und seine Kräfte hatten einer ernsthaften Krankheit nichts mehr entgegenzusetzen. Am 17. Juni 1588 hat *I.F.G. [Ihre Fürstliche Gnaden] … mit wahrer contrition und stehtiger anruefung Gottes iren geist ufgeben.*[55]

So, wie er es gewünscht hatte, wurde Philipps Begräbnis sehr feierlich begangen. Alle Messen wurden gehalten, und bis zu 50 Priester wohnten seiner Aussegnung bei. Die sterblichen Überreste des Markgrafen ruhen in der Stiftskirche zu Baden-Baden.

Verwandtschaftliche Beziehungen mit dem Hause Jülich-Kleve-Berg

Markgrafen v. Baden			Herzöge v. Jülich-Kleve-Berg	
Philibert v. Baden-Baden 1536-1569 (Bruder v. Christoph II.) ∞ Mechthild v. Bayern 1532-1565		Cristoph II. v. Baden-Rodemachern 1537-1575 (Bruder v. Philibert) ∞ Cäcilia Wasa v. Schweden 1540-1627	Wilhelm V. der Reiche v. Jülich-Kleve-Berg 1516-1592 ∞ Maria v. Österreich 1531-1581	
Jakobe v. Baden 1558-1597 ∞ Johann Wilhelm v. Jülich-Kleve-Berg (Bruder v. Sibylle)	Philipp II. v. Baden-Baden 1559-1575 verlobt mit Sibylle v. Jülich-Kleve-Berg (Schwester v. Johann Wilhelm)	Eduard Fortunatus v. Baden-Baden 1565-1600 ∞ Maria van Eicken Heirat geplant mit Sibylle v. Jülich-Kleve-Berg (Schwester v. Johann Wilhelm)	Johann Wilhelm v. Jülich-Kleve-Berg 1562-1609 (Bruder v. Sibylle) ∞ Jakobe v. Baden	Sibylle v. Jülich-Kleve-Berg 1557-1627 verlobt mit Philipp II. v. Baden

Der frühe und plötzliche Tod Philipps war für seine Braut Sibylle und alle Beteiligten ein schwerer Schlag und durchkreuzte unerwartet sämtliche Pläne. Bereits im Jahre 1585 hatte ja Sibylles Bruder Johann Wilhelm die Schwester Philipps, Jakobe, geheiratet, und so wäre alles politisch und familiär geordnet gewesen: Beide Häuser wären in Zukunft auf zweifache Weise miteinander verschwägert und die katholische Seite gestärkt.[56]

Nun, da alles anders gekommen war, blieb Sibylle, die das 30. Lebensjahr schon überschritten hatte, weiterhin am Düsseldorfer Hof ihres Vaters Herzog Wilhelm V. von Jülich-Kleve-Berg. Hier stand sie ihrem geistesschwachen Bruder Johann Wilhelm beratend und beherrschend zur Seite – aber zur anderen Seite stand eben seit drei Jahren auch dessen Gemahlin Jakobe von Baden, und im Kampf dieser beiden Frauen um die Macht bei Hofe und im Land unterlag schließlich eine der beiden durch ein übles Intrigenspiel, das nach einer Zeit voll Hinterlist und Bespitzelung ein mörderisches Ende fand.

Es entstand ein Kampf zwischen einer lebensfrohen jungen Frau, die einem blödsinnigen Herzog zur Gemahlin gegeben war, und deren Schwägerin Sibylle, *eine häßliche und boshafte alte Jungfer, welche auf Jakobens Schönheit eifersüchtig war.*[57]

Jakobes Schwiegervater Herzog Wilhelm V. war zunehmend regierungsunfähig geworden, senil und geistesverwirrt und wurde 1592 durch seinen Tod von allen Peinlichkeiten erlöst. Aber auch bei ihrem Gemahl Johann Wilhelm, der seinem Vater als Herzog nachgefolgt war, ließ sich eine zunehmende Verschlechterung des Geisteszustandes wahrnehmen. *Er lief im Harnisch und bloßen Degen durch das Schloß von Düsseldorf und verwunderte alle, die ihm begegneten.*[58] Als schließlich sein Verfolgungswahn, seine wirren Äußerungen und die bedrohlichen Tobsuchtsanfälle zunahmen und er eine Gefahr für sich und andere zu werden drohte, kam man nicht umhin, ihn für einige Zeit wegzusperren. Jakobe als Landesmutter wollte nun die Regierungsgeschäfte in die eigenen Hände nehmen, aber dieses Vorhaben war nicht im Sinne der Schwägerin Sibylle, auch nicht der Räte, die den verschiedenen konfessionellen Lagern angehörten und selber federführend wirken und die Macht nicht aus den Händen geben wollten – schon gar nicht in die Hände der jungen Gemahlin. Die Herzogin stand plötzlich im Weg, und man suchte mit der Zeit nach einer Möglichkeit, sich ihrer zu entledigen, zumal die Ehe bisher kinderlos geblieben war und das Haus auszusterben drohte. Es musste der Weg freigemacht werden für eine erneute Vermählung des unglücklichen, von Depressionen geplagten Herzogs Johann Wilhelm.

Eine Landesherrin ohne Leibesfrucht ist nicht viel wert. Durch einen Erben, einen männlichen zumal, hätte Jakobes Schicksal eine andere Wendung genommen, ihre persönliche und politische Lage hätte sich schlagartig zum Guten wenden und ihre Stellung gefestigt werden können bei all der Ablehnung einiger Räte und vor allem Sibylles. Ihre Kinderlosigkeit war nicht nur für sie, sondern auch für das Land eine Katastrophe, und so hat die Herzogin lange

Sibylle von Jülich-Kleve-Berg, Gegenspielerin der Jakobe von Baden.

versucht, durch allerlei Kuren und Mittel eine ersehnte Schwangerschaft herbeizuführen. Sie unternahm alles Erdenkliche und wandte sich ärztlicher Hilfe und allerlei Wundermitteln zu, um ihr wichtigstes Ziel zu erreichen.

Im Sommer 1588 unternahm das Paar eine Reise zu den Emser Bädern, die einer Fruchtbarkeit dienlich sein sollten, und ein Jahr später verehrte Jakobe der heiligen Anna in Düren zwei Halsketten. Als diese Unternehmungen nicht halfen, legte sie ihre Hoffnung in die wundertätige Wirkung magischer Amulette. Keiner dieser Bemühungen war jedoch vom Erfolg gekrönt, und die Herzogin blieb kinderlos wie bisher.

Auch um die Geisteskrankheit ihres Gemahls, die vorerst nur in kleinen Schritten, dann aber doch recht ernstlich bemerkbar wurde, machte sich Jakobe große Sorgen. Im Oktober 1589 hatten sowohl der fürstliche Leibarzt Soleander als auch der Hofkaplan Fronhoven Gutachten erstellt über den geistigen Zustand des jungen Herzogs. In ihrer Hilflosigkeit legte Jakobe daraufhin ihre ganze Hoffnung auf einen Pfarrer, der für seine Hinneigung zum Aberglauben bekannt war. Dieser riet ihr, dem Gemahl dreimal täglich eineinhalb Löffel gesalzenes Wasser zu reichen, das zuvor mit lateinischen Formeln zu segnen sei. Auch solle Johann Wilhelm mit dem gleichen Wasser täglich seinen Kopf waschen und zudem in Bier gesottene Kräuter einnehmen. Zudem sei es für den Kranken wichtig, auf dem Kopfe einen Rosenkuchen zu tragen und in den Schuhen, unter den Fußsohlen, einen Zettel mit den Namen weiterer Kräuter. Ob Jakobe diesen Vorschlägen Folge geleistet hat, ist nicht gewiss; überliefert ist jedoch, dass sie ihrem Gemahl Hostien unter das Essen mischte, die mit Buchstaben versehen waren, und ihm zudem einen Zettel in die Kleider heften ließ, beschrieben mit dem Evangelium des heiligen Johannes. Alle diese hoffnungsfrohen Unternehmungen brachten keine Besserung, sondern führten nur dazu, dass Jakobe von ihrer Schwägerin Sibylle später der Hexerei bezichtigt werden sollte.

Wohl lag das Augenmerk auf Jakobes Kinderlosigkeit, aber zu ungeschickt, sich am Hofe eine eigene Hausmacht zu schaffen, zu selbstherrlich in dem Bewusstsein ihrer Stellung hatte sich Philipps

Schwester nach und nach mehrere Personen zu erbitterten Feinden gemacht. So nahm das Verhängnis unweigerlich seinen Lauf. Manch einer, der von der Herzogin brüskiert oder missachtet worden war, diente Sibylle fortan als Spitzel, Lauscher und Zuträger. Es begann ein, wie man heute sagen würde, regelrechter „Zickenkrieg", und nicht ganz ohne eigenes Zutun forderte Jakobe ihre Gegenspielerin immer wieder heraus.

Schon Ende September 1591 kam es bei den Verhandlungen für den Landtag zu einem Eklat zwischen den beiden verfeindeten Schwägerinnen. Einmal nämlich, als Sibylle den Raum betrat, brach Herzogin Jakobe sofort die Gespräche ab, und sie brüskierte ihre Widersacherin außerdem öffentlich, indem sie Kopien von Briefen verteilte, die sie zuvor abgefangen und geöffnet hatte. Es waren hauptsächlich Briefe der Bayernherzogin Renata an Sibylle, und aus all diesen Schreiben ging hervor, dass Jakobe der geheimen Machenschaften mit den Protestanten gegen die Katholiken beschuldigt wurde.

Auch ein übler Scherz, den man sich in dieser Zeit mit Sibylle erlaubt hatte, war einer wahren Freundschaft zwischen den verfeindeten Schwägerinnen nicht förderlich. Einmal hielt sich Sibylle mit dem Haushofmeister in ihrem Schlafgemach auf, aus welchen Gründen auch immer. Pfalzgraf Johann, ein führender Kopf des protestantischen Lagers, erfuhr davon und versperrte heimlich die Tür. Dieser Vorfall war für die Prinzessin äußerst rufschädigend, und man hat ihn gewiss genüsslich und in hämischer Freude auszuschlachten gewusst.

Jahrelang schon hatte sich Sibylle, solchermaßen behandelt, verdrängt und zurückgesetzt gefühlt. Mit Hingabe spann sie nun ein Netz der Beschattung und Überwachung über den ganzen Hof. Jede Kleinigkeit wurde ihr zugetragen, wahre und scheinbare Fehler und Vergehen ihrer Widersacherin. Sibylle ließ alles zu Papier bringen, und verbittert und rachsüchtig verlas sie schließlich am 28. Januar 1595 vor einem großen Kreis ihre umfangreiche Anklageschrift. In dieser ausführlichen Auflistung ihrer Verfehlungen wurde Jakobe nicht nur ein voreheliches Liebesverhältnis vorgeworfen und ein unrespektables Verhalten ihrem alten Schwiegervater gegenüber, sondern auch eine leichtlebige und verschwenderische Lebensweise und nicht zuletzt eheliche Untreue. Sibylle bezichtigte ihre Schwägerin sogar direkt der Hexerei, und *nur allzu gerne hätte man sie den Scheiterhaufen besteigen sehen.*[59]

Folgt man den Anklagepunkten,[60] so muss Jakobe eine recht lebenslustige Person mit viel Freude an Maskeraden und Mummenschanz gewesen sein, an Spaß und augenzwinkernden Vergnügungen. Nicht jedem war und ist ein Sinn für humorvolle Unterhaltung gegeben, schon gar nicht der Schwägerin Sibylle, die es ernst und ernsthaft verstand, manch tändelnde Eigenschaft ihrer Gegenspielerin in ein Vergehen zu verwandeln. So wurde Jakobe vorgeworfen, einmal den Hofnarren heimlich in ihre Kammer beordert zu haben, wo sie hinter verschlossenen Türen sich selbst dessen Oberhosen angezogen und ihn im Gegenzug zärtlich angekleidet und aufgeputzt haben soll; zudem habe sie ihn zweimal in der Woche im Bad reinigen lassen. Kostümierungen schienen überhaupt eine beliebte Kurzweil der Herzogin gewesen zu sein, was jedoch oftmals dazu führte, dass ihr geistesschwacher Gemahl noch mehr in Verwirrung geriet und sogar manches Mal zu den Waffen griff, sich selbst und den anderen zur Gefahr. Jakobe muss Johann Wilhelms Zorn allerdings tatsächlich sehr herausgefordert haben. Während eines fröhlichen Mummenschanzes mit einigen Edelleuten, darunter auch ein gewisser Dietrich von Hall, hatten, so die Anklage, diese sich auf Geheiß Jakobes die Kleider ihres Gemahls angezogen und waren in diesem Aufzug öffentlich in der Hofstube erschienen.

Den größten Spaß jedoch wird Jakobe durch einen Auftritt ihres Lakaien Karl gehabt haben. Am Fastnachtsabend des Jahres 1593 ließ sie ihn ihre Kleider anziehen, schminkte ihn und putzte ihn so heraus, dass er bald seiner Herrin ähnlich sah. Hernach schickte sie ihn, derart verkleidet, in das Gemach ihres Gatten. Es bedarf keiner ausführlichen Beschreibung, sich diesen närrischen Vorgang vorzustellen. Johann Wilhelm, in großer Freude über den Besuch der Gemahlin, hatte die ganze Maskerade nicht sofort durchschaut, ja er tanzte sogar mit Karl – und bewarf ihn mit Feuerscheiten, als er endlich den Schwindel und den üblen Scherz durchschaut hatte.

Weniger lustig lauten die Anklagepunkte, die das voreheliche Leben Jakobes betreffen. Mit ihrem Bruder Philipp habe sie vor ihrer Vermählung *allerhand Leichtfertigkeit* unternommen, auch soll sie mit ihrem heimlich Verlobten, dem Grafen Manderscheid, *sonderliche Konversation wider fürstlichen Brauch gehalten* und ihm einige Briefe gar mit ihrem Blut unterschrieben haben, Briefe, in denen sie beschwor, ihrem Liebsten die Treue halten zu wollen bis in den Tod. Die junge Jakobe, *von mehr als gewöhnlicher Schönheit und einer besonders anziehenden unschuldigen Anmuth,*[61] liebte diesen Grafen sehr, *der die zärtlichsten Briefe und Liebeslieder an sie richtete.* Das Paar hatte jedoch nie zusammenfinden können, denn für Jakobe hatte man ja von bayerischer Seite eine andere Verbindung vorgesehen. Der Graf war schließlich nach Frankreich geschickt worden, wo er den Verstand verloren haben soll; letzteres entspricht jedoch nicht der Wahrheit.

Zuvor hatte schon ein anderer Bewerber nicht an sein Ziel gelangen können. Der junge und kunstbeflissene Vincenzo, Herzog von Mantua, war vor seiner Vermählung in München gewesen und hatte sich heftig in Jakobe verliebt. Auch er hatte nicht die Wahl der freien Entscheidung. Seine folgende Verbindung mit Margherita Farnese wurde schon nach einem Jahr geschieden. Ob Jakobe mit diesem sinnenfreudigen Mann glücklich geworden wäre, sei dahingestellt, denn neben seinen rechtmäßigen Nachkommen aus der späteren zweiten Ehe soll Vincenzo in verschiedenen Ländern etliche Kinder hinterlassen haben.

Nicht nur von dem zuvor erwähnten Graf Manderscheid hatte die schöne Jakobe Briefe und Minnegedichte erhalten, auch ein anderer Verehrer warb damals um die Gunst der Schwester Philipps. Dieser heimliche Romeo nannte sich Graf Fortunato Bertoldo de Pazzi, aber ein solcher Name ist in der Familie de Pazzi nicht bekannt. Vielleicht wurde dieser Name auch als Pseudonym gewählt, denn ohne Unterschrift erscheint der Brief des Schreibers. Ein einziger, der diesen seltsamen Namen trug im Umfeld der Jakobe war ihr Vetter Eduard Fortunatus. Wohl war er deutlich jünger als die Adressatin, doch warb er später um Sibylles Hand, die sogar noch etwas älter war als seine Cousine Jakobe. Ein Rätsel bleibt bis heute jener Fortunato, und spannend ist es allemal, wenn man nicht alles weiß.

Trotzig und widerwärtig soll die zukünftige Herzogin nach der Eheschließung ihrem Gemahl Johann Wilhelm und ihrem Schwiegervater begegnet sein und den alten Fürsten zudem heimlich verspottet und mit einem Hund verglichen haben. Auch für die *Blödigkeit* ihres Gemahls wurde die junge Frau verantwortlich gemacht, denn allerlei wunderliche Speisen habe sie in der Kammer für ihn gekocht, sogar ihr eigenes Blut soll sie ihm gereicht haben. Seltsame Briefe soll sie zudem in den Wams ihres Gatten eingenäht haben, so dass dieser Angst gehabt habe, ihn anzuziehen.

Immer wieder war es ihre ausgelassene Lebensfreude, die Jakobe zur Last gelegt wurde, aber auch ihre Verschwendungssucht und die Vernachlässigung ihres kranken Gemahls. So fröhlich, wie sie versuchte, ihr Leben an der Seite des ungeliebten Mannes zu ertragen, so großzügig verhielt sie sich gegenüber ihrem Personal und ihrem angeblichen Geliebten. Goldbordierte Kleider und Kleinodien verschenkte sie in großem Maße, und ihren Günstling Dietrich von Hall überhäufte sie mit Schmuck und Doppeldukaten. Und nicht nur ausgedehnte Reisen mit ihren Hofdienern durch das Fürstentum sollen die Staatskasse stark belastet haben, sondern auch ihre Vorliebe für eine luxuriöse Lebensweise.

Sinnenfreudig bei gutem Essen und erlesenen Weinen, herausgeschmückt mit edler Kleidung und kostbarem Schmuck, allezeit Kurzweil genießend im Kreise ihrer Höflinge, fröhlich scherzend mit Masken und Mummenschanz – so habe die Herzogin ihre Tage und Nächte verbracht und darüber die Pflichten ihrem Gemahl gegenüber nur zu gerne vergessen. Statt ausgesuchter Weine sei dagegen dem kranken Herzog verdorbener und unsauberer Wein kredenzt worden, zweimal durch ein Tuch gefiltert. Die Edelknaben, die den Herzog bedienten, habe Jakobe in verdreckter und besudelter Kleidung ihren Dienst verrichten lassen.

Sonderbar klingen diese Klagen über den angeblich luxuriösen Lebensstil der Herzogin, wenn man bedenkt, dass Jakobe die ihr zustehende Summe Geldes nie erhalten hatte und die Apanage für das Fürstenpaar äußerst gering ausfiel.

Ausschlaggebend für das weitere Schicksal der Herzogin waren jedoch jene Anklagepunkte, die ihre vermeintliche eheliche Untreue betrafen. Sie habe, so Sibylle, *ihre unserm Hern Brudern vor Gott allmächtig und der christlicher Kirchen angelobte eheliche Treu und Pflicht vergeßlich in Wind geschlagen, und mit anderen sich geselliget.*[62]

Ihr wurde zur Last gelegt, ein Liebesverhältnis mit ihrem Mundschenk, eben jenem Dietrich von Hall gepflegt und diesen in großzügiger Weise mit Geschenken überhäuft zu haben. Jener Lakai Karl, der in Gestalt seiner Herrin mit dem Herzog einmal ein Tänzchen gewagt hatte, war von Jakobe vereidigt worden, hatte die nötigen Schlüssel erhalten und den Geliebten des öfteren heimlich in die Kammer der Herzogin geleitet, hatte an der Tür Wache gestanden und zudem als Zusteller der gegenseitigen Liebesbriefe gedient. All dies war beobachtet, mitgeteilt und geflissentlich und ausführlich von Sibylle zu Papier gebracht worden.

Um den Gerüchten nachzugehen, hatte man zu einem ungewöhnlichen Mittel gegriffen. Die Zimmerdecke von Jakobes Schlafgemach wurde durchbohrt und so ein Guckloch geöffnet, das den Blick freigab direkt auf das Bett der Herzogin, und so hatte man beobachten können, wie sich einmal Dietrich von Hall bis auf das Hemd entkleidete, seine Schuhe vor das Bett stellte und auf die Schlafstätte der Herzogin stieg. Zwei Stunden lang verweilte das Paar hinter den zugezogenen Bettgardinen, und deutlich waren Erschütterungen des Bettes wahrzunehmen. Hernach streifte sich Jakobe ihren weißen Unterrock über und richtete das Bett her, derweil der Geliebte in der Kammer auf- und abging und sich dabei sein Gewand zuknöpfte. Um die Röte aus ihrem erregten Antlitz zu vertreiben, musste es die Herzogin mit Wasser kühlen und erfrischen. All dies steht genau beschrieben in der Anklageschrift Sibylles.

Selbst unter Jakobes intimsten Bediensteten hatte Sibylle ihre Zuträger. Ohne Argwohn hatte Jakobe ihr Hemd, das sie im Bett getragen hatte, und auch die Laken und Tücher, auf denen sie gelegen, ihrer Kammerjungfer übergeben. Es war den Domestiken ja streng verboten, sich jemals zu äußern über Wäschestücke, geschweige denn, sie jemandem zu zeigen. Gleichwohl hatte die Zofe sie als Beweisstücke für das ehebrecherische Treiben aufbewahrt.

In Sibylles Anklageschrift heißt es weiter, das sündhafte Treiben der Herzogin habe dem Hofgesinde gar als Vorbild gedient. Zur Zeit des Landtags 1591 war die Leiche eines neugeborenen Kindes aufgefunden worden, die sich in den Wasserschleusen nahe dem Schloss verfangen hatte, und dieser Vorfall hatte zu mancherlei Theorien und Phantasien Anlass gegeben. Leicht konnte den jungen Hofdamen unterstellt werden, sie machten es mit ihrem unsittlichem Verhalten ihrer Herrin gleich, nur dass sie später die Folgen ihrer Tat auf so grausame Weise zu beseitigen suchten.

200 Jahre später und mehr, im Jahre 1816, hat man abermals die sterblichen Überreste eines Säuglings entdeckt. Als die Bautrümmer des 1794/95 durch die Franzosen zerstörten Schlosses abgetragen wurden, fand man in einer Kapelle, die im 16. Jahrhundert errichtet worden war, in einer vermauerten Nische ein Kindergrab ohne Inschrift und von außen daher nicht als solches erkennbar. Diese Art der Bestattung deutet auf eine heimliche hin, aber das Grab in der Schlosskirche auch auf hochgestellte Eltern. Vielen Deutungen gab diese Entdeckung seither Raum.

Zu bedenken bleibt, dass eine Schwangerschaft Jakobes als Folge ihrer ehelichen Untreue doch für das Land nicht ohne Vorteil gewesen wäre. Hätte ein gescheites Weib nicht alles unternommen, damit ihre Ehe und der Fortbestand des Hauses durch eine Leibesfrucht gesegnet würde? Mit Weitsicht hätte sie gewiss die Karten klug gemischt. Der Erbe wäre dagewesen, und Johann Wilhelm hätte an ihn geglaubt.

Insgesamt hatte Sibylle, Philipps einstige Braut, 91 Anklagepunkte aufgeführt. *Man beschuldigte das junge unschuldige Weib der unsinnigsten Dinge und Sibylle legte dabei eine mehr als menschliche Bosheit an den Tag.*[63]

Zur gleichen Zeit wurde auch im Land Baden-Baden eine umfangreiche Klageschrift erstellt. Diese befasste sich mit den Untaten der Helfershelfer von Jakobes Vetter Eduard Fortunatus, aber davon wird noch später zu berichten sein.

Es kam zum Prozess. Auf des Kaisers Weisung hin ließ die Angeklagte ihm umfangreiche Verteidigungsschriften zukommen, aber er leitete diese schon kurze Zeit, nachdem er sie empfangen hatte, an die Düsseldorfer Räte zurück. Am 1. August 1595 schlossen sich hinter Jakobe die schweren Eisentüren des Schlossturmes von Düsseldorf.

Zunächst wartete die Herzogin zuversichtlich den Ausgang des Prozesses ab, fühlte sich dann aber doch in zunehmendem Maße bedroht. Selbst in ihrem engsten Umfeld hatte man ihr nur Bedienstete belassen, die sich zu Spitzeldiensten jeglicher Art bereit fanden, und rachsüchtiges und hasserfülltes Wachpersonal lauerte vor den Türen ihrer Gemächer.

Um die unglückliche Gefangene recht ausgesucht zu quälen, ließ sie [Sibylle] dieselbe zwei Jahre lang nicht schlafen, sondern im Kerker beständig anrufen und aufwecken, wenn sie schlafen wollte.[64]

Am Abend des 2. September 1597 speiste Jakobe trotz ihrer prekären Lage in gelockerter Atmosphäre mit einem Gast, wirkte gelöst und heiter, erhob sogar ihr Glas auf das Wohl ihres Gemahls und begab sich nach dem Abschied wohlig und müde in ihr Schlafgemach. In den frühen Morgenstunden sahen die Kammerzofen ihre Herrin noch friedlich schlafen, aber als sie wenig später erneut nach ihr sahen, fanden sie Jakobe tot in ihrem Bette liegen – sie war erdrosselt worden.

Ein Diener der Herzogin, der, sobald er von ihrem Tod erfahren, ihren Leichnam in Augenschein genommen hatte, teilte hernach mit, da er *der erst gewesen, welcher als er den unversehenen Tod gehört, hinaufgelaufen, und die tote Herzogin besichtigt hat, dieselb um den Hals blutige Striemen oder mit Blut unterlaufen, auch um die Augen sehr aufgeschwollen, und verblabt gewesen sei, als wenn man sie erdrosselt oder erstickt hätt.*[65] Auch ein anderer Bericht bestätigt, *dass man diese Nacht mit der Frauen Fürstin übel umgangen und also beständig dafür gehalten, dass Ihr Fürstliche Gnaden entweder mit einer Hand wohl erdrosselt, der Mund vor das Schreien verhalten, oder aber mit einem Kissen erstickt worden.*[66]

Über den Tod Jakobes gibt es unterschiedliche Berichte. So liest man auch: *Kaiser Rudolf II. ernannte eine Commission aus den Landständen. Diese Richter sprachen A. 1597 das Todesurteil über die Herzogin. Sie wurde auch wirklich zu Düsseldorf in aller Stille schnell, ohne ihr von ihrem nahen Ende etwas vorher zu melden, in dem sogenannten Schwanenzimmer des Herzoglichen Schlosses enthauptet.*[67]

Sie seye nicht ganz unschuldig, ist an anderer Stelle zu lesen, *doch auch nicht genugsam schuldig gewesen* und sei *wegen des ihr Schuld gegebenen Verbrechens noch nicht überwiesen gewesen.* Der Kaiser habe in dieser Sache kein Urteil gefällt, und aus den Inquisitions-Akten gehe hervor, dass man die Herzogin des Verbrechens nicht habe überführen können. Ein weiter Chronist schreibt, *sie sey gestorben, er wisse aber nicht durch was vor ein Schicksal.* Schließlich wird aber auch mitgeteilt, *sie sey des Lasters, so man ihr Schuld gegeben, nicht überzeugt, dennoch aber im Bette erwürgt oder erdrosselt worden*, und an anderer Stelle, dass sie zwar angeklagt, *aber nicht überwiesen worden; dem ohngeachtet habe man ihr mit einem Strick den Hals zugezogen.*

Nun war für Sibylle der Weg frei, im Namen ihres geisteskranken Bruders zusammen mit den Räten die Macht an sich zu reißen. Es gehe ihr doch um das Wohl des Fürstentums und den Erhalt ihres Hauses, und so müsse recht schnell an eine Wiederverheiratung Johann Wilhelms gedacht werden. Keine zwei Jahre nach Jakobes Tod, im Juni 1599, nahm sich der kranke Herzog die nicht mehr ganz junge Antoinette von Lothringen zur Frau. Die neue Gemahlin konnte sich zwar anfänglich gegen die Düsseldorfer Räte durchsetzen, auch hatte Sibylle durch ihre Heirat 1601 endlich den Hof verlassen und stand der neuen Herrin nicht mehr im Wege, aber als auch die zweite Ehe des Herzogs ohne Hoffnung auf Kindersegen blieb, ließ ihr Einfluss zunehmend nach.

Am 25. März 1609 wurde Johann Wilhelm, der schließlich ganz dem Wahnsinn verfallen war, von seinen Leiden erlöst. Um den Stürmen zu entkommen, die sich sofort nach seinem Tod erhoben, kehrte Antoinette in ihre Heimat zurück. Schon im August des folgenden Jahres hat auch sie ihr Leben beschließen müssen.

Bis 1601 also blieb Sibylle, die einmal die Braut Philipps II. war, unvermählt. Es fanden sich wohl Heiratskandidaten, die in die engere Wahl kamen – darunter einst auch Eduard Fortunatus – aber erst in der Reife ihres Lebens ging sie ein Ehebündnis ein. Sie heiratete Karl von Burgau; auch diese Ehe blieb ohne Nachkommen.

Der Liebe Spiel, es fordert seinen Preis. Dietrich von Hall, dessen Liebesverhältnis mit Jakobe den Anlass gab für die entscheidenden Anklagepunkte Sibylles, wurde Anfang 1599 aufgespürt und festgenommen. Bis zum Jahre 1601 verbrachte er eine Zeit des Bangens um sein Leben hinter den dicken Mauern des Jülicher Schlossverließes. Folter und Hinrichtung vor Augen, verteidigte er seine Vergehen als Jugendsünden, verführt von der älteren Herzogin. Aber die Zeit ist ständig im Wandel. Mit der Heirat Sibylles und deren Wegzug und durch die anfängliche Machtstellung der neuen Landesherrin Antoinette war das gegnerische Lager geschwächt, und niemand mehr zeigte Interesse an einem Prozess gegen den jungen Ritter.

Belegt mit einer Geldstrafe von 5.000 Goldgulden erlangte Dietrich schließlich die Freiheit; er wurde jedoch für den Rest seines Lebens verbannt. Nach Portugal, Afrika, Indien oder Amerika solle er sich begeben, so wurde ihm auferlegt, und froh, der jahrelangen Haft entkommen zu sein, immer die Todesstrafe vor Augen, trat er auf einem niederländischen Segelschiff seine Reise in die Neue Welt an. Niemand weiß, ob er jemals dort ankam.

Eduard Fortunatus und Maria

Die seltsame Eheschließung des Eduard Fortunatus mit Maria van Eicken

Noch sind die Tage kurz, es ist erst März, und doch ein Wonnemonat für ein Paar, das heftig zugeneigt sich zähmen muss, bis endlich priesterlicher Segen auf ihm ruht. Von Standes wegen ist das Vorhaben heikel; ein Markgraf sucht sich keine Liebesbraut. So wird die Heirat lange noch verschwiegen, sehr im Interesse jenes jungen Herrn. Denn alles hält der Markgraf sich noch offen; der Damen gibt es zahlreich, oft mit Geld. Auch wenn von jenen eine ihn nicht nehmen wollte – er ist noch jung, und ihm gehört die Welt. Wie irgendeine Konkubine lebt Seit' an Seite nun die junge Frau. Es weiß ja niemand um die rechte Trauung – es weiß ja niemand etwas ganz genau.

Völlig überraschend, in der Blüte seines Lebens, hauchte im Juni 1588 Markgraf Philipp II. von Baden-Baden sein junges Leben aus, noch bevor es zu der geplanten Ehe mit Sibylle von Jülich-Kleve-Berg gekommen war. Er, der einzige Sohn seiner Eltern und somit letzter männliche Erbe der Baden-Badener Linie, hatte keine eigenen Nachkommen hinterlassen. Rechtzeitig jedoch hatte er für seine Nachfolge Sorge getragen und noch kurz vor seinem frühen Tod in einem Testament die Söhne seines Onkels Christoph II. von der Baden-Rodemacherschen Nebenlinie zu rechtmäßigen Erben erklärt. Von jenen Söhnen war Eduard Fortunatus der älteste und somit der Anwärter auf die Nachfolge des letzten Markgrafen der direkten Baden-Badener Linie.

Weder der Vater noch der Onkel des verstorbenen Markgrafen waren jemals zu einer sparsamen Haushaltsführung fähig gewesen, und so wurde Eduard Fortunatus, der schon von seinem Vater ein gänzlich verschuldetes Erbe angetreten hatte, nun auch der Nachfolger eines Regenten, der in gleichem Maße sein Land beinahe an den Rand des Ruins getrieben hatte. Aber Eduard Fortunatus stand den Vorangegangenen in nichts nach. Wie sich zeigen wird, besaß er sogar die Fähigkeit, seine beiden Vorgänger in dieser Hinsicht noch bei Weitem zu übertreffen.

Natürlich setzten die badischen Räte sogleich den Herzog von Bayern von dem plötzlichen Ableben des Markgrafen in Kenntnis, aber auch den jungen Eduard Fortunatus, der, anders als seine Brüder, nicht mehr unter der bayerischen Vormundschaft stand. Unterdessen, bis alles geregelt schien, berieten die Landstände insgeheim, wie es zu erreichen sei, den künftigen Regenten noch vor der Huldigung dazu zu bewegen, sich der zahlreichen Beschwerden anzunehmen, die von den Untertanen vorlagen.

Aber die Landstände konnten nicht viel ausrichten. Graf Schwarzenberg, der nach wie vor im Namen der bayerischen Vormundschaft an der Spitze der Landesverwaltung saß und nicht bereit war, die Macht so schnell aus den Händen zu geben, drohte ihnen gar mit dem Gefängnis, besonders den *Uffwicklern und Redlinsführern in den Aemtern Stolhofen, Steinbach und Rastett.*[68]

Als Eduard Fortunatus die Nachricht vom plötzlichen Tod Philipps II. erreichte, hielt er sich gerade in Danzig auf bei seinem schwedischen Vetter Sigismund III. Wasa. Dieser war im Jahr zuvor zum König von Polen gewählt worden.

Eduard war schon 1587 nach Schweden gereist, wo auf dem Reichstag zu Vadstena seine beiden zerstrittenen Onkel König Johann III. und Herzog Karl von Södermanland wieder ausgesöhnt werden konnten. Er wurde vom König mit vielen Ehrenbezeugungen empfangen und begleitete ihn fortan auf dessen politischen Reisen. Es galt, einen Nachfolger durchzusetzen für den verstorbenen König von Polen. Als Thronkandidat galt der schwedische Kronprinz, Eduards Vetter Sigismund, der auch vom Reichsrat unterstützt wurde. Aber dieser war nicht der Wunschkandidat eines jeden, und als *die Gegenparthie die Stadt Petrikau, wo vor Alters die Könige erwählt worden, besetzet, und Sigmunds Lager und Wohnung zu überrumpeln vorhatte, so begab sich Sigmund nebst M. Eduard Fortunat und Herzog von Liegnitz und anderen eilends in einen nicht weit davon gestandenen Thurm. Sie wurden aber gar bald wieder von aller Gefahr befreyet.*[69]

Der schwedische Kronprinz wurde als Sigismund III. zum König von Polen gewählt, und in seiner Gefolgschaft reiste Eduard nun nach Danzig. Hier wurde ihm im Oktober 1587 zum Dank für seine Loyalität nicht nur die Zollverwaltung übergeben, der König erteilte ihm sowie dem Reichsrat Gustav Brahe im darauffolgenden Jahr auch das Privileg, gemeinsam neue Gold-, Silber- und Erzgruben im Königreich zu erschließen und die bereits verfallenen wieder auszubauen. Sollten ihre Bergwerkstätigkeit Erfolg haben, blieben sie drei Jahre lang von allen Abgaben und Auflagen befreit; danach hatten sie den zehnten Teil ihrer Ausbeute an den königlichen Schatz abzugeben. Ob diese Unternehmungen vom Erfolg gesegnet waren, ist nicht zu erfahren gewesen.

Derart beschäftigt, verspürte der junge Markgraf wenig Lust und hatte keine große Eile, in die Verantwortung genommen zu werden in einem Land, in dem er nie zu Hause war. Erst am 1. August 1588 ließ er seinem einstigen Vormund Herzog Wilhelm von Bayern mitteilen, er wolle wohl nach Baden-Baden zurückkehren, aber ein Besuch bei ihm in München sei nicht geplant; dorthin werde er statt seiner den Hofmeister und Rat Karl von Orscelaer entsenden. Währenddessen wurde von Bayern aus im verwaisten Lande alles Notwendige geregelt; die Räte legten schon im Juli ihren neuen Eid ab.

Endlich traf Eduard Fortunatus dann doch in Baden ein. Er wird die Kutscher nicht getrieben haben, denn das Erbe war ihm sicher, und keine Eile war geboten. Sollten sie doch alle ruhig warten auf ihn, den neuen Landesherrn.

Bei der Aufteilung der Erbschaft verglich sich Eduard mit seinen Brüdern dergestalt, dass ihm selbst die Obere Markgrafschaft nebst der Grafschaft Sponheim zufiel, er aber auch alle Beschwernisse, welche auf der Markgrafschaft lagen, alleine zu tragen hatte. Seinen Brüdern hatte er jedes Jahr ein Gehalt von je 1.000 Gulden zu zahlen. Diese Zahlungen sollten ein Ende finden, wenn einer von ihnen sterben oder in den geistlichen Stand oder in ein Amt von gleichem Einkommen treten würde. Zudem übernahmen die Brüder die luxemburgischen Herrschaften mit allen darauf haftenden Schulden und mussten zudem für den Unterhalt der verwitweten Markgräfin, ihrer Mutter Cäcilia, Sorge tragen.

Während der Abwesenheit des neuen Herrn hatten die Bayern das Land nach ihren Vorstellungen regiert und gedachten, von ihrem Einfluss auch weiterhin Gebrauch zu machen. Doch Eduard Fortunatus versuchte schon bald danach, die alte Hausmacht abzuschütteln. Er mischte nun mit in einem sehr geschickten Spiel, aus dem er zu Beginn selbstbewusst als Sieger hervorzutreten wusste.

Denn nicht lange, so wurden Gerüchte laut, er wolle mit Hilfe des calvinistischen Pfalzgrafen Johann Kasimir erzwingen, sofort in die Regierung eingesetzt zu werden. Dies hatte Bayern bisher wegen seines liederlichen Lebenswandels zu verhindern gesucht. Doch diplomatisches Geschick beseitigt manche Hürden, und alle Dinge lassen sich so drehen und durch Erklärungen begründen, bis dann am Ende jede Seite als Gewinner gilt.

Wenn eine gütliche Einsetzung Eduard Fortunats nicht stattfinden würde, könnte er ja im Zorn zum Calvinismus übertreten, und dann sei es schwer, die katholische Religion zu erhalten. Schon einmal hatte ja der junge Markgraf sein Bekenntnis gewechselt, als er in seinem 19. Lebensjahr gemeinsam mit seinen jüngeren Brüdern zum katholischen Glauben übergetreten war. Also musste man ihm entgegenkommen. Johann Pistorius[70] sollte vermitteln. Dieser sah gleichfalls eine Gefahr, und so kam es schließlich zu einem Vertrag, durch welchen Eduard Fortunatus die Regierungsgeschäfte wohl übernehmen konnte, nicht aber, ohne unter Kuratel zu stehen, stets seine Räte befragen zu müssen und, was besonders wichtig war: Er musste zusichern, nichts am religiösen Status quo in der Markgrafschaft ändern zu wollen.

Natürlich handelte der Markgraf so, wie es von ihm erwartet wurde; den Zorn der Vormünder wollte er nicht auf sich lenken. Die Regierungsgeschäfte erschienen ihm gewiss nicht interessant und spannend, doch welche Fülle an Möglichkeiten standen ihm nun offen. Und so tat er folglich alles, um etwaige Bedenken an seiner religiösen Glaubwürdigkeit zu zerstreuen in dem Bewusstsein, dass die konfessionelle Zugehörigkeit der Angelpunkt war für jedwede Unterstützung seiner Vormünder und für den Rest der für ihn interessanten Welt.

Mit brennenden Kerzen nahm er im Februar 1589 an einer Prozession teil, und so sehr glaubwürdig erschien er den katholischen Vormündern und Räten, dass Schwarzenberg meinte, es bedürfe jetzt nur noch eines guten Beichtvaters für den jungen Markgrafen. Um seine religiöse Standfestigkeit zu bekräftigen, bat Eduard Fortunatus sogleich den bayerischen Herzog, er möge sich doch jedes Misstrauens gegen ihn enthalten und ihm endlich glauben, dass er der katholischen Sache dienen wolle, wie sie im Konzil von Trient beschlossen war.

Noch im selben Monat, nur wenige Tage nach Eduards Teilnahme an jener Prozession, hatte sich die Lage vollkommen verändert. Als die bayerischen Vormünder ihrer Huldigung durch die Untertanen schon hoffnungsvoll entgegensahen, kam es in der Stadt Baden zu erheblichen Unruhen. Dieser Vorfall kam dem Markgrafen sehr gelegen, und es ist gut möglich, dass er dabei heimlich selbst seine Finger im Spiel gehabt hatte, denn nicht wie ein Erfüllungsgehilfe seiner bayerischen Vormünder wollte er sein Land führen, sondern als eigenständiger Herr, allzeit befugt zu handeln, wie er es für richtig hielt.

Jetzt waren die Voraussetzungen ganz andere. Sofort verlangte Eduard Fortunatus, dass über einen neuen Vertrag verhandelt werden müsse. Schon Anfang März wurden in München die Verhandlungen aufgenommen, und noch im selben Monat kam der Erbvergleich zustande, durch den der Markgraf die Regierung eigenständig übernehmen konnte. Bayerns direkter Einfluss war somit ausgeschaltet.

Endlich hatte Eduard Fortunatus die Möglichkeit, sein Land so zu regieren, wie es ihm in den Sinn kam. Er konnte nun die Erträge der Markgrafschaft, die zu jener Zeit schon hoch verschuldet war, ausschöpfen, und sollten diese nicht reichen, so konnte er mit Hilfe weiterer Kredite das ihm genehme Leben führen – und allen Ratschlägen zum Trotz hat dies der neue Herr auch bis zuletzt getan.

Eduard Fortunatus, Markgraf von Baden-Baden.

Natürlich machte ihm sein ehemaliger Vormund Herzog Wilhelm deshalb wiederholt Vorwürfe, auch, dass er, wenn er sich auf Reisen begab, sein Land der Obhut des protestantischen Vetters von Baden-Durlach übergab, ja diesem sogar auf den Landtagen seine Stimme zum Nachteil der katholischen Religion überließ. Dann aber war es doch die Lebensweise des jungen Markgrafen, in der Bayern eine Gefahr sah für die politischen und damit konfessionellen Ziele.

Wenig auszusetzen hatte der Herzog von Bayern indes an der Kirchenpolitik des neuen Regenten, denn immerhin versuchte Eduard Fortunatus, sie so fortzuführen, wie sie sein Vorgänger begonnen hatte. Wiederholt wies er die Bitten der evangelischen Untertanen in Baden und Gernsbach, ihren Gottesdienst wieder nach ihrer Art halten zu dürfen, entschieden ab. Auch ließ er schon bald verkünden, er habe bemerkt, dass die Religionsanordnungen seines Vorgängers Philipp nur schlecht befolgt würden. So ließ er die Bewohner von Leutersheim ermahnen, nicht mehr die in der Nähe gelegene protestantische Kirche zu besuchen, auch beanstandete er den nachlässigen Gottesdienstbesuch der Steinbacher. Überhaupt lag einiges im Argen, denn immer wieder wurden Klagen laut, der Besuch des Schul- und Katechismusunterrichts habe stark nachgelassen, und mancher Heranwachsende könne kaum beten, *könden weder hl. Gebot noch die gemein beicht, wissen weder die Zal noch einige verstand der hl. Sacrament.*[71]

In vielen Gemeinden gab es Schwierigkeiten. So soll es unter den alten Leuten, selbst den vornehmsten, einige gegeben haben, die die zehn Gebote nicht kannten. Zudem wurde oftmals zur Zeit der Nachpredigt getanzt und an den Feiertagen unnötiger Arbeit nachgegangen; solches, so hieß es, habe man bei den Protestanten noch nie bemerkt.

Verwunderlich war das nachlässige Verhalten nicht, denn immer wieder wurde von Pfarrern berichtet, die kaum ein gutes Beispiel geben konnten. Mancher Geistliche benahm sich oft nicht priesterlich, so in den Orten Durmersheim, Ötigheim und Bulach, wo gar von unsittlicher Lebensart die Rede war. Der Hofprediger Bornius hatte schon vor einiger Zeit vorgeschlagen, man solle besonders darauf achten, die Geistlichen vom Konkubinat abzuhalten. Das Volk, so meinte er, achte mehr auf das Leben der Pfarrer als auf ihre Lehre.

Obwohl sich Eduard Fortunatus also bemühte, die katholische Religion in seinem Lande zu stärken, wie er es dem Herzog von Bayern zugesichert hatte, kam es schon früh zu Klagen der Landstände, aber diese Klagen bezogen sich auf weltliche Missstände. Der Markgraf wisse die übergroßen Schulden seines Vorgängers noch zu vermehren, außerdem habe er ein *zahlreiches sittenloses Hofgesinde, hauptsächlich aus Belgien,*[72] mitgebracht. Schließlich ersuchte der Landtag den Landesherrn, er möge sich mit einer Prinzessin „von guten Mitteln" verehelichen. Nach der Heirat mit einer gefestigten und willensstarken Persönlichkeit, so dachte man, werde sich auch das Verhalten des Regenten bessern. Eine mögliche Gemahlin dieser Art fand sich schließlich in einer Frau, die mit großer Bestimmtheit ihr eigenes Leben und das der anderen zu führen wusste.

So war bald von katholischer Seite vorgesehen, dass Eduard Fortunatus sich mit Sibylle vermählen solle, der Tochter Wilhelms V. des Reichen von Jülich-Kleve-Berg und Schwester des letzten Herzogs Johann Wilhelm.[73] Eine Heirat mit Sibylle war ja schon für Eduard Fortunats Vetter und Vorgänger Philipp II. geplant gewesen, aber sein früher Tod hatte das Vorhaben verhindert. Eine Eheschließung zwischen Sibylle und Eduard Fortunatus hätte die katholische Position am Niederrhein gestärkt. Daher begannen umgekehrt auch protestantische Fürstenhäuser, Sibylle zu umwerben; dabei war es nicht wichtig, dass sie als wenig anziehend und als nicht besonders klug galt.

Vielleicht wäre manches im Leben des leichtsinnigen Markgrafen wirklich anders verlaufen, hätte ihm damals jene für ihn vorgesehene Sibylle die Hand zum Ehebund gereicht. Neugierig machte sich der junge Markgraf im Frühjahr 1590 auf den Weg nach Düsseldorf, um seine vielleicht zukünftige Gemahlin in Augenschein zu nehmen. Die um einige Jahre ältere Sibylle gefiel ihm recht gut, und als er von ihrem Vater und ihrem Bruder die Einwilligung zu einer

Eheschließung erhielt, schien einer baldigen Hochzeit nichts mehr im Wege zu stehen. Aber die eigensinnige Frau war, obwohl nicht mehr in jugendlichem Alter, äußerst wählerisch. In einem Brief an Herzogin Renata, Gemahlin Wilhelms V. von Bayern, schrieb sie, man erzähle ihr über den Markgrafen zu Baden, dass er sich auch in ein solch böses Leben geben solle wie der vorige Herr, und das wäre nimmer gut. Sibylle lehnte den Kandidaten ab, nannte als Gründe die Sorge um ihr Land und den Gesundheitszustand von Vater und Bruder, aber es lag wohl doch an dem Altersunterschied und dem „bösen Leben“ des Eduard Fortunatus, warum sie dessen Hand schließlich ausschlug.

Sibylle trat erst um ihre Lebensmitte in den Stand der Ehe. Bis dahin lebte sie, die als herrschsüchtig und unversöhnlich galt, am Düsseldorfer Hof und machte dort, wie schon zu erfahren war, ihrer Schwägerin Jakobe von Baden bis zu deren Tod das Leben zur Hölle.

Tief getroffen von dieser Ablehnung wird Eduard Fortunatus nicht gewesen sein, denn schon bald wandte er sich von Herzen einer anderen Dame zu. Sofort nach dem ersten, recht aufregenden Landtag im Jahre 1589[74] war Eduard Fortunatus nach Brüssel gereist, wo er hoffte, ein Kommando unter Alessandro Farnese, Herzog von Parma zu erhalten, dem berühmten spanischen Feldherrn im sogenannten Achtzigjährigen Krieg, dem Freiheitskampf der Niederlande gegen Spanien. Auch in Zukunft verschwand Eduard Fortunatus immer so rasch wie möglich aus der Markgrafschaft, besonders nach jedem Landtag, um mal hier, mal dort ein Abenteuer zu suchen und ein Vergnügen zu finden.

Dennoch war Eduard zu jener Zeit noch recht bemüht, sein Land vor Mangel und Entbehrung zu bewahren. Im Winter 1589 hatten Überschwemmungen des Rheins zu außerordentlichen Schäden geführt, und so besprach er im Februar mit seinem Vetter Ernst Friedrich von Baden-Durlach, wie die Folgen der Verwüstung zu beseitigen seien und sich eine ähnliche Katastrophe in Zukunft verhindern lasse. Der Markgraf von Durlach ließ ihm 40.000 Gulden zukommen, dafür wurde Baden-Durlach der größte Teil der Frucht- und Weinlieferung erlassen, die vertraglich an Baden-Baden zu leisten war.

Nun also hielt sich Eduard Fortunat in Brüssel auf am Hofe des prachtliebenden Herzogs von Parma. Da er aber von *blüender, hützziger, darzu übelgezogener Jugend*[75] war, ließen manche galanten Abenteuer ihn den eigentlichen Zweck seiner Reise nahezu vergessen.

Hier am Hofe begegnete er eines Tages einer schönen jungen Frau, Maria van Eicken, in die er sich, sobald er sie das erste Mal sah, über alle Maßen verliebte. *Bis zur Thorheit*[76] war er verliebt, und fortan dachte er an nichts anderes mehr, als wie er sie besitzen könne. Maria war gleichfalls in heftiger Liebe entbrannt, aber wie es sich für eine ehrsame Jungfrau schickte, begegnete sie ihm sehr zurückhaltend und wehrte alle seine Annäherungen ab. Eduard Fortunat knüpfte daraufhin Freundschaft mit einem Vetter Marias, und mit dessen Hilfe konnte er sich bald in Marias Elternhaus einlogieren, um ständig in ihrer Nähe sein zu können. Aber es half alles nichts: Nicht eher wollte sie sich ihm hingeben, als bis sie beide das Band der Ehe vereinigte. Gewiss, Maria wusste sehr wohl, wie ein junger Mann, nur von sinnlicher Liebe erfüllt, zu fesseln war. Aber ein Kebsweib des Markgrafen wollte sie nicht werden, nicht das Spiel seiner Launen, nicht *bald oder spät die traurigste Reliquie seiner gesättigten Wohllust seyn,*[77] nicht eines jener unseligen Geschöpfe, die, wenn man ihrer überdrüssig war, wieder verstoßen werden würde – sie wollte mit dem Geliebten priesterlich getraut werden.

Eine Vermählung mit der Geliebten hatte Eduard Fortunat indes nicht im Sinn, denn eine Verbindung mit Maria war weder eine standesgemäße Partie, noch waren durch ein Ehebündnis mit ihr Reichtümer zu erwarten, deren der Markgraf so dringend bedurfte.

Maria hatte im Jahre 1571 als Tochter des Jobst van Eicken, andernorts auch Jodocus van Eycken genannt, und dessen Ehefrau Barbara de Mol in Brüssel das Licht der Welt erblickt. Ihr Vater soll Hofmarschall des Prinzen von Oranien und Gouverneur zu Breda gewesen sein, andere wiederum hielten ihn für einen armen Kaufmann; wie auch immer – Maria galt als eine Person von sehr verdächtigem Herkommen. Sie sei aus keinem altadligen Geschlecht entsprossen, und ihre Mutter soll sogar einer ledigen Mutter Kind gewesen sein.[78] Dies ist so nicht nachzuvollziehen, denn es gibt eine Stammtafel mit ihren Ahnen, deren Quelle allerdings nicht bekannt ist. In der Veröffentlichung, in welcher diese Stammtafel zu finden ist, schreibt der Autor:

Es hatte sich Marggraf Eduard Fortunatus bey seinem Auffenthalt in Niederlanden, zu Brüssel mit einer sehr schönen adelichen Fräulein Maria, Jodocus von Eicken, Herrns von Riviere, Ganshornes, des Printzens von Oranien Hoffmarschalls und Gouverneurs zu Breda, Tochter, vermählet. Um von ihrer guten alt adelichen Herkunft jedermann zu überzeugen, will ich ihre acht Ahnen hersetzen, als welche davon die richtigste Probe seyn:[79]

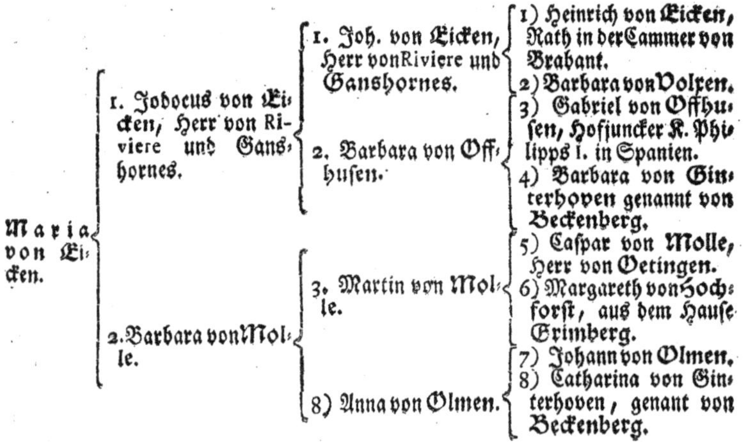

Stammtafel der Maria van Eicken, wie sie Johann David Köhler in seinem Werk „Historische Münz-Belustigung" wiedergibt.

Zunächst hatte Maria bei einem Herrn Burs als Kammerjungfer gedient, und es wurde gemunkelt, dass dieser sie lieber als seine Frau denn als Kammerjungfer angesehen habe. Schließlich kam sie unter das Gefolge der Mutter des Herzogs von Parma, an dessen

Hof Eduard Fortunatus und Maria sich kennen- und liebenlernten. Mag man den Gerüchten Glauben schenken oder nicht, so steht doch fest: Um in das Frauenzimmer[80] einer Herzogin zu gelangen, bedurfte es eines einwandfreien Leumunds, und so wird alles Gerede über die Herkunft und den Lebenswandel Marias in der Gerüchteküche des gegnerischen Lagers gekocht worden sein, galt es doch vor allem, die Verbindung des Markgrafen mit dieser jungen Frau später als nicht legitim darzustellen. So äußerte zum Beispiel ein Zeitzeuge, schon damals sei die Zeit der Jungfernschaft Marias vorüber gewesen; aber allen bösen Zungen zum Trotz hat Eduard Fortnunatus später immer wieder versichert, er habe sie rein gefunden.

Dennoch hat der Markgraf noch lange Zeit so gehandelt, dass weder Freund noch Feind erkennen konnten, in welchem Verhältnis er zu seiner Maria wirklich stand.

Selbst wenn eine Heirat mit Sibylle von Jülich-Kleve-Berg zustande gekommen wäre, hätte diese Ehe den jungen Eduard gewiss nicht davon abgehalten, sich der schönen Maria zu nähern. Es entsprach ja nicht dem Naturell des Markgrafen, der *wild und wohllüstig, verschwenderisch und treulos [war], ein junger Herr von vielem Genie und wenig Charakter,*[81] weitschauend für sein Land und mit Vernunft abwägend zu handeln. Er war verliebt und wollte und musste diese junge Frau besitzen, und gewiss waren es auch jene vor dem Ziel liegenden Schwierigkeiten, die ihn bei seinen Plänen anspornten und seinen Tatendrang beflügelten.

Skrupellos ließ Eduard Fortunatus daher einen Soldaten mit dem Habit eines Geistlichen ausstatten und ihn genau unterweisen, wie er seine Rolle in dieser Komödie zu spielen habe, um im Hause van Eicken in aller Stille die Trauung vorzunehmen. Diesen Betrug erkannte die junge Braut jedoch recht schnell und setzte dem unwürdigen Spiel ein Ende.

Schon in ihrem eigenen Interesse und um ihrer Zukunft willen war Maria weiterhin fest entschlossen, keine Liebesbeziehung mit dem Markgrafen einzugehen und erst die Seine zu werden, wenn der kirchliche Segen die Liebenden für immer verband. Also kam Eduard Fortunatus nicht umhin, eine weitere, weniger verdächtige Trauung vornehmen zu lassen, allerdings sollte diese in einer Art und Weise stattfinden, dass sie später, würde er seiner Liebsten überdrüssig, jederzeit angefochten werden könnte. Bei aller Liebe wollte Eduard doch nicht gebunden sein.

Zunächst erreichte er, dass der erzbischöfliche Offizial[82] einen Erlaubnisschein ausstellte, der dem jungen Paar genehmigte, in aller Stille *sine aliquo strepitu vel pompa*, also ohne jedweden Lärm oder Prunk, getraut zu werden, *diese beede Personen, nach abgelegtem Eyden daß bey ihnen keine Canonische Hinderniß obwalte, in einem Privathause in der Stille ohne einige Umstende zusammen zu geben.*[83] In diesem Erlaubnisschein wird der Vater Marias nur *miles* genannt, Soldat, und als Titel nur *dominus*, Herr; auch Maria heißt hier nur *domina*, alles ohne weitere Prädikate.[84]

Schon durch diesen Erlaubnisschein, der dem Paar eine ruhige und einfache Trauung genehmigte, wird deutlich, dass hierbei nicht die Hochzeit eines Markgrafen mit einer ihm standesgemäßen Dame, einer späteren Markgräfin, gemeint sein konnte.

Nun endlich, am 13. März 1591, erteilte im Hause Eicken ein richtiger Pfarrer dem Paar den kirchlichen Segen. *Die Copulation verrichtete Johannes von Nivollis, Prediger in vergemeldter Kirche [Stiftskirche der Heiligen Gudula zu Brüssel] und Caplan der Brabantischen Canzley. Diesen Vorgang bezeugten nachher A. 1608 zwey Geistliche der Kirche St. Gudula. Sie meldeten dabey, daß sie gehört, der Marggrav habe diese Ehe wollen so lang geheim gehalten wissen, bis er die Einwilligung dazu von seinen Eltern erhalten hätte.*[85] Marias Eltern waren die Zeugen. Allerdings hatte auch diese Trauung einen bitteren Nachgeschmack, denn es sei, so schrieb der badische Hofprediger Bornius später, der Priester zum Teil gezwungen und zum Teil mit Geld bestochen worden, die heilige Handlung in anfechtbarer Weise durchzuführen. Der leidenschaftliche wie skrupellose Markgraf wollte ja auf keinen Fall gebunden sein, und so antwortete er denn auch auf die entscheidende Frage, *ob er diese hier zugegen stehende Maria als seine eheliche Gemahlinn künftighin haben, und mit ihr getraut werden wolle,* weder mit einem Ja noch einem Nein, sondern er sagte: *Ihr wißt wohl, warum Ihr da seyd und was ich mit Euch geredet; fahret nur fort.*[86] Eduard Fortunatus wollte seine Maria haben, aber nicht als seine rechtmäßige Gemahlin. Alle Wege sollten ihm noch offenstehen in seinem jungen und bewegten Leben, und nicht im Ernst dachte er daran, sich in der Aussicht auf noch viele Liebesabenteuer und auf eine vielleicht doch noch standesgemäße Heirat ein Leben lang an diese Frau zu binden.

Hier und in der Gegenwart war er verliebt, morgen vielleicht schon woanders. Er hatte sein Ziel erreicht, denn nun endlich durfte Maria ihm gehören, nun endlich konnte Eduard seine Geliebte in die Arme schließen, durfte er sie lieben und genießen und besitzen.

Der 13. Mart. 1591 an welchem die Trauung zu Brüssel in einem Privat-Hause geschah, war ein grosser, wichtiger Tag für die Schicksale des Badischen Hauses. Wie viel Elend wäre diesem trefflichsten, Deutschen Fürsten-Hause erspahrt geworden! Wie viel Badisches Land wäre nicht durch Verkauf, zu dem die Noth zwang, an Nachbare, an fremde Fürsten gekommen! Wie hätten vetterlich vereint, während dem Sturme des dreyssigjährigen Krieges, die Mark-Grafen von Baden und die Mark-Grafen von Durlach wechselweise einander beystehen können! Der Anfang von allem diesem Unglück war der 13. Mart. 1591.[87]

Ob die unglückliche Entwicklung in der oberen Markgrafschaft ihren Ausgangspunkt in jener Heirat hatte, das sei dahingestellt. Waren es doch Eduard Fortunats Abenteuerlust und Verschwendungssucht, die das Land an den Rand des Ruins brachten und in deren Folge der Durlacher Vetter einschreiten musste und somit zum Feind wurde. Ein Zusammenstehen der verwandten Häuser im Dreißigjährigen Krieg scheint auch eher ausgeschlossen, gehörten sie doch verschiedenen konfessionellen Lagern an.

Diese Eheschließung im Jahre 1591 bewegte allerdings hernach die Gemüter heftig, und sie wurde niemals wirklich anerkannt. Nicht nur, dass Maria van Eicken keine standesgemäße Partie war, auch war weder ein Ehevertrag aufgesetzt noch ein Wittum, das Erbteil der Witwe, ausgemacht worden und ebenso nichts entschieden über das Schicksal der zukünftigen Kinder oder die Erbberechtigung eines männlichen Nachkommen. Sonderbar ist auch, dass niemals ein Trauschein aufgetaucht oder ein Zeugnis des Pfarrers zum Vorschein gekommen ist, aus dem hervorgeht, dass er die Trauung mit allen erforderlichen Handlungen tatsächlich verrichtet hat; einziges Dokument war und bleibt jener Erlaubnisschein des erzbischöflichen Offizials zu Brüssel.

Später, als es nach Eduard Fortunats Tod vor dem höchsten Richter des Reiches zu der gerichtlichen Frage kam, ob Maria denn nun wirklich schon 1591 rechtmäßig mit dem Markgrafen getraut worden und der älteste Sohn somit nicht außerehelich gezeugt worden sei, ließ sich die Witwe von den Amtsnachfolgern jenes Pfarrers, der sie damals getraut hatte, ein feierliches Zeugnis der stattgefundenen Trauung ausstellen. Diese Amtsnachfolger beriefen sich in ihrem Attest von 1608 vor allem auf eine Handschrift dessen, der die Trauung vorgenommen hatte, aber dieses Dokument selbst wurde vor Gericht nicht vorgelegt.

Seltsam erscheint weiterhin die von Eduard Fortunatus gewünschte vorläufige Geheimhaltung dieser Trauung. Er brauche, um sie öffentlich bekanntzugeben, noch die Einwilligung seiner Eltern, was sehr verwundert, denn sein Vater war schon vor 16 Jahren gestorben, und die Einwilligung seiner Mutter hatte ein bereits seit einigen Jahren regierender Markgraf gewiss nicht nötig. In diesem Falle hätte er auch von einer Einwilligung nur seiner Mutter sprechen können. Sollte er seine ehemaligen Vormünder oder seine Agnaten (Blutsverwandte in männlicher Linie) gemeint haben, so wäre hier für die Erlangung einer Einwilligung genügend Zeit gewesen, da die Liebschaft mit Maria ja bereits einige Zeit angedauert hatte. Erst recht wäre bei einem regierenden Fürsten eine Einwilligung der Agnaten nicht vonnöten gewesen, wenn denn Maria wirklich eine standesgemäße Gemahlin gewesen wäre.

Das junge Paar, nun endlich glücklich vereint, reiste bald darauf in die Markgrafschaft Baden-Baden, wo der Markgraf ein selten gesehener Regent war.

Natürlich war sich Eduard Fortunatus bewusst, dass seine Eheschließung den Einspruch der Baden-Durlacher Linie und des Herzogs von Bayern nach sich ziehen würde, und so hielt er sie zunächst geheim. Wenn aber die wichtigsten Personen und sogar die engste

Verwandtschaft keine Kenntnis hatten von der Existenz einer neuen Markgräfin, so wussten dies am wenigsten die höfischen Bediensteten und die Untertanen. Nicht wie einer rechtmäßig angetrauten Gemahlin, nicht wie einer Landesherrin wurde Maria begegnet, sondern aufgrund der Geheimhaltung und der obendrein außerordentlich respektlosen Behandlung durch Eduard Fortunatus hielt man sie doch eher für dessen Konkubine. Wie auch anders konnte man bei Hofe einer Gefährtin des Herrn begegnen, über deren Stand Stillschweigen herrschte und die zudem von Eduard Fortunatus nicht wie eine standesgemäße Gemahlin mit der nötigen Hochachtung behandelt wurde. Niemand wusste ja Bescheid, und niemand hielt es daher für notwendig und angemessen, der heimlich Angetrauten die ihr zustehende Wertschätzung und Ehrerbietung entgegenzubringen.

Wieder hielt es Eduard Fortunatus nicht lange in seinem Lande. Bald schon wollte er mit Maria weiterreisen nach Italien, und wie es damals üblich war, wollte auch er vor der Abfahrt noch beichten und die heilige Kommunion empfangen, um mit göttlichem Beistand eine glückliche Reise zu haben. Aber sein badischer Propst, Bornius a Madrigal, bei dem sie beichten wollten, bat um eine Aufklärung über das Verhältnis des Markgrafen zu Maria, denn auch er wusste ja nicht, in welcher Beziehung beide zueinander standen. Eduard indes wollte die Angelegenheit weiterhin geheimhalten, und so verzichtete er lieber auf Beichte und Kommunion und reiste mit seiner Maria ab.

Seine Entscheidung, die rechtmäßige Trauung einem der Verschwiegenheit verpflichteten Beichtvater nicht mitzuteilen, wirft den Verdacht auf, der Markgraf habe nie und nimmer daran gedacht, seine Verbindung mit Maria tatsächlich bekanntzugeben, sondern er habe viel eher mit dem Gedanken gespielt, sich bei günstiger Gelegenheit wieder von ihr trennen zu können.

In Italien nun endlich beichtete und kommunizierte das junge Paar, zunächst in Mailand im deutschen Seminarium. Hier versicherte Eduard Fortunatus dem gutherzigen Priester, er sei ein Vetter Marias, die täglich ihren Mann von Rom her erwarte, und endlich gewann er das Vertrauen des Geistlichen, so dass er ihnen beiden die Absolution erteilte.

Wie ernst es Eduard Fortunatus mit dem Sakrament der Beichte und Buße wirklich war, zeigt eine Begegnung in Venedig, wo das Paar um die Osterzeit weilte. Dort ging der Markgraf einmal mit einem Junker, er hieß Toma Stembersky, zur Beichte. Hernach, auf dem Heimweg, plauderten die beiden, lachten viel und erzählten sich von den kleinen Sünden, die sie eben im Beichtstuhl gestanden hatten. Nun, sehr viel habe der Pfaff wissen wollen, sagte Eduard, so auch, ob er denn eine Konkubine habe. Ha, ha! Ja – habe er denn eine? fragte der Junker, worauf der andere antwortete, er wäre wohl ein Narr, wenn er dem Pfaffen alles beichten wollte.

Ebenso wenig Respekt und Ehrfurcht wie der Beichte und Absolution gegenüber brachte er der katholischen Kirche, ja der Religion überhaupt entgegen. Vielleicht diente sie ihm nur als Mittel zum Zweck, und vielleicht betrachtete er die Sakramente nur als ein Zaubermittel, als einen geheimnisvollen Schutz auf all seinen Reisen und bei sonstigen Unternehmungen.

So äußerte Probst Bornius später einmal, er habe bei Eduard Fortunatus niemals weder Andacht noch Gottesfurcht spüren können, sondern ein sehr beschwertes, halb verzweifeltes Gewissen, und seine Seele und das ewige Leben habe er nur gering geachtet. Gelegentlich sei es sogar vorgekommen, dass er den Markgrafen habe warnen müssen vor dessen spöttischer Verachtung des Teufels und der ewigen Verdammnis.

Einmal, als Eduard Fortunatus sich mit seinem Vetter zu vergleichen wagte, rief Bornius protestierend: *Risum teneatis amici!*[88] –Verkneift euch das Lachen, Freunde! – und pries Ernst Friedrich, obwohl der anderen Glaubensrichtung angehörend, als ehrliebend, gottesfürchtig und gewissenhaft. Gerne würde er ihn, Eduard Fortunatus, ebenso preisen, wenn er denn Ursache dazu hätte, denn ein Redner müsse eine gewisse Basis haben und nicht auf Märchen bauen wie die Poeten.

Inzwischen war das markgräfliche Paar weitergereist nach Murano, eine Insel in der Lagune von Venedig. Auch hier benahm sich Eduard Fortunatus recht seltsam. Man hatte Gäste geladen, darunter auch einen Grafen von Oetingen. Die Tafel war gedeckt, es wurde zu Tisch gebeten. Der Graf zögerte, sich vor Maria niederzusetzen. Doch Eduard forderte ihn dazu auf – „setztet Euch nur" – und nötigte schließlich seinen Gast, der wiederholten Einladung nachzukommen, indem er ihm, gut vernehmbar für die Umstehenden, ins Ohr flüsterte, er könne dies wohl tun – die Dame sei nur seine Kurtisane.

Kurze Zeit darauf, am 17. April des Jahres 1592, brachte Maria van Eicken in Murano eine Tochter zur Welt, die kleine Anna Maria Lucretia. Eduard Fortunatus beauftragte den mitgereisten Propst Bornius, den Stellvertreter des Bischofs und einen Geistlichen der Abtei zu bitten, als Taufpaten zu fungieren; auch sollte er mit dem gleichen Anliegen beim päpstlichen Gesandten in Venedig vorsprechen. Natürlich wusste der Markgraf, dass der Legat zunächst die Frage stellen würde, ob Maria denn seine legitime Gemahlin sei, und so befahl er Bornius zu antworten, sie sei nicht seine Ehefrau, aber er habe sie an Stelle und nach Art einer Ehefrau. Auf diese Äußerung hin erwiderte der Legat lächelnd, er verstehe nicht, was nach Art und an Stelle einer Ehefrau eine Ehefrau sein solle, und setzte hinzu, es sei sonderbar, entweder habe sich der Markgraf wirklich verheiratet oder nicht. Er wisse dies auch nicht genau, antwortete ihm der Propst, er wisse nur gerade, war er eben gesagt; auch ihm sei es völlig unbekannt, ob der Markgraf diese Maria wirklich geheiratet habe.

Schließlich erklärte sich der päpstliche Legat bereit, die Patenstelle zu übernehmen, aber er tat dies dann doch eher als Privatmann denn als ein päpstlicher Gesandter. Wie auch immer – Eduard war froh, einen respektablen Paten für sein Kind zu haben, und wer um die Umstände wusste, behielt es für sich oder vergaß es; wichtig waren dem Vater nicht die Gründe für die Entscheidung des Gesandten und dessen Bedenken, sondern einzig die Tatsache, dass dieser der Pate seiner Lucretia wurde.

Sie sei nicht seine Ehefrau, aber er habe sie an Stelle und nach Art einer Ehefrau? Ganz ungewöhnlich war es nicht zu jener Zeit, eine Ehe auf diese Weise zu schließen wie Eduard Fortunatus, nur waren sich alle anderen und deren Umfeld sehr wohl bewusst, um was es ging. So mancher Fürst nahm sich eine Frau „zur linken Hand" und ging eine nicht standesgemäße Ehe ein. Oft fanden diese seltsamen Hochzeiten ohne jede große Vorbereitung und ohne prachtvolle Feierlichkeiten statt, ganz im Geheimen, in aller Stille, *sine aliquo strepitu vel pompa*, also ohne jedweden Lärm oder Prunk, wie schon Eduards erste Eheschließung vonstatten gegangen war.

Eduards Großvater Bernhard III. hatte es ihm schon vorgemacht mit seiner über lange Jahre währenden eheähnlichen Beziehung, aus der etliche Kinder hervorgegangen und sogar anerkannt waren, wenn auch nicht als sukzessionsfähig. Als alternder Mann hatte er sich dann doch noch standesgemäß verheiratet und zwei legitime Kinder gezeugt. Vielleicht hätte sich manches in der badischen Geschichte anders entwickelt, wenn seine ersten Kinder als Erben anerkannt worden wären, denn sie sollen recht ordentlich und gebildet gewesen sein.

Auch Eduards Vetter Georg Friedrich von Baden-Durlach schloss, als er zum dritten Mal heiratete, eine morganatische Ehe, um als leidenschaftlicher Mann, den Frauen und der Liebe zugeneigt, nicht Zuflucht nehmen zu müssen im Konkubinat, da ja schon das Wort Konkubine *vor ein Hurr verstanden mocht werden.*[89] Er hatte nach dem Tod seiner ersten Gemahlin, mit der er 15 Kinder gezeugt hatte, nicht lange warten können und sich bereits ein halbes Jahr später standesgemäß erneut verheiratet. Als seine zweite Gemahlin, die ihm drei Töchter gebar, schon nach wenigen Jahren verstarb, währte die Zeit der männlichen Ruhe sogar nur ein Vierteljahr lang, dann nahm er sich die bürgerliche Elisabeth Stotz zur Frau. Für die Nachfolge war ja schon gesorgt, und keine Rücksicht wollte und musste er mehr nehmen bei der Wahl seiner Partnerin, weder auf deren Besitz, Rang oder Stand in der hochadligen Gesellschaft noch auf die politischen und religiösen Erwartungen. Georg Friedrich, noch nicht im Greisenalter, wünschte sich ein Weib an seiner Seite, wollte lieben, aber dies nur mit einem reinen Gewissen und moralisch unbedenklich.

Die Geschichte der armen Jakobe von Baden hat gezeigt, wie wenig Wert gelegt auf Gefühle und individuelle Lebensgestaltung wurde. Wichtig waren allein die Politik und die Machterhaltung und die Erhaltung des eigenen Hauses. Es traf ja nicht nur die Frauen, es traf doch auch den jungen Mann von edlem Stand, und kaum jemand konnte frei sich seinen Lebenspartner wählen. Anhand des Schicksals eines unbefriedigten adligen Gatten wird deutlich, in welche Gewissensnöte ein Herr geraten konnte, der als ganzer Mann sich nicht als solcher fühlen durfte.

Da gab es nämlich fast um jene Zeit, in der Mitte des 16. Jahrhunderts, einen Landgrafen von Hessen, der, wie er äußerte, eine letztlich unglückliche Ehe eingegangen war. Er suchte daraufhin sein Heil bei käuflichen Weibern, aber er wollte der Hurerei ein Ende setzen, denn sein Gewissen ließ ihm keine Ruhe. Schließlich trat eine junge Dame in sein Leben, die er sehr begehrte. Die Mutter seiner Liebsten wollte ihre Tochter jedoch nur freigeben, wenn die Beziehung eine ehrenvolle würde. Also nahm er sie zu seiner zweiten Frau, wurde dadurch ein Bigamist, aber vielleicht doch nicht so ganz, denn er ehelichte sie unter dem Vorbehalt, *dieweil es doch eine eheliche Concubin sein soll.*[90]

Nicht anders, allerdings ohne bisher eine ebenbürtige Verbindung eingegangen zu sein, handelte Eduard Fortunatus, als er Maria heimlich ehelichte. Schon die Form der Eheschließung entsprach genau diesen seinen Vorstellungen: Maria sollte von Beginn an nichts anderes sein als seine „eheliche Konkubine“. Aber so, wie es Markgraf Karl Friedrich von Baden fast zweihundert Jahre später tat, erklärte auch Eduard Fortunatus schließlich seine Ehe für rechtmäßig und seine Kinder für ebenbürtig, allerdings immer unter dem Vorbehalt, doch noch eine standesgemäße Ehe eingehen zu können.

Denn jener Karl Friedrich, der als Witwer die junge Luise Karoline Geyer von Geyersberg als seine Gemahlin „zur linken Hand“ nahm, bestand später darauf, dass diese Verbindung als eine vollgültige Ehe gelten solle wegen der Sukzessionsfähigkeit seiner Söhne. Und tatsächlich besteht das Haus Baden nur wegen dieser nicht standesgemäßen Heirat noch heute fort. Manch einer erinnert sich vielleicht noch an diese folgenschwere Liaison, wenn er mit den Vermutungen um das kurze und unglückliche Auftreten des geheimnisumwitterten Kaspar Hauser vertraut ist.

Im Gegensatz zu den genannten Fürsten, bei denen das Verhältnis für alle ganz eindeutig war, spielte Eduard seiner Gemahlin, deren Eltern und seinem Umfeld eine Situation vor, in der niemand richtig wusste, was von der ganzen Sache zu halten sei. In diesem Spiel ging es nicht um Redlichkeit, nicht um Respekt – es ging um die Laune eines Markgrafen.

Dennoch war sich Maria bei ihrer Eheschließung gewiss sehr wohl bewusst, in welchem Verhältnis sie tatsächlich zu Eduard Fortunatus stand. Denn was hätte eine junge Dame dazu bewegen sollen, mit einem ihr heimlich angetrauten Manne umherzuziehen und allerorten für seine Konkubine gehalten zu werden, zumal wenn sie tatsächlich altadliger Abstammung war? Einer standesgemäßen Gemahlin hätten Zweifel kommen müssen an der Ernsthaftigkeit ihrer Ehe und ihres Gatten, dessen Launen sie unterworfen, von dem sie abhängig und durch dessen Willkür ihre Zukunft gänzlich ungewiss war. Was konnte Maria von einem Mann erwarten, mit dem sie sich schon bald ein zweites Mal trauen lassen musste, um seiner völlig versichert zu sein? Aber auch dann nicht ganz?

Maria hatte sich keinen Illusionen hingegeben. Eine kleine Trauung in ihrem Elterhause mit den Eltern als Zeugen war keine fürstliche Hochzeit. Sie war bewusst eine morganatische Ehe eingegangen in der Hoffnung, dass ihre Nachkommen einmal einen besseren Stand haben würden, als dies bei einer ihr ebenbürtigen Verbindung der Fall hätte sein können. Sie hatte hoch gepokert, aber, wie Luise Karoline viele Jahre später, schließlich auch gewonnen. Ihr ältester Sohn wurde der rechtmäßige Nachfolger seines fürstlichen Vaters.

Eine Schwester Marias, Anna, hatte es ihr schon vorgemacht, wenn auch mit weniger Glück für ihren Sohn. Anna soll eine junge Dame von großer Schönheit gewesen sein. In Brüssel begegnete ihr der alternde 61-jährige Graf von Mansfeld, der sich über alle Maßen in sie verliebte. Und schon bei Anna hatten die Eltern keinerlei Bedenken gehabt, ihre Tochter einem hochgestellten Herrn als seine Gemahlin zur linken Hand anzuvertrauen, versprach man sich doch durch diese Verbindung eine bessere Zukunft für das Fräulein und dessen Nachkommen.

Im Jahre 1580 gebar Marias Schwester aus dieser Verbindung einen Sohn, der jedoch, anders als die Kinder Marias, nie als ebenbürtig anerkannt wurde. Dieser Sohn, Ernst von Mansfeld, ging allerdings später als ein bedeutender Heerführer im Dreißigjährigen Krieg in die Geschichte ein.

Schon diese Verbindung zeigt, dass die Fühler der Familie van Eicken in höhergestellte Kreise ausgestreckt wurden. Der Vater des kleinen Ernst *war Peter Ernst gefürsteter Graf von Mansfeld, Baron von Heldrungen, Ex-Gubernator der Vereinigten Niederlande, Ritter des Goldenen Vliesses, Generalfeldmarschall der Krone Spanien, Gouverneur der Provinz Luxemburg.* Als Mutter wird genannt *Anna von Eycken, Tochter des Herrn Jodocus von Eycken, Edlen von Riviere und Ganshornes, Hofmarschalls des Prinzen von Oranien und Gouverneurs von Breda:*[91]

Eduard Fortunat und Maria reisten im Herbst 1592 weiter nach Rom und besuchten dort die deutsche Nationalkirche Santa Maria dell'Anima, wo sie der Bruderschaft drei Goldgulden spendeten. In ihrer Begleitung befand sich der Kavalier Baron Jan van Berlo. Die Namen der drei Besucher finden sich im Bruderschaftsbuch, in dem das Markgrafenpaar auch einige Worte hinterlassen hat. Die Einträge lauten:

Qui distulit, non abstulit, ipse me protegat. – Der es aufgeschoben, hat's nicht aufgehoben; er soll mich selbst beschützen. *Eduardus Fortunatus marchio Badensis, reliquit ad pios b. Mariae Theutonicorum usus aureos tres 13. Oct. 1592*
Jan Baron de Berlo 1592
J'espère que le tams vinderat – Ich hoffe, dass die Zeit kommen wird.
Marie van Eicken, 1592 October 12[92]

Wieder zurück in Baden, konnte Eduard seine Eheschließung nicht mehr länger geheimhalten. Aus dieser Verbindung war ja ein Kind hervorgegangen, und er musste nun, ob er wollte oder nicht, zu seinem Familienstand Stellung nehmen. Aber noch immer sah der Markgraf keine Notwendigkeit, zu dieser Heirat zu stehen, und noch zu Beginn des Jahres 1593 hatte er sich volle Entscheidungsfreiheit bewahrt. So schrieb der Leibarzt und Theologe Generalvikar Doktor Pistorius an den Landhofmeister von Orscelaer, wenn der Herr frei sein wolle, sei für Hilfe und Beistand gesorgt; falls er keine Trennung wünsche, so werde er, Pistorius, mit Bayern verhandeln und die Angelegenheit nach Art und Weise des alten und freien Adels erledigen.

Der Fall war nämlich immer verworrener geworden, je länger der Markgraf zauderte und alles weiterhin ungeklärt blieb. Maria trug inzwischen ihr zweites Kind unter dem Herzen, und noch immer war ihr Stand nicht geklärt. Die Leute am Hofe überlegten kaltblütig, ob sie ein Ding sei, das fortgeschickt oder behalten werden solle, und es war grausam zu hören, wie der eine oder andere nur auf einen Wink seines Herrn zu warten schien.

Was wäre, so fragte man sich, wenn das zweite Kind ein Sohn würde? Das erste war ja nur eine Tochter, aber wie verwickelt würde sich die Angelegenheit gestalten, wenn der erste Sohn in einem halbehelichen, konkubinenartigen Verhältnis geboren werden sollte und der Markgraf ihn nicht selbst sogleich als seinen rechtmäßigen Prinzen würde ansehen können? Eine eindeutige Meinung hierzu hatte Pistorius. Er war der Auffassung, es sei wohl am besten, Maria nun, in ihrer zweiten Schwangerschaft, mit einer angemessenen Summe Geldes abzufertigen, trotz der ersten sogenannten Trauung, und hernach für sie und ihre Kinder zu sorgen, damit es ihnen an nichts fehle. Aber er musste dann doch anders handeln, ganz gegen seine Überzeugung.

Denn letztlich wollte Eduard Fortunatus seine Maria nicht bloßstellen und verleugnen; er war ihr ja in Liebe zugetan, und Marias Flehen und ihre lieben Worte taten am Ende wohl auch ihre Wirkung. Er kenne ja ihre Redlichkeit und wisse, dass sie weder mit Geld noch mit anderen Zusagen zu betrügen sei, auch habe er sie rein gefunden, und so wolle er auch halten, was er ihr versprochen hatte. Also stimmte er einer zweiten, diesmal feierlichen Eheschließung zu.

Es musste also nochmals geheiratet werden. Dafür galt es, das Wohlwollen des Herzogs von Bayern zu erlangen; Pistorius sollte vermitteln. Völlig überzeugt war dieser von seiner Mission freilich nicht, denn er wusste ja über Eduards zweideutiges Benehmen recht gut Bescheid und war für eine Auflösung des Verhältnisses eingetreten. Der Generalvikar gab dem Markgrafen den Rat, er solle für sein Seelenheil mit seiner Gemahlin eine Wallfahrt nach Einsiedeln vornehmen. Bei dieser Gelegenheit könne er sich nicht nur mit Gott versöhnen, sondern auch mit ihm, Pistorius, zusammentreffen, denn all diese Angelegenheiten sollten besser nicht den Briefen anvertraut werden.

Anfang März 1593 reiste Pistorius nach München, voller Zweifel, ob man eine fürstliche Heirat mit jenem adligen Fräulein für eine standesgemäße werde gelten lassen. Schon am Monatsende konnte er einen ausführlichen Bericht schicken. Er habe dem Herzog eindrücklich dargelegt, dass sich Eduard Fortunatus durch die heilige Handlung zu Brüssel so gebunden fühle, dass es des Gewissens und der Seele wegen unmöglich sei, davon abzuweichen. Der Herzog sei gebeten worden, das Verlöbnis zu bestätigen und den Markgrafen, seine Gemahlin und die junge Herrschaft vor den Verwandten und jedermann gegenüber zu schützen. Im Gegenzug versprach Pistorius, der Markgraf werde gewiss seine Lebensweise ändern, denn er sei zu dieser Heirat geschritten, um *sich in ein ander Leben zue schicken.*[93]

Wie zu erwarten war, sparte der Herzog nicht mit Vorwürfen über sein einstiges Mündel. Eduard habe die Huldigung ohne sein und des Kaisers Wissen eingenommen. Auch zeichne er sich durch ein unhöfliches Benehmen aus. Zweimal sei Eduard durch Bayern gereist, ohne ihm, dem Herzog, einen Besuch abzustatten. Zudem halte er sich mit wichtigen Mitteilungen zurück. So habe er erst durch dessen Mutter erfahren, dass der Bruder Philipp seinen Schultheißen umgebracht habe. Auch die verantwortungslose Verschwendungssucht des Markgrafen wurde angeprangert sowie die stetige Vermehrung der Schulden. Entgegen seinem Versprechen habe er die Anzahl seiner Hofbediensteten vermehrt und durch seine vielen Reisen die Schulden, die sein Vorgänger gemacht habe, noch vergrößert. Von übelgesinnten Leuten lasse er sich einnehmen und gebe ihren verkehrten Ratschlägen Gehör. Auch zahle er seinen Brüdern die angewiesenen Pensionen nicht aus.

Außerordentlich missfiel dem Herzog das Vorgehen Eduards, wenn dieser sich auf Reisen befand. So beschwerte er sich sehr, dass das Land in diesen Zeiten Ernst Friedrich, einem lutherischen Fürsten, anbefohlen wurde, der auch auf den Kreistagen ein Stimmrecht habe, sehr zum Schaden der katholischen Religion.

Ganz andere Dinge seien doch geplant gewesen für den badischen Markgrafen, viel Größeres habe man vorgesehen für ihn, und wenn auch die Verbindung mit Sibylle von Jülich-Kleve-Berg gescheitert sei, so habe man doch gehofft, ihn standesgemäß und katholisch zu verehelichen.

Der Herzog war unwillig und verärgert, und es brauchte viel diplomatisches Geschick von Seiten Pistorius' und dessen ganze Beredsamkeit, um zu einem Erfolg zu gelangen. Schließlich ließ sich der Herzog aber doch, trotz aller Klagen, die er gegen Eduard Fortunatus vorzubringen wusste, durch das Versprechen einer künftigen Besserung und wegen Marias *Verstands, catholischen Eufers und adenlichen Herkommens*[94] umstimmen. Sollte aber, so drohte er, Eduard Fortunatus seine Versprechen nicht halten, so würde er sich endgültig von ihm abwenden. Jedoch hoffe er, der Markgraf werde von seinem fürstlichen und von Gott verliehenen Verstand zur Ehre Gottes und der katholischen Kirche Gebrauch machen und in die Fußstapfen seiner Vorfahren treten. Also wolle er sich die Vermählung Eduard Fortunats mit Maria gefallen lassen, allerdings nur, wenn auch der Kaiser sowie der König von Polen und ebenso Markgraf Ernst Friedrich von Baden-Durlach einwilligen würden. Einzig auf einen Einspruch dieses Markgrafen konnte der Herzog hoffen, und hätte dieser nicht der protestantischen Liga angehört, so wäre am bayerischen Hof noch alles offen gewesen. Ernst Friedrich bekam den „Schwarzen Peter" zugeschoben. Wie auch immer eine Entscheidung zustande kam – Eduard Fortunatus bekam die Zustimmung, aber sie war so zweideutig gehalten, dass eine Anerkennung der Sukzessionsfähigkeit seiner Söhne offenblieb.

Pistorius sagte später über seine Mission, *het man mir anderst befohlen, so wolt ich ein ander Resolution erlangt haben.*[95]

Die Zweifel und die Zweideutigkeit des Pistorius blieben auch Ernst Friedrich von Baden-Durlach nicht verborgen. Er warf Pistorius vor, dieser habe den Herzog von Bayern auf eine schändliche Weise hintergangen. Viel später, nach Eduards Tod, beklagte sich der Geistliche hierüber in einem Schreiben an den Landhofmeister Karl Orscelaer: *Was ich sorgte [besorgte], ist geschehen. Der durchlauchtigste M. Ernst, welcher glaubt, ich befördere eure Angelegenheit, zieht zum Verwundern über mich loß, und schreibt, der Herzog sey durch meine betrügliche Schwätzereyen und böse Streiche hintergangen worden, daß er M. Eduards Vermählung gebilligt; allein mein Brief sowol als der durchlauchtigste Churfürst, der Vatter, bezeugen, dass mir Unrecht gethan werde. Man muß sich wundern, daß diese Leute einen so hitzigen Haß gegen mich haben, daß sie sich nicht einmal der falschen Beschuldigungen enthalten.*[96]

Hochschwanger reichte Maria am 14. Mai 1593 dem schon einmal ihr angetrauten Eduard Fortunatus erneut die Hand zum Ehebund. Selbst wenn man diese Vermählung nicht mit der prachtvollen Zeremonie und den tagelangen Festen vergleichen darf, die den Beginn der schicksalhaften Ehe Jakobes markierten, so wurde doch dieser Akt ganz offiziell auf dem Schlosse zu Baden vorgenommen, wenn auch nicht in Anwesenheit der Verwandtschaft, so doch im Beisein des ganzen Hofstaates.

Aber wieder, wie schon damals in Brüssel, glich die Trauung mehr einer Komödie denn einer feierlichen und heiligen Handlung. Der Hofprediger Bornius konnte hinterher nicht ganz den Verdacht aus der Welt schaffen, dem Markgrafen habe es an Aufrichtigkeit und Ernsthaftigkeit gemangelt, denn wieder einmal hatte Eduard seiner Maria nur eine sehr geringe Achtung entgegengebracht. War dies schon kein Fest, wie es bei solchen Anlässen an anderen Höfen üblich war, so hielt sich hier sogar der mindeste Anspruch in Grenzen. Eduard Fortunatus, der nun schon die zweite Trauungszeremonie – von der ersten, betrügerischen, einmal abgesehen – mit der gleichen Frau hinter sich bringen musste, war äußerst lustlos gestimmt. In Anwesenheit der ganzen Hofleute desavouierte er seine Gemahlin erneut durch einen wenig respektablen Aufzug. Die Anwesenden beschrieben später, er sei mit offenem Wams erschienen, das Hemd sei nicht ordnungsgemäß geschlossen gewesen und an den Füßen habe er nur Pantoffeln getragen. Auch habe er bei dieser feierlichen Handlung keinen Mantel getragen, woraus damals auf eine recht zeremonienwidrige Trauung geschlossen werden konnte. Fast schien es so, als habe der Markgraf sich mal eben schnell aus seinen Privatgemächern entfernt, um einen lästigen Termin wahrzunehmen.

Wie immer ist nicht alles wörtlich so zu nehmen, wie Klatsch und Tratsch es weitertragen. Der Propst beschrieb den Aufzug seines Herrn als manierlich und dem Ereignis angemessen, der Mantel habe allerdings auf einer Schulter nur gehangen. Verwunderlich wär es auch gewesen, wenn Eduard im eignen Haus als Herr sich nicht als solcher zeigen würde. Dennoch schrieb Bornius ganz ohne Illusion, es wisse ja nur Gott, wie ernst es der durch seine Hand Getraute letztendlich wirklich meine.

Anders als in dem Erlaubnisschein für die erste Trauung 1591 in Brüssel wurde nun in dem Attest, das der Propst von Baden ausstellte, die Braut *nobilis et generosa Domina* genannt, vornehme und edelgeborene Herrin. Dies mag daran liegen, dass der Propst ein badischer Untertan war, jener Offizial von damals aber ein Fremder und Außenstehender, der sich nicht verpflichtet fühlen musste, bestehende Sachverhalte für einen fremden Herrn zu beschönigen, sondern das angeben konnte, dessen er gewiss war.

Der, welcher die Trauung vorgenommen hatte, Hofprediger und Propst zu Baden Franziskus Bornius a Madrigal, verließ später, als Ernst Friedrich die obere Markgrafschaft eingenommen hatte, seinen bisherigen Herrn und begab sich in die Dienste des neuen. Ernst Friedrich ließ ihn allerdings nicht lange danach für eine Zeitlang ins Gefängnis setzen. Vorher hatte Bornius aber noch auf Ersuchen Marias im Jahre 1594 ein schriftliches Zeugnis ausgestellt, wonach sie ordnungsgemäß verheiratet sei.

Marias Stand war nun gefestigter, und ihr zweites Kind konnte in einer anerkannten Ehe zur Welt kommen. Aber wie stand es um sie selbst? Würde sie, sollte Eduard vor ihr sterben, für eine fürstliche

Maria van Eicken, Gemahlin des badischen Markgrafen Eduard Fortunatus.

Witwe gehalten werden? Und würden ihre Söhne, die sie vielleicht noch gebären würde, wirklich als rechtmäßige Erben gelten?

Wie ein Angeklagter, der gerade immer so viel zugibt, wie man ihm nachweisen kann, so handelte Eduard Fortunat immer erst zu einem Zeitpunkt, an dem er nicht mehr umhin konnte, sich einer Situation zu stellen. Erst am 21. Juni 1593, wenige Wochen vor Marias Niederkunft, wurde eine Wittumverschreibung für seine Gemahlin erstellt in Höhe von 3.000 Gulden. Eduard erklärte, *er habe sich mit der edlen Marie von Eiken ehelich verheirathet, und sey deshalber willens sie als seine freundliche liebe Gemahlin so zu versehen, daß sie nach seinem Tode sich seinem und ihrem Stande gemäß erhalten könne.*[97]

Und ein Jahr nach der Hochzeit, am 13. Mai 1594, stellte Eduard eine Urkunde aus: *weil unsere Fr. geliebte Gemahlinn noch zur Zeit nicht allseits, als wie sichs gebührt, in viel Weg versehen – so erkären wir, daß sie alsbald nach unserem Ableiben für eine fürstliche Wittib – gehalten und erkannt werden soll.*

Auch für seine Nachkommen wollte er nun Sorge tragen. Die Geburt des ersten Sohnes lag schon einige Monate zurück, und Maria war abermals schwanger. Er bestimmte, dass seine Erben als alleinberechtigte Nachfolger anzuerkennen seien, aber wieder ließ sich Eduard ein Schlupfloch offen. Er erklärt: *Da nun mehr gerührte unser freundliche liebe Gemahlinn – vor uns Tods verfahren würde, soll uns und besagten unsern Erben gleichfalls, ob dieser unser Erclehrung, Will und Meynung einicher Nachtheil nicht erscheinen, wie wir denn auch uns die Hand deßwegen nicht gesperrt haben wollen.*[98]

Sollte also seine Gemahlin vor ihm sterben, so müsste ihm die Hand frei bleiben für eine weitere Ehe mit standesgemäßen Nachkommen. Wieder einmal brachte es der Markgraf nicht fertig, eindeutig und klar zu einer Sache zu stehen. Wieder einmal gab er zu erkennen, dass diese Ehe und die Kinder daraus nicht wirklich standesgemäß seien. Denn ergäbe sich nach Marias Tod eine fürstliche Heirat mit Nachkommen, so wäre seine erste Ehe wohl doch nur als eine morganatische anzusehen, und seine Söhne aus der Verbindung mit Maria van Eicken wären somit nicht sukzessionsfähig.

Aber Eduard trug ja doch Sorge um seine Familie, denn schon wenige Monate nach jenem Testament benannte er in einer weiteren Urkunde als Vormünder seiner Kinder den Erzherzog Ernst von Österreich, den Herzog Wilhelm von Bayern sowie seinen Kanzler und seine Räte. Auch für das Wittum, den einer rechtmäßigen Witwe zustehenden Besitz, war nun gesorgt. Im Einvernehmen mit Pfalzgraf Karl, der die Hintere Grafschaft Sponheim gemeinsam mit Eduard regierte, vermachte er seiner Gemahlin den badischen Teil von Haus und Amt Kastellaun. Tatsächlich musste Maria von ih-

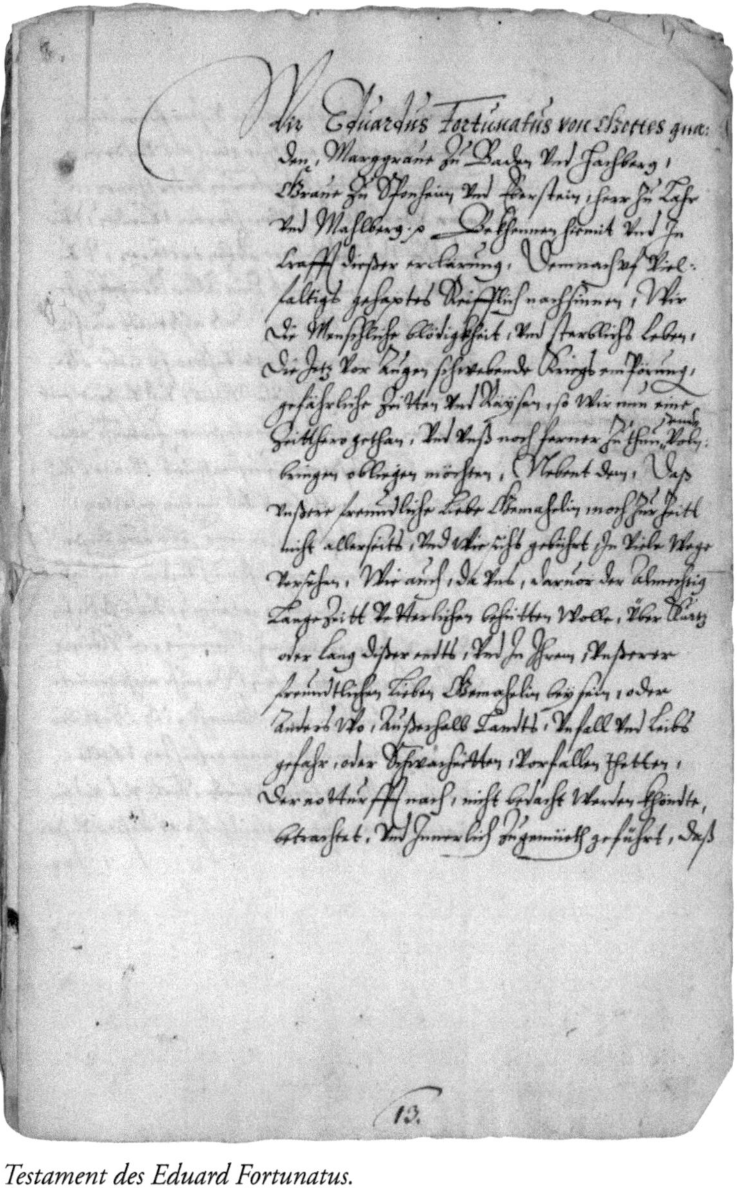

Testament des Eduard Fortunatus.

rem Witwensitz schon bald Gebrauch machen. Bis zu ihrem eigenen Ende viele Jahre später blieb Kastellaun ihre fürstliche Heimstatt.

Eduard Fortunatus, obwohl nun also rechtmäßig getraut, setzte seine alte Lebensweise fort, sehr zum öffentlichen Ärgernis. *Er war ein Herr, der sinnliche Belustigungen suchte, und alle Gelegenheiten waren ihm angenehm, wo er seine Neigungen befriedigen konnte.*[99] Nichts ließ erkennen, dass er Maria für seine liebe und geachtete Gemahlin hielt; alle Schwüre, im Liebestaumel geleistet, waren vergessen. Welchen Wert er seiner Ehe tatsächlich beimaß, zeigte sich schon kurze Zeit nach jener zweiten Vermählung.

Denn nicht lange nach dieser nun endlich öffentlichen, für ihn wohl eher unnötigen Trauungszeremonie ließ er sich eine „Weibsperson" aus Böhmen kommen und später eine solche aus Österreich; jene soll er hernach an seinen Bruder Philipp „weitergereicht" haben. Und leidenschaftlich, wie der Markgraf war, nicht so in den Künsten und den Wissenschaften, versprach er alles, um an sein Ziel zu gelangen – er versprach, wie einst in Brüssel, die Ehe. Er soll sogar *bey Teufelsholen sich verschrieben haben.* Und anders als bei Maria damals genügte jenen Damen dieser Eid, und lustvoll konnte Eduard den Mann in sich erkennen und erleben.

Doch solcher Rausch währt ja nicht lange, und schnell war er der Damen wieder überdrüssig. Um sich der beiden zu entledigen, ließ er, wie erst dem Weib aus Böhmen, so auch der anderen aus Österreich, den für sie wichtigen Vertrag mit List und Tücke und einem angemessenen Geldbetrag durch den Hauptmann Rothans, den r*othen Lackayen,* wieder abnehmen.

Das Herz des Eduard war bald schon wieder heiß entbrannt. Diesmal traf es ein Fräulein zu Antorff, das man La bella Segrina nannte. So innig muss dieses Verhältnis gewesen sein, dass ein gewisser Sektretär Hippolit Caym am 11. Juni 1594 der Mutter des Fräuleins schrieb, der Markgraf *hat zu Eurer Tochter so große Zuneigung gefaßt, daß es gewiß Euer Glück sein wird, wenn Ihr zuschnappen würdet.*[100] Es ist dies der gleiche Fall wie damals in Brüssel, als im Eickenschen Hause die Tochter jenem Manne anvertraut wurde, wohl wissend, dass dies Verlöbnis kein standesgemäßes war. Und wieder wird deutlich, in welch geringem Maße von allen Seiten die Ehe mit Maria van Eicken geachtet wurde.

Ein Weib reihte sich an das nächste. Auch mit der verlassenen „Vettel“ seines Bediensteten Paul Pestalozzi, über den noch mehr zu erfahren sein wird, sei er in einem Liebesverhältnis gestanden. Es heißt, diese Frau sei dem Paul auf wunderliche Weise durch die Ermordung des Ehemannes zuteil geworden.

Wie es heißt, habe Maria bei all diesen Vorgängen verständlicherweise im Wege gestanden, und man habe versucht, sie an einen adligen Hauptmann zu verheiraten. Jener Baron sei aber nicht zu bewegen gewesen, bei allen Versprechungen, diese Frau zu ehelichen, und schließlich soll Maria *mit iren lieblichen Worten, Heulen und Weinen*[101] ihren Gemahl dazu bewogen haben, dass er sie doch behielt.

Trotz all seiner Liebschaften wandte sich der Markgraf doch auch immer wieder seiner Gemahlin zu. In ihrer kurzen Ehezeit brachte Maria vier Kinder zur Welt. Keines von ihnen schien mit dem lasterhaften Erbgut des Vaters gesegnet zu sein, denn alle waren sie wohlgeraten, und über keines weiß man etwas zu berichten, was auch nur annähernd der Lebensführung Eduard Fortunats gleichkäme.

Die Kinder des Markgrafen Eduard Fortunatus von Baden-Baden und der Maria van Eicken

Eduard Fortunatus von Baden-Baden 1565–1600
∞ Maria van Eicken 1571–1636

Anna Maria Lucretia	Wilhelm I.	Hermann Fortunatus	Albrecht Karl
1592-1654	1593-1677	1595-1665	1598-1626

Nach der ersten, heimlich geschlossenen Trauung zu Brüssel gebar Maria, wie schon zu erfahren war, am 17. April 1592 auf Murano bei Venedig ein Mädchen, Anna Maria Lucretia. Über sie gibt es nicht viel zu berichten. Geheiratet hat diese Tochter nie; vielleicht war sie von ihrem Stand her nicht einzuordnen gewesen, denn sie wurde ja geboren vor jener zweiten, diesmal anerkannten Trauung ihrer Eltern und galt daher vermutlich als Kind aus einer konkubinischen Verbindung, als außereheliches Kind. Wir wissen es nicht. Im Jahre 1654 ist sie als alte Dame in Kastellaun gestorben und fand, wie ihre Mutter schon zuvor, im Kloster Engelport[102] ihre letzte Ruhestätte.

Das zweite Kind, ihr erster Sohn, wurde, wie bereits erwähnt, nur elf Wochen nach jener zweiten, diesmal anerkannten Eheschließung geboren, am 30. Juli 1593. Die Eltern gaben ihm den Namen Wilhelm, und Herzog Wilhelm von Bayern übernahm die Patenschaft. Über den jungen Wilhelm schrieb der Herzog später, er sei begabt, besitze Geist, Phantasie und Verstand und nehme darin täglich zu, auch sei er sittsam und still seinen Studien zugetan. Ihm wurde ein langes Leben geschenkt; am 22. Mai 1677 starb der hochbetagte Markgraf kurz vor der Vollendung seines 84. Lebensjahres.

Eineinhalb Jahre nach Wilhelms Geburt, am 23. Januar 1595, erblickte in Rastatt der zweite Sohn das Licht der Welt, Hermann Fortunatus. Auch über ihn fand der Herzog lobende Worte: er habe *so frisches und wackeres Gemuts*. Hermann nahm später seinen Sitz in Rodemachern und kämpfte im Dreißigjährigen Krieg auf katholischer Seite sowohl für die Spanier als auch für den Kaiser. Aus zwei Ehen wurden ihm fünf Kinder geboren, von denen drei noch lebten, als er wenige Tage vor seinem 70. Geburtstag, am 4. Januar 1665, in Kastellaun für immer die Augen schloss.

Als letztes Kind kam Albrecht Karl am 17. August 1598 in Kastellaun auf die Welt. Sein Pate wurde der niederländische Statthalter Erzherzog Albrecht. Aber dieses Leben endete schon recht früh, am 23. Juni 1626. Es heißt, der junge Mann habe sich versehentlich auf der Jagd selbst erschossen.

Der erstgeborene Sohn, Wilhelm, ist eine nähere Betrachtung wert, setzte sich doch durch ihn das Haus Baden-Baden fort bis zu seinem Ende. Wilhelm erhielt im Jahre 1622, als Eduard Fortunatus Nachfolger das okkupierte Land mit Hilfe der katholischen

Liga zurück und zwang ihm mit strenger Hand die katholische Religion auf. Noch im selben Jahr wurden allen evangelischen Geistlichen ihre Pfarrdienste gekündigt, auch hatten sie bis Jahresende das Land zu verlassen. Wollte ein evangelischer Bürger seiner Religion treu bleiben, musste er auswandern, und wurden bei Hausdurchsuchungen „ketzerische Bücher", also Lutherbibeln gefunden, so verhängte man Geld- oder gar Freiheitsstrafen. Einige Vertriebene fanden Aufnahme in Gernsbach, dem Hauptort der Grafschaft Eberstein, wo die evangelische Linie der Ebersteiner in dem kleinen, ihr verbliebenen Anteil an der Grafschaft die Glaubensfreiheit schützte.

Nicht nur, dass so der religiösen Toleranz, wie sie anfänglich unter Ernst Friedrich und später bei Georg Friedrich geherrscht hatte, ein Ende gesetzt wurde – auch das Leben vieler Untertanen geriet in Gefahr, denn es folgte die größte Welle der Hexenverfolgungen in Baden. Abermals, wie schon in der Zeit der bayerischen Vormundschaft und der Regierungszeit Philipps II., endeten zahlreiche Menschen in der Markgrafschaft Baden-Baden qualvoll auf dem Scheiterhaufen. Unwetter, Missernten, Krankheiten und die im Lande herrschenden kriegerischen Auseinandersetzungen brachten der Bevölkerung große Not und großes Elend. Durch häufige Ernteausfälle stiegen die Preise für das Korn, die Lebensmittel wurden knapp, und bald mussten die für Notzeiten gespeicherten Vorräte angebrochen werden. Nur durch Hexenwerk, so meinte man, habe ein solches Unglück über die Menschen kommen können, und Schuldige waren bald gefunden.

Im Jahre 1625 fand in Ettlingen der erste Hexenprozess unter der Regierung Wilhelms statt, bei dem die Witwe Barbara Rausch und ihr Enkel der Hexerei angeklagt, für schuldig befunden, gehängt und hernach verbrannt wurden. Schon ein Jahr später erlitten innerhalb weniger Monate 46 Menschen einen grausamen Tod. Unter der Folter beschuldigten die unglücklichen Angeklagten stets andere Personen, diese seien Gefährten gewesen bei den teuflischen Hexentreffen, und schon diese Namensangaben reichten aus für weitere Verhaftungen und die darauf folgende Tortur.

Es waren fast immer die gleichen Missetaten, die den vermeintlichen Hexen zur Last gelegt wurden, Immer wieder wurde unter der Folter ausgesagt, man sei auf Hexentreffen gewesen, habe Buhlschaft mit dem Teufel getrieben und Schadenzauber an Mensch und Vieh begangen. Wetterzauber, Milchzauber, das Ausgraben verstorbener Kinder sowie das Herstellen der Hexensalbe, ohne die ein Besenflug zum Hexensabbat nicht möglich war – all diese Vergehen wurden unter Qualen gestanden mitsamt der Nennung weiterer bisher unbescholtener Personen.

So erging es auch der Katharina Haug aus Rastatt, die von zwölf angeklagten Frauen und Männern der Mittäterschaft bezichtigt wurde. Sie wurde im September 1626 verhaftet und, als sie selbst nach einer Gegenüberstellung mit vier der sie belastenden Personen kein Geständnis ablegen wollte, dem peinlichen Verhör unterzogen. Aber sie blieb standhaft und beteuerte weiterhin ihre Unschuld. In ihrem Unglück versuchte Katharina Haug, einen Wärter zu bestechen, dieser Fluchtversuch indes schlug fehl, und als sie daraufhin abermals auf die qualvollste Weise verhört wurde, war schließlich ihr Widerstand gebrochen, und sie gestand alle ihr zur Last gelegten Hexentaten.

Unterdessen hatte sich ihr Ehemann an das Reichskammergericht gewandt. Voreilig und widerrechtlich sei das Vorgehen des Markgrafen und seiner Beamten gewesen, welche die unbescholtene Katharina ohne Voruntersuchung hätten verhaften lassen. Er hatte indes keinen Erfolg, und so konnte der Prozess fortgeführt werden. Das Reichkammergericht hatte allerdings schon bei dem ersten Hexenprozess der großen Verfolgungswelle in der Markgrafschaft die äußerst harte Tortur gerügt, gleichwohl kamen in den folgenden Prozessen weiterhin erbarmungslos Foltermethoden zur Anwendung.

Schließlich kam die persönliche Katastrophe doch noch zu einem halbwegs guten Ende für Katharina Haug: Der unglücklichen Frau gelang es, Ende November aus dem Kerker zu fliehen und somit dem sicheren Tod auf dem Scheiterhaufen zu entkommen. Ihre Spur verlor sich in Straßburg.

Fast ein Jahr lang ruhte hernach die Verfolgung der vermeintlichen Hexen, aber im Herbst des Jahres 1627 begann eine neue Flut von Anklagen über das Land hereinzubrechen. Einer Segenssprecherin, der Witwe Anna Lump, wurde Zauberei vorgeworfen, und ihre Geständnisse unter der Folter, in denen sie weitere Personen beschuldigte, bildeten den Auftakt zu einer weiteren Prozesswelle, die bis 1631 anhalten sollte. Die Hexenverfolgung unter Markgraf Wilhelm *stützte sich vornehmlich auf Besagungen, die als hinreichendes Indiz für Verhaftung, Anklage und Folter zugelassen worden waren, und so zur großen Zahl von Opfern in den baden-badischen Hexenprozessen der Jahre 1626–31 geführt hatten.*[103]

Insgesamt wurden von 1626 an vermutlich 244 Personen der Hexerei angeklagt, von denen lediglich 13 einer Verurteilung entkamen. Eine Verurteilung war aber nicht nur für den Delinquenten folgenschwer, auch die Angehörigen hatten unter dem Prozess und seinem meist traurigen Ende zu leiden, und dies nicht nur durch den Verlust eines Menschen aus ihrer Mitte. Nach der Hinrichtung hatten ja sie die Prozesskosten zu tragen, und üblich war es außerdem, dass zwei Drittel des Vermögens der Opfer durch die markgräfliche Regierung konfisziert wurden.

Es war die Zeit des Dreißigjährigen Krieges, und Wilhelm kämpfte auf der Seite des Kaisers. Als die Schweden einmal bis an den Oberrhein vorgedrungen waren, wich Wilhelm ins Elsass aus und unternahm von dort aus verheerende Streifzüge auf die rechte Rheinseite, brandschatzte Durlach und durchzog sengend und plündernd die Untere Markgrafschaft, bis er wieder auf das Elsass zurückgeworfen wurde. Bei seinen kriegerischen Unternehmungen geriet er einmal beinahe in schwedische Gefangenschaft. Ein Reiter hatte ihn bereits am Ärmel gepackt, sich dann aber einem prächtiger Gekleideten zugewandt; so kam der Markgraf letztlich durch seine unscheinbare Kriegskleidung davon.[104]

Vieles gäbe es noch zu erzählen über Wilhelm von Baden-Baden, aber hier sei abschließend nur noch erwähnt, dass jener Markgraf der Großvater von Ludwig Wilhelm war, dem berühmten „Türkenlouis“.

Gewiss hätte Maria noch mehr Kindern das Leben geschenkt, wäre sie nicht schon so bald Witwe geworden. Wohl war von einigen Seiten behauptet worden, sie sei ebenso leichtsinnig gewesen wie ihr Gemahl. Aber hätte sie sich auch nur einmal etwas zuschulden kommen lassen, wäre auch nur einmal ein Schatten auf ihre Lebensführung gefallen und auf ihre Redlichkeit, wäre nur einmal der Verdacht aufgekommen, sie habe die Grenzen der Schicklichkeit und des Anstandes überschritten – welch ein Ergötzen hätte es dem gegnerischen Lager bereitet, sie zu desavouieren.

Maria hatte sehr wohl gespürt und auch gewusst, von Beginn an, welche Rolle sie im Leben ihres Gemahls zu spielen hatte. Es war für sie ein Vabanquespiel, sie setzte alles auf eine Karte. Als kleine Adelige hatte sie die große Chance, es ihren Nachkommen einst zu ermöglichen, wichtig zu werden für das Haus Baden. Sie hatte hoch gesetzt und schließlich auch gewonnen, denn so lange das Haus Baden-Baden existierte, so lange bestand es durch ihre Nachkommenschaft.

Still, und man kann beinahe sagen demütig, hatte Maria alles ertragen, was ihr in ihrer kurzen Ehe an Erniedrigung und Respektlosigkeit entgegengebracht wurde. Als ihr Stand noch nicht bekannt und gesichert war, wurde in ihrer Umgebung über sie und zu ihr geredet ohne große Umschweife, grob und direkt. Wohl hatte sich dieser Zustand seit der zweiten Eheschließung geändert, aber alte Gewohnheiten lassen sich nur schwer auszumerzen, und wie schnell fand man wieder hie und da zurück in die alte Sprechweise. *So gerieth oft wohl der Mark-Graf selbst, ohne daß er es wahrnahm, in ein Gemische des alten und neuen Tones, das den sonderbaresten Contrast machte.*[105]

Von keinen Begebenheiten gibt es zu berichten, die Maria in ein unehrenhaftes Licht hätten setzen können. Treu und ergeben stand sie an der Seite von Eduard Fortunatus, gebar ihm eine Tochter und drei Söhne. Und ihre Ehrenhaftigkeit und ihre Beharrlichkeit waren es wohl auch, weshalb der Markgraf, zögerlich zwar zu Beginn, dann aber über all die Jahre hindurch an ihr festhielt, vielleicht sich an ihr festhielt wie an einem Anker, der in dem aufgewühlten Leben, das er führte, den einzig sicheren Halt bedeutete.

Maria überlebte ihren Gemahl um viele Jahre. Bis zu ihrem Tod kämpfte sie beharrlich um die Rechte ihrer Kinder und um die Sukzessionsfähigkeit ihres erstgeborenen Sohnes. Am 21. April 1636 ist sie gestorben. Sie fand ihre letzte Ruhe im Kloster Engelport.

Noch aber schrieb man das Jahr 1594. Alle familiären Angelegenheiten waren nun geregelt, und wunderbar hätte sich alles fügen können in der Markgrafschaft und in der Herrschaft des Eduard Fortunatus, wäre er denn zu einer sparsamen Haushaltsführung fähig gewesen und hätte er nicht sein abenteuerliches, lasterhaftes, abergläubiges und gewissenloses Leben so fortgeführt, dass es unweigerlich zu einem Ende dieser Zustände in seinem Lande kommen musste.

Noch war das Jahr nicht ganz zu Ende, in dem Eduard Fortunatus für seine Gemahlin und für seine Erben scheinbar alles Wichtige geregelt hatte, als ein folgenschweres Ereignis die Verhältnisse in der Markgrafschaft umstürzte.

Eduard Fortunatus und Ernst Friedrich

Die Verbrechen des Eduard Fortunatus und die Besetzung seines Landes

Das alte Jahr nimmt Abschied und muss gehen, und gehen muss auch der, dem mit der Zeit entglitt, was er zu halten nicht imstande war. Schon bald gelangt ans Tageslicht, der Markgraf habe den verhassten Vetter Ernst Friedrich in die andere Welt gewünscht. Der Umgang ist's ja, der den Menschen adelt; wer „ärgste Buben" um sich schart, verliert an Wert. Wer Taler fälschen lässt und Gift lässt mischen, wer stets in seinem Auftrag Unrecht lässt geschehn, wem alles eins ist, nur nicht das persönliche Geschick, der hat die Macht verspielt und muss vom Spielfeld weichen. Doch vor Gericht gestellt wird ja ein Herrscher selten; die Strafe droht dem Untertan, nicht seinesgleichen.

Mitten in der Nacht des 1. Dezember 1594 wurde in Rastatt Alarm geschlagen. Man habe von Stollhofen aus verdächtiges Kriegsvolk wahrgenommen. Tatsächlich marschierten von Durlach her Truppen in die Markgrafschaft Baden-Baden ein, und nicht lange, so waren Ettlingen, die Stadt Baden, Kuppenheim und Stollhofen besetzt und zuletzt auch Rastatt. Fortan stand das Land unter der Verwaltung von Eduard Fortunats Vetter Ernst Friedrich von Baden-Durlach.

Die schon unter Philipp II. zerrüttete Finanzlage hatte sich unter dessen Nachfolger durch fortgesetzte Misswirtschaft derart verschlechtert, dass schließlich der Kaiser einschritt und die Markgrafschaft unter Sequester[106] stellen wollte. Dem musste Ernst Friedrich natürlich vorbeugen, denn er wollte das Land als Ganzes erhalten wissen, wie es damals von Christoph I. bestimmt worden war.

Der Zeitpunkt war geschickt gewählt und die Besetzung gut vorbereitet. Wie so oft hielt sich Eduard Fortunatus nicht in seinem Lande auf. Er weilte wieder einmal in den Spanischen Niederlanden, seine hochschwangere Gemahlin und die beiden Kinder hatte er in Baden zurückgelassen. Wie sonst auch, stand Ernst Friedrich während dieser Zeit den verlassenen Räten mit Rat und Tat zur Seite, und der politische Austausch zwischen den Kanzleien in Durlach und Baden funktionierte reibungslos wie immer in solchen Fällen, und auch diesmal, da ihr Herr *nunmehr ein gute Zeit uber unser Verhoffen von hinnen abwesend,*[107] waren die Räte froh, sich in schwierigen Fragen an den Markgrafen von Baden-Durlach wenden zu können.

Alles war also wie gewohnt, und niemand schenkte bei diesem ungetrübten Verhältnis den Warnungen Glauben, Ernst Friedrich bereite still, aber mit großem Nachdruck eine baldige Okkupation vor. Doch alles war schon eingeleitet, die nötigen Vollmachten waren ausgestellt und unter Mithilfe einiger Verwandten und befreundeter Fürsten in der Pfalz, in Württemberg, im Elsass und in Baden die Truppen gemustert und versammelt.

Auf wundersame Weise sei die Einnahme des Landes vonstatten gegangen, meinte später Propst Bornius a Madrigal – ganz ohne Gewalt und Blutvergießen. Warum auch hätten die geplagten Untertanen zu den Waffen greifen sollen, da sie ja nur auf eine Verbesserung der Zustände hoffen konnten? Unter dem neuen Regime, so meinte man wohl, könne es kaum schlimmer kommen als bisher, denn *Justizmord, Straßenraub, Zauber und Gift bedrohten die Menschen in Eduard Fortunats Einflußbereich, und wem sein Vermögen nicht gewaltsam fortgenommen wurde, dem stahl es die saubere Landesherrschaft auf dem Wege der Münzfälschung still und leise aus der Tasche.*[108]

Eduard Fortunatus behauptetete später, nicht ohne jeden Widerstand sei sein Land eingenommen worden, und in Rastatt habe es eine heftige Gegenwehr der Bürger gegeben. Nur durch Verrat sei die Besetzung möglich gewesen, und der Untertan habe entschlossen nach den Waffen gegriffen. Nicht denen, die noch heimlich dem protestantischen Glauben anhingen, galt sein Groll, vielmehr einigen rebellischen und leichtfertigen Untertanen, dem katholischen Bekenntnis zugehörend, die gegen ihren Eid heimlich diese Okkupation unterstützt haben sollen. Und der Baden-Badener widersprach ganz und gar der Aussage seines Durlacher Gegners, er sei sogar von seinen, Eduards, *lieben Getreuen und ehrlichen, pflichtliebenden Undertonen*[109] ersucht worden, in ihrem Land eine Änderung herbeizuführen.

Jakob III., Markgraf von Baden-Hachberg.

Schon im Jahre 1590 hatte ein Glied des aufgeteilten Landes wieder in das gemeinsame Ganze eingefügt werden können. Dem Markgrafen von Baden-Durlach war die Markgrafschaft Baden-Hachberg seines verstorbenen Bruders Jakob III. zugefallen, die erst sechs Jahre zuvor von Baden-Durlach abgetrennt worden war. Jakob war im Juli 1590 zum Katholizismus übergetreten, was bei seinen Brüdern Ernst Friedrich und Georg Friedrich und den protestantischen Fürsten insgesamt auf wenig Verständnis und Gegenliebe traf, drohte doch nun auch dieser Landesteil verlorenzugehen für die evangelische Konfession. Als Jakob bereits am 17. August 1590 unverhofft starb, vermutlich an der Ruhr nach dem Genuss von Kirschen und Wasser, wurde von katholischer Seite sofort der Verdacht laut, er sei aus religiös-politischen Gründen vergiftet worden. Eine Autopsie, selten in der damaligen Zeit, brachte in der Tat Spuren von Arsen zutage.

Sofort nach Jakobs Tod ließ sich Ernst Friedrich in Hachberg als rechtmäßiger Vormund und Administrator huldigen und führte das evangelische Bekenntnis wieder ein, ohne jedoch das katholische zu unterdrücken. Noch hatten seit der Konversion Jakobs nicht alle Pfarrer das Land verlassen und konnten wieder in ihre Pfarreien eingesetzt werden. Der Markgraf als alleiniger Vormund zögerte auch nicht, den Stammhalter Jakobs, der wenige Tage nach dem Tod seines Vaters geboren worden war, gegen den Wunsch der Witwe evangelisch taufen zu lassen. Der Arzt und Theologe Pistorius, damals der Berater Jakobs und wie dieser einst selbst Protestant, aber inzwischen auch zum katholischen Glauben konvertiert, hatte vergeblich versucht, dieser „Ketzertaufe“ zuvorzukommen. Er schickte der Witwe eine Amme, die einen Brief übergeben sollte, in welchem stand, wie der junge Prinz durch Frauen zu taufen sei. Aber die Torwache entdeckte dieses Schreiben, das die Amme unter ihrem Brusttuch verborgen hielt; vielleicht war der Brief zu groß, vielleicht waren aber auch die Brüste zu klein gewesen. Der einzige Sohn wurde also evangelisch getauft, doch dies blieb letztlich ohne Bedeutung, denn er starb schon im Mai des folgenden Jahres.

Nun, durch das wirtschaftliche Unvermögen Eduards, ergab sich die Chance, auch die Baden-Badener Gebiete wieder in eine gemeinsame Markgrafschaft zurückzuführen. Das Land bestand ja nach der „Pragmatischen Sanktion“ Christophs I.[110] nach wie vor als eine Einheit, und jeder Regent seines ihm vererbten Teiles war dem anderen gegenüber in die Pflicht genommen, sollte es Schwierigkeiten finanzieller Art geben. Und eben solche Schwierigkeiten, hervorgerufen durch das unbekümmerte Schuldenmachen Philipps II. und besonders durch die fortgesetzte Misswirtschaft dessen Nachfolgers Eduard Fortunatus, mussten das Einschreiten des Baden-Durlacher Markgrafen nach sich ziehen. Ernst Friedrich hatte den Haushalt seines eigenen Landesteils durch Sparsamkeit und kluge Wirtschaftspolitik ausgeglichen und war nicht gewillt, für eine noch weiter wachsende Verschuldung des anderen Teiles geradestehen zu müssen oder den Landesteil seines Vetters gar an die Gläubiger zu verlieren. Er konnte sich zudem auf einen Vergleich von 1537 berufen, in welchem ausdrücklich festgehalten wurde, *daß, wann die gemeinschaftliche Gläubiger auf die Bezahlung so sehr dringen würden, daß dem einen Theil ein Schade dadurch zuwachsen könnte, dem unschuldigen Theile erlaubt seyn solle, des anderen Länder einzunehmen, und dieselbe solang als die seinige zu genießen, und bis zur völligen Schadloßhaltung zu behalten.*[111]

Wieder und wieder hatte Ernst Friedrich seinen Vetter ermahnt, sich einer angemessenen Lebensführung und Hofhaltung zuzuwenden, um das Land nach und nach von der Schuldenlast zu befreien. Gewiss hatte sich Eduard Fortunatus anfangs noch verbindlich geäußert, aber er handelte dann doch gegen alle Zusagen und wusste weder die Schulden zu tilgen noch zahlte er die jährlich fälligen Zinsen. Ganz im Gegenteil vergrößerte er die Schuldensumme um ein Beträchtliches und bemächtigte sich sogar der von Philipp hinterlassenen wertvollen Gegenstände, die eigentlich als Sicherheit festgelegt und mehrere tausend Gulden wert waren. Eduard versetzte sie, verkaufte sie – machte sie zu Geld. Und er machte ferner nichts anderes, als dass er seine *angetretenen*

Lande und Herrschaften mit mehreren neuen Schulden überhäuffig beschwerte, und solches alles mit seinem üppigen und unfürstlichen Unwesen verschwendete.[112]

Es waren aber nicht nur die hohe Verschuldung und die dadurch drohenden Folgen auch für sein eigenes Land, die Markgraf Ernst Friedrich zur Besetzung der Oberen Markgrafschaft bewogen hatten. Wie er dem Kaiser sofort berichtete, waren es auch die haltlosen Zustände, die in der Markgrafschaft seines Vetters herrschten. Denn recht bald nach der Okkupation fand sich bestätigt, was längst schon zu erahnen war. Manche Übeltat des unheilvollen Markgrafen gelangte nun ans Tageslicht: Münzfälschung, Giftmischerei, Straßenraub, Beihilfe zum Mord, ja sogar Anschläge auf ihn, Ernst Friedrich. Alles ließ der Markgraf niederschreiben, und noch heute ist in seinem 1595 in Staffort gedruckten Bericht, in welchem er seinen Schritt rechtfertigte, über das verbrecherische Treiben des Eduard Fortunat und seiner Helfershelfer ausführlich nachzulesen.

Ernst Friedrichs *Grundtlicher Warhaffter vnd Bestendiger Bericht: Was sich vor vnd nach Vnlengst durch den Durchleuchtigen Hochgebornen Fürsten vnnd Herren Herrn Ernest Friderichen Marggrauen zu Baden und Hochberg, Landgraffen zu Sussenberg, Herrn zu Rötteln vnd Badenweiller, Rechtmäsig vnd befugter weiß fürgenommenen Occupation, deß Obertheils deß Fürstenthumbs der Marggraffenschafft Baden, mit einzihung etlicher Marggraff Eduardi Fortunati Dienern, vnnd anderwerts verloffen, Insonderheit aber, was Ihre Fürstlichen Gnaden darzu fürnemlich bewegt vnd Ursach geben. Allen Liebhabern der Warheit zulesen, in Druckgefertigt. Getruckt im Jahr M.D.XCV.*[113] gibt die Aussagen der Zeugen und die Geständnisse der Delinquenten wieder, und aufschlussreich wird dem Leser vor Augen geführt, wie es während der kurzen Regierungszeit des Eduard Fortunatus in seinem Lande zugegangen ist.

Überaus erschüttert zeigte sich bei der Lektüre des Berichts schon vor langer Zeit der *geheime Justitzrath Pütter*, der schrieb: *Die Geschichte von Eduards Betragen übersteigt alles, was man jemals von einem in alle Laster tiefst versunkenen Fürsten sich nur vorstellen könnte,*[114] und er zitierte dabei aus einem 1736 erschienenen Werk Historikers und Numismatikers Johann David Köhler: *Es sind mir die Haare zu Berge gestanden, als ich dieses alles gelesen; und habe ich mich nicht gnug verwundern können, wie ein aus einem uralten fürstlichen Hause entsprossener Prinz so gar aus der Art habe schlagen können, daß er sich auch in die schändlichsten Bande der verfluchten Feinde des menschlichen Geschlechts, der Straßenräuber, falscher Münzer, Zauberer und Meuchelmörder, begeben.*[115]

Eduard Fortunatus umgab sich in der Tat mit zwielichtigen Gesellen. Sogar der Rüstmeister zu Baden, Jakob Philipp, der später selbst in Haft saß, äußerte sich angeekelt über den gesellschaftlichen Umgang des Markgrafen: *Es geht seltsam zu an unserem Hofe, und es wäre kein Wunder, wenn das Wildfeuer vom Himmel herunterkäme und schlüge das Unschuldige mit dem Schuldigen zu Boden. Da ist nichts anderes denn Unzucht, Fressen, Saufen, Huren, falsche Münze machen und, wie es auch heißt, Freibeuterei. Kommt irgendein welscher Hudler, der nur ein Tischtuch ein wenig krumm auf eine Tafel legen kann, oder sonst Huren und Buben, die kleidet man gleich in Samt und Seide und gibt ihnen Geld nach ihrem Gefallen, ehrliche Leute aber müssen wie arme Leute umhergehen.*[116]

Auch der badische Propst Bornius berichtete später, bei seinem Herrn hätten allezeit die ärgsten Buben mehr gegolten als die weisen und verständigen Leute. Schließlich wurden zwei der „ärgsten Buben" und Helfershelfer des Markgrafen in Haft genommen, Paul Pestalozzi und Francesco Muscatelli, und durch ihre Geständnisse, in denen sie Eduard Fortunatus schwer belasteten, konnte mancher Verdacht bestätigt und bekräftigt werden.

Als nämlich bald nach der Okkupation alle Untaten aufgedeckt waren, standen diese beiden Übeltäter vor Gericht. In einer Anklageschrift, die *Peinliche und malefitzische Anklag ... Sampt angehengtem Urteil,*[117] niedergeschrieben am 10. Dezember des Jahres 1594 und im Jahre 1595 in Straßburg gedruckt, sind jene Missetaten festgehalten, deren sich die Angeklagten zu verantworten hatten. In elf Punkten werden hier der Hauptmann Paulus Pestalotius (Paul Pestalozzi) aus Chiavenna und Franciscus Muscatellus (Francesco Mus-

Die Yburg bei Baden-Baden vor ihrer Zerstörung 1689 (Rekonstruktion).

catelli) von Schio bei Vicenza der Falschmünzerei sowie des Giftmischens und Mordens angeklagt und am Ende für schuldig befunden.

Durch diese Anklageschrift und den *Grundtlichen … Bericht* des Ernst Friedrich tritt die ganze Palette der Verbrechen ans Tageslicht, die mit Hilfe oder zumindest mit Wissen des Markgrafen begangen worden waren.

Keine Zeugen indes gab es für das Gerücht, Eduard Fortunatus habe sich auch der Alchemie zugewandt. So sollen seine beiden Helfershelfer Pestalozzi und Muscatelli in den unterirdischen Gewölben der Yburg versucht haben, aus unedlen Metallen Gold herzustellen. Gold hatten sie jedoch nicht herzustellen versucht, vielmehr eine Mixtur für das Prägen falscher Münzen.

Aber es war zu jener Zeit recht üblich, dass Landesherrn versuchten, ihre leere Kasse aufzufüllen durch die wundersame Kunst der Alchemie. Nicht anders nämlich hatte damals Herzog Friedrich I. von Württemberg gehandelt, der sich auf diese Weise einen Berg von Gold versprach. Dieser Herzog regierte von 1593 bis 1608, war also ein Zeitgenosse von Eduard Fortunatus. Auch dieser Fürst, mächtiger zumal, griff in seiner finanziellen Not zu außergewöhnlichen Mitteln. Auch er bediente sich zwielichtiger Gestalten, wurde hernach aber von diesen auf die schimpflichste Weise betrogen.

Von Zürich her war im Jahre 1598 ein Mann namens Reuschler in die Dienste des Herzogs getreten. Er hatte vorgegeben, Gold herstellen zu können, aber als es ihm nicht gelang, musste er sein betrügerisches Vorgehen wenige Jahre später mit dem Strang büßen. Nicht anders war es zuvor dem Peter Montanaus ergangen, den man schon 1599 hingerichtet hatte.

Aber der Herzog, abergläubig wie manch anderer Fürst in jener Zeit, setzte weiterhin auf die Kunst der Alchemie und konnte neuen Versuchungen nicht widerstehen. Wohl wurde er von seinen Räten gebeten, sich nicht mit solchen Betrügern einzulassen, auch wurde er gewarnt, er könne durch sie großen Schaden nehmen; dennoch erlag er schon bald wieder allen Beteuerungen, die ihm gemacht wurden, und die in ihm die Hoffnung weckten, in Zukunft mit Gold reich gesegnet zu sein.

Aus zwei Briefen des Herzogs Friedrich I. von Württemberg ist zu erfahren, wie er abermals betrogen und sein Vermögen nicht vermehrt, sondern vielmehr geschmälert wurde. Bei ihm habe sich ein Schotte namens Alexander Sydon vorgestellt, und unter Eid habe dieser geschworen, seine Bemühung werde erfolgreich sein. Sydon, der sich an anderen Orten auch Sylon oder Stuuard nannte, habe für seine Arbeit eine namhafte Summe Geldes empfangen, aber dann *ist er doch deßen alles ungeachtet, ehrenvergeßener, truwloser weiß heimlichen ußgerissen.*[118] Er, der *hertzog zu Württemberg, schandtlich, betriegerlich und hochsträfflich angefürth*, habe einen Gesandten nach England befohlen, den Betrüger ausfindig zu machen, ihn zu ergreifen und gefangenzunehmen. Er bittet in diesem Brief alle Obrigkeiten, wes Standes, Würden oder Wesens sie auch seien, diesem Gesandten ihre Hilfe und Unterstützung zu erweisen. Bei gegebenem Anlass werde er seinerseits die Hilfe zu erwidern wissen.

Die Gier nach Reichtum macht so manchen blind, und auch ein Herzog kann Verlockungen nicht widerstehen. Obwohl er doch bei allen ihm bisher versicherten Erfolgen getäuscht und hintergangen worden war, obwohl ihn alle diese ergebnislosen Versuche viel Geld gekostet hatten, gelang es wenig später abermals einem Betrüger, ihn zu beschwatzen und zu überlisten. Denn aus einem Schreiben vom Januar 1607 geht hervor, wie der Herzog erneut seine fürstlichen Nachbarn um Justizhilfe ersuchen musste.

Wenige Monate zuvor hatte sich nämlich ein Mann bei ihm gemeldet, schriftlich zunächst, dann auch in Person. Er stellte sich als Georg Honawer Freiherr zu Brunchhofen und Grabenschiez vor, hochberühmt für seine Goldmacherkünste, und legte in großspurigen Worten das Versprechen ab, seine Arbeit nun werde endlich das erhoffte Resultat bringen. Der Herzog, ungeachtet der ihm widerfahrenen Täuschungen, erlag erneut der lockenden Versuchung, nahm ihn und dessen Gehilfen Hans von Werder in seine Dienste auf und stattete sie mit der nötigen Summe Geldes aus. Einige Zeit später sollte jener Fremde ihm Proben seiner Kunst vorweisen, aber der Vogel war ausgeflogen und mit ihm sein Gehilfe und das ganze Geld.

Von Alchemie ist in Ernst Friedrichs Bericht jedoch nicht die Rede. Sein Vetter soll andere Wege gesucht haben, um seine finanzielle Lage aufzubessern, darunter auch den der Falschmünzerei. So schreibt er: *Um … Geld zu bekommen, ließ er durch den zu sich beruffenen Franciscum Muscatellum von Schio [Muscatelli], Vincentzer Gebiets, einen verdorbenen Seiden-Krämer, aus Messing, Kupfer und Silber eine betrügliche Mixtur machen und daraus 200 Thaler Ferdinandischen Geprägs, 250 Straßburgische viereckige Klippen wie auch 17 Portugaleser und ein Stück, das just 10 Ducaten halten sollte, unter einem dazu in Augsburg erkaufften Preß-Zeug müntzen; dabei er mehrentheils persönlich gewesen und die Preße mit eigner Hand ziehen und drucken helffen, welches falsche Geld sogleich zu Franckfurt und andern Orten ausgegeben wurde.*[119]

Ständig befand sich ja Eduard Fortunatus in finanziellen Nöten. Wie schön wäre es doch gewesen, hätte sich das Geld aus eigener Kraft vermehrt. Da kam der Vorschlag gerade recht, den ihm sein Diener Paul Pestalozzi machte. Dieser unterbreitete seinem Herrn die Möglichkeit, zusammen mit einem gewissen Francisco Muscatelli aus einer sonderbaren Mixtur von Metallen Münzen herzustellen. Daraufhin forderte der Markgraf jenen Muscatelli aus Italien an, führte mit ihm ein Gespräch über die nötige Zusammensetzung und Zubereitung der gewünschten Mixtur und rüstete ihn hernach mit dem nötigen Zubehör aus.

Jener Muscatelli war schon zu dieser Zeit, als er in die Dienste des Eduard Fortunatus trat, ein Gezeichneter, ein Gebrandmarkter. Einstmals wurde er in Italien ergriffen und abgeführt, weil er verbotenerweise und wohl in mörderischer Absicht eine Pistole bei sich trug. Zur Strafe sollte er für zehn Jahre aus der Herrschaft verwiesen werden, aber gnädig verbannte man ihn für nur drei Jahre, brandmarkte ihn jedoch durch das Aufbrennen eines bandförmigen Zeichens auf der Stirne. Hernach soll er sich einem Räuberhauptmann angeschlossen und diesem bei seinen Raubzügen und Mordtaten zur Seite gestanden haben.

Nun also gehörte Muscatelli zu Eduard Fortunats Dienerschaft und reihte sich ein in das sittenlose und verdorbene Personal. Bei seinen gerichtlichen Vernehmungen später gestand er manche Untat, so auch seine Mithilfe zur Falschmünzerei. Seine *güettliche vnnd peinliche außag wie dieselbe aus seinem Italienischen Archetypo ins Teutsch gebracht*[120] beschreibt recht genau den Vorgang der markgräflichen Münzprägung:[121]

„Als ich und Hauptmann Paul [Pestalozzi] in Antwerpen waren, ist der Goldschmied Caesar zu mir gekommen und hat mir die Probe einer Goldkrone gezeigt, die er aus Gold und Silber zusammengegossen hatte, und mir gesagt, wie das Silber in die Mitte und das Gold oben drauf kommt, und die Krone der Probe standhält. Solche Kunst habe ich zuvor nicht gekannt. Wir sind dann nach Brüssel gereist, wo der Caesar mir versprach, wenn wir wieder zurück seien, wolle er mir diese Kunst beibringen. Unterwegs ist er aber erstochen worden. Freibeuter hatten zwei Pferde unseres Herrn vor der Stadt gehabt, und wir sind hinausgezogen und haben die Pferde hineingeführt. Und mittendrin ist der Caesar unter dem Tor von einem Bürgersohn erstochen worden. Daraufhin hat Hauptmann Paul mir befohlen, ich solle hingehen und sehen, ob der Caesar einen Brief, seinem Herrn zuständig, bei sich habe und solle ihn an mich nehmen. Dies war aber schon durch den Compostello, als der zur Stadt gekommen, verrichtet worden. Als wir nach Baden gekommen, habe ich in des Caesars Büchlein, das unter den anderen Briefen gelegen, gefunden, wie man das Gold machen kann und habe hernach diese Kunst probiert.

Als ich in Venedig gewesen und dort erfuhr, dass der Markgraf als ein Fürst des Reiches die Macht habe, Münzen zu prägen, bin ich zu Hauptmann Paul gegangen, welcher damals in Gefangenschaft saß, und habe ihn auf einen Brief an seinen Herrn angesprochen, mit dem er melden solle, ich sei derjenige, der edle Löffel machen könne. Als ich dem Markgrafen Eduard Fortunatus in Venedig dann dieses Schreiben zugeliefert habe, bin ich von ihm gefragt worden, ob ich dieser Muscatelli sei. Ich habe dies bejaht, und der Markgraf hat mich gefragt, ob ich nicht mit ihm nach Baden ziehen wolle. Ich erwiderte aber, ich habe Weib und Kind zu Vicenza und sei ein Kaufmann; es würde mir schwerfallen, Weib und Kind zu verlassen.

Ich wurde des Weiteren gefragt, ob ich nicht Silber machen könne. Als ich dies bejahte, wollte der Herr eine Probe, worauf ich antwortete, ich habe etliche Löffel, die könne ich ihm zeigen. Am anderen Tag habe ich dem Herrn vier Löffel und vier Gabeln gezeigt, *so von der mixtur durch obgemelten Goldschmidt gemacht worden.*[122] Diese haben Ihren Fürstlichen Gnaden gar wohl gefallen, und er hat sie mit Gewalt begehrt.

Ich solle mich in seine Dienste begeben, sagte er, und mich nicht sorgen, denn ich würde nicht arm zurückkehren. Der Markgraf wollte etliches Silbergeschirr von solcher Mixtur machen lassen. Darauf habe ich geantwortet, ich könne nicht sogleich mitziehen, ich müsse zuvor meine Sachen zu Hause richten, alsdann wolle ich innerhalb von vier oder fünf Monaten mich einstellen. Damit ist mein Herr zufrieden gewesen; wenn ich meine Sachen zu Hause verrichtet, sollte ich zu ihm nach Baden kommen, und er sagte nochmals, ich würde nicht arm zurückkehren.

Dann hat er mich gefragt, *was die mixtur an strich halten thue, [ich] geantwortet, den Achten. Ob [ich] denselben nicht höher bringen köndt, widerumb geantwortet, [ich] könd solche so hoch als ander müntz bringen.*[123] Hierauf ist der Herr wieder nach Baden gezogen.

Hauptmann Paul ist zu mir nach Vicenza gereist und hat abermals mit mir gesprochen, ich solle mich in Ihre Fürstlichen Gnaden Dienst begeben. Mit Hauptmann Paul, mit seines Herrn Fechtmeister Petro Santorio Corsico und mit dem Dualdo bin ich dann nach Baden gezogen."

Auch jener Dualdo im Gespann der Metallmischer war kein unbeschriebenes Blatt. Im achten Punkt der Anklageschrift gegen Muscatelli und Pestalozzi wird jener Dualdo oder Duoldus gar als Mörder bezichtigt. Denn *als der beklagte Franciscus Muscatellus und einer seiner gesellen mit namen Duoldus zu Vintzens in Italia eine sunderbare Mixtur von Metallen* besorgten unter dem Vorwand, Löffel daraus gießen zu wollen, kam ihnen der junge Gehilfe Anthonio auf die Schliche und erkannte, dass es hier doch eigentlich um Münzfälschung ging. Damit ihr Betrug nicht an den Tag komme, gedachte man, diesen unbequemen Mitwisser zu beseitigen. Anthonio wurde plötzlich krank und musste in das Spital eingeliefert werden. Die Gelegenheit war günstig. *Damit ihr betrüglich vorhandlung nicht an tag komme,* schickte Muscatelli seinen Gesellen mit einem Krug Wein, der mit Gift vermengt war, zu Anthonio. Heuchlerisch wünschte Dualdo dem Kranken eine baldige Genesung, und hinterlistig reichte er ihm zu trinken, *davon der jung hernach in funffzehen tagen sein leben beendet.*[124]

Inzwischen in Baden angelangt, haben „Ihre Fürstliche Gnaden mich angesprochen, ob ich nicht eine Mixtur zum Münzenmachen bereiten könne," berichtete Muscatelli weiter, „und als ich solches bejahte, habe ich hernach eine Probe gemacht und gegossen. Die Mixtur bestand aus Messing, Kupfer und Silber. Hierauf ist mir ein Stempel von Mailändischen Silberkronen zugestellt worden, aber ich sagte, ich könne damit nicht umgehen, ich sei kein Münzmacher. Ihre Fürstliche Gnaden forderten mich auf, ein rundes Stück Silber zu gießen, das so schwer wie Silberkronen ist, was ich auch getan und es dann dem Scipio, Hauptmann Pauls[125] Leutnant, gegeben habe mit dem Auftrag, er solle es rundfeilen, so dass es der Silberkronen Gewicht hat. Als es so in die Form gebracht war, haben wir – Ihre Fürstliche Gnaden, der Scipio, Hauptmann Paul, Meister Jakob und ich – es mit dem Stempel versucht, aber es hat uns keine Münze geraten wollen, da wir nicht damit umgehen konnten. Und weil es also nicht geraten, ist auf Befehl Ihrer Fürstlichen Gnaden eine Münzpresse durch Meister Jakob geholt worden. Als nun die Münzpresse gebracht worden war, waren die Stempel dazu nicht tauglich gewesen, und abermals konnte nichts verrichtet werden.

Daraufhin sind Ihre Fürstliche Gnaden und ich in die Niederlande gezogen, Ende Januar dieses Jahres. Als wir zu Brüssel gewesen, habe ich um meinen Abschied gebeten, weil ich wieder nach Italien ziehen wollte, aber es wurde mir geantwortet, ich solle wieder nach Baden mich begeben. Als wir am 15. Mai wieder in Baden angelangt waren, habe ich abermals um meinen Abschied gebeten; ich wollte nach Italien heimziehen und sehen, wie meine Sachen beschaffen seien. Darauf erwiderten Ihre Fürstliche Gnaden, ich solle noch ein oder zwei Monate bleiben. Ich bat dann Hauptmann

Paul, er solle Ihre Fürstlichen Gnaden darauf ansprechen, mir zu erlauben heimzureisen, ich wolle in drei oder vier Monaten wiederkommen. Hauptmann Paul hat aber nichts ausrichten können.

Ihre Fürstliche Gnaden haben mir dann 100 Reichstaler zugestellt und nochmals verlangt, ich solle eine Mixtur machen, welche beschaffen sei wie die vorige, und die ist dann mit dem Stempel, den der Compostello gemacht hatte, in Gegenwart Ihrer Fürstliche Gnaden probiert worden. Etliche Tage danach, als die Mixtur gemacht und aus derselben etliche Taler rundgegossen waren, ist Hauptmann Paul von seinem Herrn zu mir geschickt worden mit dem Auftrag, ich solle ihm etliche Stücke, zwanzig oder dreißig vielleicht, zukommen lassen, was auch geschehen ist. Darauf haben der Herr und der Meister Jakob das Drucken angefangen, ob aber der Paul dabeigewesen, weiß ich nicht. Als der Gnädige Herr gesehen, dass die Münzen geraten und hübsch gewesen, hat er mir und Compostello befohlen, dem Meister Jakob zu helfen. Es sind Taler Ferdinandischen Gepräges gewesen und in drei oder vier Tagen an die 40 Stück gedruckt worden. Als der Stempel gebrochen war, haben wir warten müssen, bis ein anderer Stempel gemacht worden. In der Zwischenzeit sollte ich von der Mixtur etliche Lot, so ungefähr 40, machen lassen und Ihren Fürstlichen Gnaden zustellen. Daraus sollten Hundehalsbänder gemacht werden.

Als die Frankfurter Messe stattfand und keine weiteren Taler gemacht gewesen, hat Hauptmann Paul von mir verlangt, Portugaleser zu machen, damit die Schulden Ihrer Fürstlichen Gnaden zu Frankfurt bezahlt werden möchten. Die Masse ist mir allein an die Hand gestellt worden, aber wieviel Gold und Silber dabeigewesen, weiß ich nicht mehr. Mit Hilfe des Hauptmanns Paul habe ich's gedruckt, der Compostello und Pauls Bruder sind dabeigewesen. Als sie gemacht waren, hat sie Hauptmann Paul zu seinen Händen genommen. Nachdem nun inzwischen ein anderer Stempel zu den Ferdinandischen Talern gemacht war, sind wiederum an die 40 derselben gedruckt worden, der Stempel aber nochmals gebrochen. Als Hauptmann Paul dies gesehen, hat er zwei Stempel für viereckige Straßburger Taler machen lassen. Darauf habe ich die viereckigen

Taler, etwa 140, gegossen, Pauls Bruder und Compostello haben diese in das Gewicht gebracht und dann gepresst. Der Compostello hat einen Stempel zu doppelten Spanischen Kronen gemacht, derselbe ist aber für die Presse zu groß gewesen und nicht zu gebrauchen, und so hat er ihn wiederum geschmolzen und daraus einen dreifachen Gedenkring gemacht.

Dies ist alles, was ich, Muscatelli, weiß von der Münzprägung."

Auch Paul Pestalozzi war, als er in die Dienste von Eduard Fortunatus trat, kein Unschuldslamm. Er hatte 1590, als er noch Hofmeister war bei dem französischen Gesandten de Sancy, mit diesem gegen den Bischof von Straßburg intrigiert und schließlich nach Basel fliehen müssen.[126]

Inzwischen hatte er seine Fähigkeiten am markgräflichen Hofe ausbauen können, und als er nun vernommen wurde, sagte und bekannte er vor Gericht: „Ich bin dabeigewesen und habe auf Befehl meines Gnädigen Fürsten und Herrn geholfen, 220 falsche viereckige Taler zu machen, die ich auch bei der letzten Frankfurter Messe ausgegeben, diejenigen aber, die ich nicht habe ausgeben können, dieweil sie etwas roh waren, 30 oder 40 Stück, habe ich am Ende in den Main geworfen.

Ich habe auch geholfen, 16 oder 17 Portugaleser zu machen, die ich einem in Nürnberg wohnhaften Herrn Carolanza verpfändet habe, ich glaube, für 250 Gulden.

Mein Gnädiger Fürst und Herr hat uns – mir, dem Franciscum Muscatellum und dem Bernhardum Compostello – eine Presse gegeben, die er durch den Rüstmeister Jakob, woher weiß ich nicht, hat kaufen lassen, um selbige Münzen darauf zu prägen.

Der Gnädige Fürst und Herr hat oftmals den Willen gehabt, große Summen solcher Münzen machen zu lassen. Ich, Paul, glaube aber, dieweil kein Gold vorhanden gewesen, dass es deswegen unterlassen worden sei."

Von beiden Angeklagten wurde Eduard Fortunatus durch ihre Aussagen schwer belastet, aber der Markgraf leugnete diesen Tatbestand stets, und es heißt, er habe *hoch darfür* geschworen, *darauf auch soll communiziert haben.*[127]

Wohl hatte der Markgraf aus Augsburg ein Prägewerk beziehen lassen, und wahrscheinlich war er auch 1590, als er mit der Münzprägung begonnen hatte, persönlich an der Ausprägung von Talern und Klippen beteiligt, wie Ernst Friedrich in seiner Schrift berichtet, denn die *Taler und Klippen Eduard Fortunats weisen mehr oder weniger deutliche Spuren von Doppelschlägen des einen Stempels auf.*[128] Aber trotz dieser Prägefehler und der Tatsache, dass auf dem Regensburger Probationstag im September 1592 seine probierten Pfennige als nicht der Reichsordnung gemäß befunden wurden und auch die *Uneinheitlichkeit des Gewichts von Eduard Fortunats Talergeprägen … auffallend*[129] war, zweifelt der Numismatiker Wieland an der vorsätzlichen Münzfälscherei des Markgrafen. Viel

Eduard Fortunatus,
Markgraf von Baden-Baden,
Abschlag eines Talers (Silber) von 1590.

zu schwierig wäre es doch gewesen, Fälschungen aus Messing als schwere Goldmünzen an den Mann zu bringen, und dies in einer für den Aufwand lohnenden Anzahl.

Es war aber nicht die Falschmünzerei allein, weshalb Pestalozzi und Muscatelli vor Gericht standen; und ob nun Eduard Fortunatus an der Prägung beteiligt war oder nicht – er hatte bald andere Wege gefunden, um seine leere Kasse aufzufüllen.

Immer wieder zogen Kaufleute durch das Land Baden-Baden, wenn sie nach Frankfurt oder Straßburg wollten, die Kutschen gefüllt mit Waren und die Taschen gefüllt mit Geld. So verfiel der Markgraf auf die Idee, beides an sich nehmen zu wollen, Ware und Geld. Straßenraub sollte eine weitere lohnende Einnahmequelle werden, um die Kosten für sein verschwenderisches Leben wenigstens einigermaßen decken zu können. Durch ausführliche Verhöre war ans Tageslicht gekommen, dass auf sein Geheiß durchreisende Kaufleute überfallen und ausgeplündert worden waren. Viele Angriffe, auch einen mörderischen, ließ Eduard durch seine Gefolgsleute verüben und nahm an manchen wohl auch in eigener Person teil.

Unter Bedrohung von Leib und Leben befahl er den Wirtsleuten und Zöllnern in seinem Land, ihm jederzeit zu melden, egal wo immer er selbst sich aufhielt, ob bei Tag oder in der Nacht, wenn Kauf- und Fuhrleute, Krämer und Gäste bei ihnen ankamen, die nach ihrem Erachten Geld oder Wertgegenstände bei sich trugen. Niemand dürfe unangemeldet und ohne sein Wissen durchreisen.

Da gab es im Herbst 1593 diesen Überfall auf einen Kaufmann in der Nähe von Kehl und im Juni 1594 jenen mörderischen Überfall bei Ettlingen, und da gibt es die Aussagen vor Gericht, die diese Überfälle bezeugen und beschreiben.

So wusste der Kammerjunker von Eduard Fortunatus, Georg Kummerstatt von Schönfelden, bei seiner Vernehmung zu berichten, dass auf ein Schreiben des Schultheißen von Stollhofen hin sein Herr einem Kaufmann etliche hundert Kronen hatte abnehmen lassen. Zudem habe der Markgraf zwischen Ettlingen und Rastatt einen Krämer jämmerlich erschießen lassen. Bei der Besetzung des Schlosses von Baden wurde dann später die gestohlene Ware gefunden und sichergestellt.

Am Dienstag, dem 17. Dezember 1594, wurde besagter Georg von Kummerstatt „gütlich", das heißt ohne Folter, verhört. Derselbe gab zu Protokoll: „Im Herbst vor einem Jahr, als ein welscher[130] Kaufmann, dessen Name mir nicht bekannt ist, nach Straßburg reisen wollte, hat Herr Markgraf Eduard ein Schreiben erhalten, meines Erachtens vom Schultheißen zu Stollhofen, auf dem ist *Cito Cito* gestanden, *schnell kommen*. Daraufhin hat mein Herr mir befohlen, dem Hofjunker Thomas von Sternenfels und einem weiteren Junker, dessen Name mir unbekannt, aufzutragen, sie sollen beide sofort nach Stollhofen sich verfügen. Ein Kaufmann werde dort demnächst wegfahren, dem sollen sie nachreiten, denn er habe viel Geld bei sich, das sollen sie ihm abnehmen. Als sie jenen Kaufmann nicht weit von Kehl bei Straßburg, diesseits des Rheins, erreicht hatten, haben sie ihn sofort angegriffen. Das Geld soll er in einer Satteltasche bei sich geführt haben, etliche hundert Kronen seien es gewesen. Sie haben ihm die Satteltasche weggerissen und mitgenommen. Dieselbige haben sie mir zugestellt, und ich habe sie meinem Herrn Markgraf Eduard Fortunatus übergeben. Von diesem Geld hat er mir 100 Kronen geschenkt, die ich auch angenommen habe, aber wieviel Geld es in allem gewesen war, das weiß ich nicht genau.

Desgleichen habe ich um den letzten Johannistag von eben jenem Schultheiß von Stollhofen ein Schreiben erhalten, in dem stand, ein Krämer sei bei ihm, der etliche Waren, Ringe und anderes bei sich habe und nach Ettlingen ziehen wolle, und dass ich dies meinem Herrn anzeigen solle. Mein Herr befahl mir daraufhin, meinen Diener nach Rastatt zu schicken und fragen zu lassen, ob jemand dort sei. Nun sind der Ernst, dessen Knecht und mein Diener dem Krämer nachgeritten, haben ihn auf der Hardt angegriffen und dort erschossen. Mein Diener sagte später, der Ernst habe dies getan. Als mein Herr gegen Abend von der Jagd nach Hause kam, ließ er von meinem Diener, der auch wieder daheim war, den Laden des Krämers in meine Kammer stellen. Dort wollte ich ihn aber nicht haben, und so wurde er in eine Nebenkammer gebracht; wo dann aber der Laden schließlich hingekommen, das weiß ich nicht zu sagen.

Im letzten Sommer war es ein Jahr, als Hauptmann Buchner mit dem Cappler, einer Adelsperson, ungefähr im Juni oder Juli in die Herberge zum Ballreich[131] gingen und dem Heldt, den sie gekannt und der auch dorthin gekommen war, erzählten, dass ein alter reicher Jude in einem Ort bei Straßburg wohne; diesen wollten sie abfangen, festnehmen und den Rhein hinunter mitführen. Dieses hat Heldt dem Herrn Markgrafen Eduard Fortunatus berichtet und bei ihm angefragt."

Alles, was er getan habe, so schloss Kummerstatt seine Aussage, sei auf Geheiß seines Herrn geschehen. *Dieweil es sein herr Marggraue Eduardus Fortunatus befohlen, hab er's wohl thun mussen, wie er dan ohne seines herren befelch nie nichts gethon habe.*[132]

Diese Aussage wurde durch seinen jungen Diener Christoph Rosenacker, den Kummerstatt erwähnt hatte, im Wesentlichen bestätigt. Als dieser verhört wurde, wusste er zu berichten: „Mit den anderen bin ich auf den Straßen geritten und habe geholfen, die Leute auszurauben. Es hat uns aber der Schultheiß zu Stollhofen dazu gebracht, uns also verführt. Dieser Schulheiß hatte mir aufgetragen, ein Schreiben an Markgraf Eduard Fortunatus zu überbringen, was ich auch getan habe. Auf Befehl des Markgrafen und Kummerstatts bin ich dann jenem Krämer, der später bei Straßburg diesseits des Rheins beraubt wurde, nachgeritten, habe ihn aber verfehlt. In Stollhofen hat der Schultheiß seinen Gesellen Sand gegeben, den sie selbigem Kaufmann, wenn sie ihn antreffen würden, in die Augen streuen sollten. Dies ist dann bei Kehl an der Straßburger Rheinbrücke auch so geschehen. Einer der Gesellen hat dem Kaufmann mit der Büchse eins versetzt, so dass er vom Pferd gefallen ist, und Junker Thomas hat die Taschen mit Geld, die am Sattel hingen, mitgenommen. Ich selbst habe das Geld nicht gesehen. Wir sind dann wieder zurück durch den Wald auf Steinbach zu und nach Baden. Ihre Fürstliche Gnaden haben dem Schultheißen zu Stollhofen 100 Gulden aus der Beute zukommen lassen und mir 30

Gulden; ich weiß aber nicht, ob Kummerstatt auch etwas davon abbekommen hat.

Ich gestehe auch, dabeigewesen zu sein, als der Krämer Franz Jordan im Ettlinger Wald angegriffen, ausgeraubt und ermordet wurde. Auf Befehl meines Herrn Markgraf Eduard Fortunatus und Kummerstatts bin ich mitgeritten. Die Nachricht über den Krämer hatten sie vom Schultheißen. Als der Krämer auf Ettlingen zu wollte, hat der Ernst ihn erschossen, und auch von einem anderen, der mitgeritten war, ist ein Schuss abgegeben worden, aber ich weiß nicht, von wem. Nach der Mordtat haben die anderen eine der Kisten geöffnet, darin waren aber allerhand schlechte Sachen, weder von Gold noch von Silber, die haben sie zum Teil weggeworfen, und manches davon mag noch im Wald zu finden sein. Als wir nun mit den Waren nach Baden gekommen sind, hat der Ernst die Kisten samt den anderen Sachen dem Markgrafen übergeben, das ist vor dem Keller zu Baden geschehen, und dabei oder in der Nähe sind der Hofküfer, der Ernst und der Nicodemus gestanden. Ich weiß aber nicht, ob der Hofküfer etwas mitbekommen hat. Der Markgraf Eduard hat befohlen, die Sachen gut zu verwahren, er wolle sie später mit nach Brüssel nehmen.

Mehr als über diese beiden Krämer weiß ich nicht. Als man in Erfahrung gebracht hatte, dass jener Krämer auf Rastatt zu ziehen wolle, hat man mir befohlen, ihm mit Georg Kummerstatt und dem Ernst auf Rastatt entgegenzureiten. Ich wollte lieber mit einem Knecht ein Maß Wein trinken, aber das hat man mir verboten, und ich durfte auch nicht das Schloss Baden alleine verlassen. Ansonsten war ich von Markgraf Eduard Fortunatus zweimal und von Kummerstatt dreimal nach Stollhofen geschickt worden, um in Erfahrung zu bringen, ob nicht Kauf- oder andere Leute anwesend waren.

Und als man vor einiger Zeit auf den Markgrafen von Durlach im Korn und teilweise im Wäldchen bei Offenburg mit etlichen Pferden gewartet hatte, haben sich Markgraf Eduard Fortunatus selbst in eigener Person und sein Junker Georg Kummerstatt und zwei andere Hofdiener, der Clentz und der Hellwein, und ein Knecht dabeibefunden, und soweit ich mich erinnern kann, ist der ganze Hinterhalt 19 Pferde stark gewesen."

Beide, Kummerstatt und sein Diener Rosenacker, belasteten den Schultheiß und Gastwirt von Stollhofen durch ihre Aussagen schwer; dieser habe die nötigen Informationen gegeben für einen lohnenden Überfall. Das Protokoll der Vernehmung Jacob Bindrens, jenes Schultheißen, bezeugt alle verbrecherischen Umtriebe, aber als er befragt wurde, schilderte er auch detailliert, wie er von Eduard Fortunatus genötigt wurde, diesem allezeit Hinweise zu geben, wenn ein Raubzug sich lohnen würde:

„Vor einem Jahr, am Tag der Auferstehung Christi, ist zur frühen Tageszeit der *Durchleuchtig Hochgeborn Fürst vnd Herr Marggraue Eduard* ohne Begleitung zu mir gekommen, ich solle mich fertigmachen und mit ihm zum Rechenloch reiten. Ich habe dies untertänigst getan. Dort trafen wir einen von Adel, Münchhausen, mit dem sind Ihre Fürstliche Gnaden dann zusammengestanden, aber was sie getan haben, weiß ich nicht. Nach dem Morgenmahl ist jener Münchhausen mit einem Trompeter, David genannt, in einer Kutsche wieder nach Straßburg gefahren und Ihre Fürstliche Gnaden mit mir nach Baden. Unterwegs haben Ihre Fürstliche Gnaden mir mitgeteilt, dass Münchhausen eine Kutsche ausgekundschaftet habe, welche am nächsten Tag von Rastatt nach Straßburg fahren werde; in ihr sollten sich über 20.000 Taler befinden, und Ihre Fürstliche Gnaden wollen dieselbe anderntags angreifen. Dann hat er mir auferlegt, wenn Kaufleute bei mir einkehrten, sollte ich ihn dies sofort wissen lassen, *so lieb als mir mein leib vnd leben sey.*[133]

Als ich dies vernommen, habe ich Ihre Fürstlichen Gnaden ganz untertänig gebeten, um Gottes Willen davon abzusehen, wenn Ihre Fürstliche Gnaden sich im Heiligen Römischen Reich nicht verdächtig machen wollten. Es haben Ihre Fürstliche Gnaden doch Land und Leute genug und können doch auch Geld von deren Landschaften haben. Daraufhin haben Ihre Fürstliche Gnaden mich mit allen Ungnaden angefahren, wenn ich auch nur ein einziges Wort verraten, und wenn ich die Kaufleute nicht melden würde, sollte ich ihm mit Leib und Leben verfallen sein.

Am nächsten Morgen, noch ehe es Tag geworden, sind Ihre Fürstliche Gnaden mit zwölf Schützen nach Stollhofen hinunter gegangen und haben sich zwischen Stollhofen und Lichtenau neben der Landstraße in den Hecken verborgen und auf die Kutsche gewartet und einen Forstknecht von Baden zu meinem Garten geschickt, ich solle kommen. Ich habe dies getan und auch gleich den Zöllner hingeschickt. Dann habe ich den Forstknecht gebeten, Ihre Fürstliche Gnaden davon abzuhalten, er solle um Gottes Willen abkehren, denn Münchhausen werde Ihre Fürstliche Gnaden in Jammer und Not führen.

Noch am selben Tag ist Münchhausen zu mir gekommen. Hier hat er mit Herrn Carolo Truchses ordentlich gezecht und dabei betrunken den Anschlag ausgeplaudert. Als ich dies hörte, bin ich am nächsten Tag eilends nach Baden zu Ihre Fürstliche Gnaden geritten und habe untertänig alles gemeldet und gewarnt, wenn Ihre Fürstliche Gnaden den Münchhausen nicht abschaffen wollten, würden die, welche jenem unterstehen, Ihre Fürstlichen Gnaden um Land und Leute bringen, denn jener Münchhausen sei ein Leichtfertiger von Adel. Sofort zückte Ihre Fürstliche Gnaden das Rapier[134] und sagten, was Münchhausen rede, das sei wahr, und wenn ich nicht mein Maul hielte, sollte ich an Leib und Leben nicht sicher sein. Wenig später kam durch den Trompeter David Post von Münchhausen, und sofort sind Ihre Fürstliche Gnaden mit etlichen Reitern fortgeritten, wohin weiß ich nicht. Ich selbst bin dann gleich wieder heimgeritten.

Ein Jahr ist es her, da feierte mein Knecht, welcher mir schon etliche Jahre treu gedient hatte, seine Hochzeit. Da kamen Ihre Fürstliche Gnaden abermals zu mir auf den Hof geritten und befahlen mir, mich fertigzumachen, was ich auch sofort getan habe. Wir sind bis in den Bannwald geritten, wo Ihre Fürstliche Gnaden mich wiederholt ermahnt haben, falls ich nicht melden würde, wenn Kaufleute zu mir kämen, könnte ich nicht mehr sicher sein an Leib und Leben. In aller Untertänigkeit habe ich ihn angefleht, ich würde, um dies nicht tun zu müssen, sogar die Herberge verkaufen; und hernach habe ich diese Zumutung dem Herrn Zollschreiber mit weinenden Augen geklagt.

Wenig später habe ich den Befehl erhalten, niemanden ungerechtfertigt Stollhofen passieren zu lassen, und wenn aus Rastatt die Postkutsche käme, dieselbe aufzuhalten unter dem Vorwand, es befinde sich allerhand Gesindel auf den Landstraßen. Bald ist ein Welscher gekommen, der hat kein einziges Wort Deutsch verstanden; den habe ich aufgehalten und Ihre Fürstliche Gnaden durch den Zöllner Bericht erstatten lassen. Es kamen auch Kaufleute von Straßburg her, die den Jahrmarkt in Baden besuchen wollten und bei mir einkehrten. Diese habe ich aber gekannt und sie weiterreisen lassen.

Der Welsche aber, als er oberhalb von Bischofsheim am Hohen Steg,[135] nicht weit von Auenheim,[136] angekommen war, wurde von zwei Männern aufgehalten, die haben ihm Sand in die Augen geworfen und ihn ausgeplündert. Er ist dann nach Straßburg geritten, hat dort Anzeige erstattet, und es sind ihm dort drei Reiter mitgegeben worden. Noch am selben Tag, in der Nacht, sind sie zu viert zu mir gekommen und meinten, die Täter bei mir anzutreffen. Ich habe noch gleich in der Nacht nach Schwarzach und Bühl geschrieben, aber nichts erkunden können. Auf des Söldners Schweickhart Bitte hin bin ich am anderen Tag in der Frühe mit ihm nach Baden geritten, um alles Ihren Fürstlichen Gnaden anzuzeigen. Ihre Fürstliche Gnaden haben dazu nur gelacht und dem Söldner zur Antwort gegeben, dies haben vielleicht die Straßburger selbst getan. Weil aber Jahrmarkt sei, möge er sich umsehen, ob er jemanden in Erfahrung bringen könne. Aber er hat nichts erfahren können.

Hernach hat Junker Thomas gemeldet, dass er und Junker Kummerstatt solches getan haben und Ihre Fürstliche Gnaden das Geld gleich mit ihnen geteilt habe. Jener Junker Thomas ist auch etliche Male ins Elsass geritten mit der Absicht, einen reichen Juden zu erwischen; den wollte er Ihren Fürstlichen Gnaden zuliefern *vnd ihnen daselbstn vffs höchst ranzionieren.*[137]

Bei allen Messen haben Ihre Fürstliche Gnaden allezeit den Diener Ernst und auch den Kammerjunker Kummerstett, einen um den anderen, zu mir geschickt und mich fragen lassen, welche Kaufleute ich über Nacht beherberge. Und als I.F.G. einmal mit dem

Herzog von Braunschweig bei mir gewesen sind, hat er mir in der Oberstube abermals mit dem Rapier gedroht. Falls ich ihm keine Kaufleute anzeigte, sollte ich an Leib und Leben nicht mehr sicher sein.

Zur Zeit der vergangenen Straßburger Johannis-Messe hat ein Krämer in Baden seine Ware feilgeboten, hernach ist er zu Messe gezogen. Da ist der Diener Ihrer Fürstlichen Gnaden, Ernst, zu mir gekommen und hat mir Ihrer Fürstlichen Gnaden Befehl überbracht, wenn dieser Krämer zu mir käme, sollte ich das eilends melden. Jener Krämer ist dann mit etlichen Kaufleuten zu mir gekommen, und dabei ist auch eine Kutsche mit polnischen Herren gewesen, was ich durch den Zöllner nach Baden meldete. Anderntags ist dieser Krämer nach Rastatt weitergereist, von wo er mir dann schrieb, er habe ein Pulverfläschchen versehentlich zurückgelassen, und er bat mich, es ihm nachzuschicken. Als ich dies tat, erreichte mich die Botschaft, derselbe sei bei Ettlingen ermordet worden. Bei Gott – weder mit Rat noch Tat habe ich damit zu tun und noch weniger einen Anteil dessen genommen, was die Täter demselben abgenommen. Ihre Fürstliche Gnaden haben selbst gesagt, dass der Ernst ihn erschossen habe, dies sei aber aus Notwehr geschehen.

Ernst und Kummerstatt ließen mir weiterhin keine Ruhe. Immer wieder kamen sie und berichteten mir, von Straßburg her seien Briefe gekommen, dass Kaufleute herunter nach Frankfurt gereist, und ob dieselben nicht bei mir gewesen seien. Ich habe ihnen keine Antwort geben wollen, und wenn ich nach dem Befehl und Begehr Ihrer Fürstlichen Gnaden gehandelt hätte, wäre kein Kaufmann ungeplündert heimgekommen.

Schließlich sind Ihre Fürstliche Gnaden nach der Straßburger Johannis-Messe in der Nacht zu mir gekommen, ganz im Geheimen, mit zwölf Reitern, der Heldt und Hauptmann Kroth sind dabeigewesen, der Ernst, der Junker Kummerstatt und andere mehr. Bei mir waren gerade Kaufleute mit drei Kutschen, die viele Waren bei sich hatten. Als die anderen und die Kundschaft in der unteren Stube waren, habe ich oben Ihre Fürstliche Gnaden gebeten, um

Gottes Willen mit den Kaufleuten nichts anzufangen. Ich erhielt zur Antwort, keine Ruhe werde ich haben, *bis Ire F.G. mir den leib vnd das guet wird nehmen*, und ob ich Ihre Fürstliche Gnaden zur Ordnung rufen wolle. Die ganze Nacht habe ich kein Auge zugetan. Eine Stunde vor Tagesanbruch sind Ihre Fürstliche Gnaden stillschweigend davongeritten.

Der Heldt und der Kroth hatten damals etliche Kaufleute zu Straßburg ausgekundschaftet, um sie dann jenseits des Rheins anzugreifen. Als sie nun bis zur Iffezheimer Fähre geritten waren, erhielt ich sogleich die Nachricht, es lägen wohl Freibeuter am Rhein. Daraufhin habe ich den Kaufleuten den hiesigen Metzger Conrad Schmalholtzen zum Geleit bis Rastatt mitgegeben und ihnen aufgetragen, wenn sie jemand Verdächtigen neben der Straße sähen, sollten sie im nächsten Dorf Alarm schlagen lassen.

Weder mit Rat noch mit Tat bin ich dem Gnädigen Fürsten und Herrn zur Seite gestanden. Zu allem bin ich gezwungen worden, bin aber niemals mitgeritten und nie beteiligt gewesen, *Ich auch von Irer F.G. Leibs und Lebens nicht sicher gewest.* E.F.G.[138] wollen sich um Gottes Willen meiner gnädig erbarmen.

E.F.G. Underthenigster Diener Jacob Bindrens Schultheiß."[139]

Ein glimpflicheres Ende als für den unglücklichen Krämer im Ettlinger Hardtwald nahm der Überfall auf einen Händler aus Westfalen, der auch als Zeuge gehört wurde. Hermann Schwerdfeger befand sich am 5. Juni 1594 von Straßburg her auf der Heimreise und hatte gerade den Weg auf Mühlburg zu genommen, als er *bey dem Kreewinkel* auf freier Straße von Eduard Fortunatus und vier Dienern angegriffen und überwältigt wurde. Zwei der Diener waren gänzlich vermummt, ein anderer von ihnen hatte sein Gesicht bis zur Unkenntlichkeit geschwärzt. Sie rissen den erschrockenen Händler gewaltsam vom Pferd herunter, wickelten ihm seinen Mantel um den Kopf und setzten ihn hernach wieder auf's Pferd. Nun wurde er in ein Wäldchen geführt und an einen Baum gebunden. Während man ihm sein Geld, 330 Reichstaler, abnahm, sagte der Markgraf zu ihm: *Weil du noch ein junger Kerl bist, will ich dir das Leben laßen; aber hohl mich der Teuffel, wanns auskommt, will ich dich erschießen.*[140] Dann machten sich die Räuber davon und ließen den Überfallenen gefesselt am Baum zurück, die Hände auf dem Rücken gebunden. Am Ende konnte sich Schwerdfeger aber aus eigener Kraft befreien.

Die Beute aus all diesen Raubzügen, geteilt mit seinen Helfershelfern, war angesichts des ständig wachsenden Schuldenbergs allerdings kaum mehr als ein Tropfen auf dem heißen Stein. Um nun auf eine ertragreichere und sichere, scheinbar legale Weise Geld eintreiben zu können, soll Eduard Fortunatus eine ganz andere Methode ersonnen haben. Er plante, so heißt es, unter dem Deckmantel der Gerechtigkeit, aber unter Missbrauch des Rechts, unschuldige Menschen zu verurteilen und ihr Vermögen einzuziehen. Es sollten wohlhabende Leute der Hexerei verdächtigt, die Frauen schließlich dem Scheiterhaufen zugeführt und deren Männern hernach drei- bis vierhundert Gulden abgenommen werden, wenn diese nicht sogar durch Gift ebenfalls ums Leben gebracht und ihre Besitztümer eingezogen werden sollten. Viele hätte es treffen können, um dem hochverschuldeten Markgrafen die Taschen zu füllen, wenn diesem Treiben nicht durch die Besetzung der Markgrafschaft ein vorzeitiges Ende bereitet worden wäre.

So blieb es allein bei der üblen Planung, denn von keinem derartigen Vorfall gibt es zu berichten. Wie schon zu erfahren war, wurden während der Regierungszeit Eduards vermutlich nur drei Frauen der Hexerei bezichtigt, die jedoch alle freigesprochen wurden. Nur eine von ihnen kam damals zu Tode; sie starb an den Folgen der grausamen Folter.

Bei den Missetaten, die Pestalozzi und Muscatelli zur Last gelegt wurden, ging es nicht immer um Geld. Dies zeigen einige Mordanschläge, die ganz aus persönlichen Gründen begangen worden waren. So wird Hauptmann Paul Pestalozzi beschuldigt, er habe aus *Mörderischen Neid und grollen*[141] seinem Leutnant Scipio nach dem Leben getrachtet. Scipio hatte mit der Konkubine des Pestalozzi, *einer unzüchtigen Weibsperson ... uneheliche Liebe gepflogen*, woraufhin jener mit ihm in Feindschaft geriet und die Tat nun mit dem Tode des Leutnants zu *dempfe und stillen* gedachte. Er bat darum Muscatelli, ihm ein Giftwasser zu besorgen, und dieser stellte es ihm gutwillig zur Verfügung. Das Gift wurde mit Wein vermischt, in eine Kanne gefüllt, und diese hat der nichtsahnende *leutenampt vom Dorff lassen abholen.* Die Absicht, den Widersacher so ums Leben zu bringen, misslang allerdings; die Kanne wurde auf einer Bank umgestoßen und der Wein mitsamt dem Gift verschüttet.

Diesem ersten Mordanschlag auf den ahnungslosen Scipio folgte schon bald ein zweiter. Bei seiner Vernehmung gestand Pestalozzi: „Als solches Gift nicht angehen wollte, habe ich darüber nicht mehr weiterreden wollen, sondern wir sind miteinander nach Brüssel gereist. Dort hat Scipio gemerkt, dass er durch mein Zutun seines Gnädigen Fürsten und Herrn Gnade verloren hatte und hat *erlaubnuß von seinem dienst bittlichen begehrt.*[142] Nach einiger Zeit wurde meinem Gnädigen Fürsten und Herrn durch Jakob von Neapolis erzählt, dass jener Scipio *ein geschrey von Iren F.G. außgebracht,* wonach wir, Muscatelli und ich, uns befleißigen und anstellen sollen, falsche Münzen herzustellen. Denn Scipio wusste über solche Sachen Bescheid. Und als wir wieder nach Baden gekommen und der Fürst solches vermerkt gehabt, hat er sich vorgenommen, den Scipio umzubringen. Jakob von Neapolis sollte den Scipio aus der Stadt und auf's Feld führen unter dem Vorwand, dass er in Erfahrung gebracht, es werde jemand vorüberreisen, welcher eine beträchtliche Summe Geldes bei sich habe. Scipio war damit zufrieden gewesen, und am folgenden Tag sind genannter Jakob von Neapolis, der Ernst und der Scipio aus der Stadt auf's Feld geritten. Daraufhin ist ihnen mein Gnädiger Fürst und Herr mit dem Heldt auf der Straße nachgefolgt. Alsdann sind auch wir – ich, der Flaminius und Francisco Muscatelli – demselben gleichfalls aus der Stadt in das Feld nachgeritten. Unterdessen war einem von uns der Scipio auf der Straße bei dessen Rückkehr begegnet, und jener fragte, ob man seinen Dolch, den er verloren, gefunden habe, was der Befragte verneinte. Also ist der Scipio stracks auf die Stadt zugeritten. Und von dieser Zeit an habe ich ihn, Scipio, nie mehr wiedergesehen. Mein Gnädiger Fürst und Herr und die anderen sind dann alle wieder in die Stadt zurückgekehrt."

Diese Eifersucht und ihre Folgen einer Kokotte wegen waren aber nicht allein der Grund, warum sich die Anklage mit diesem Fall befasste. Bei seiner Vernehmung bekannte Pestalozzi, er sei verheiratet und sein eheliches Weib heiße Lagora. Auf die Frage, ob er seiner Dirne und Madama nicht auch die Ehe gelobt habe, widersprach er und sagte, diese Konkubine gehöre mehr seinem Fürsten und Herrn, aber er habe sie unter seinem Namen behalten, auf Befehl seines Gnädigen Herrn. Und was deren Schwangerschaft angehe, so könne sowohl sein Gnädiger Herr als auch er selbst die genannte Madama geschwängert haben. Aber sie, die Seidlitzin, die in Prag zu ihm gekommen sei, sei aus freiem Willen bei ihm geblieben.

So wurde nun Pestalozzi zu all seinen Untaten auch noch vorgeworfen, er habe *hoch streffliche unzucht an Tag geben* und mit seinem Herrn Markgraf Eduard Fortunatus, entgegen alle Ehrbarkeit, gemeinsam eine unzüchtige Weibsperson zur Erfüllung ihrer unkeuschen, schändlichen Begierden gebraucht, und so habe er, Paulus Pestalotius, seine eheliche Pflicht vergessen und einen hochverbotenen Ehebruch begangen.

Des Markgrafen anderer Gefolgsmann, Muscatelli, war, wie man weiß, ein Gebrandmarkter, als er in die Dienste des Eduard Fortunatus trat, und mit einer Vita, wie er sie vorzuweisen hatte, erscheint es nicht verwunderlich, dass er niemals zögerte, wenn seine Fähigkeiten erwünscht waren, schon gar nicht, wenn er einem fürstlichen Herrn dienen konnte mit jedweder Rückendeckung.

So führt die Anklageschrift an, Muscatelli habe bei einem weiteren Giftanschlag Hilfe geleistet. Eduard Fortunatus, der sich gerade in Brüssel aufhielt, hatte einen Hofdiener mit Namen Caesar. Dieser war in Feindschaft geraten mit einem gewissen Pauliatio und bat nun seinen Herrn, ihm behilflich zu sein, diesen umzubringen. Auf Befehl des Markgrafen ließ Muscatelli ihm drei Löffel zubereiteten Giftes zukommen, welches Caesar nun jenem Pauliatio unter sein Bier mischte. Doch das Opfer trank so viel von diesem Bier, dass alles *wiederumb ohne schaden zum Mundt heraus von ihme kommen.*[143] Pauliatio hatte sich also rechtzeitig übergeben müssen.

Weitaus wichtiger als der Tod einiger ihm unbedeutender Menschen muss dem Markgrafen jedoch die Beseitigung seines Vetters Ernst Friedrich von Baden-Durlach gewesen sein. Ihm, dem er immer wieder bereitwillig, sorglos und bequem die Regierungsgeschäfte überließ, wenn er sich selbst auf Reisen befand, trachtete er nun nach dem Leben. Zu sehr waren Eduard Fortunatus inzwischen die ständig wiederholten Ermahnungen zu einer angemessen Haushaltsführung, zu Sparsamkeit und Mäßigung auf die Nerven gegangen, und wohl erkannte er auch die Gefahr, die ihm drohte durch den Vertrag, der seinen Vetter ermächtigen könnte, seine, Eduards Lande zu besetzen und zu regieren. Eine Lösung sah Eduard einzig in der Beseitigung seines Widersachers.

So wurden vor Gericht die beiden Übeltäter Pestalozzi und Muscatelli beschuldigt, neben allen anderen Schandtaten ihrem Herrn auch bei geplanten Mordanschlägen auf den Markgrafen von Baden-Durlach hilfreich zur Seite gestanden zu haben. Ihre Geständnisse brachten das meuchlerische Vorhaben ans Tageslicht.

Im Jahre 1593 besuchten beide Markgrafen zur selben Zeit die Herbstmesse zu Frankfurt. Hier lud Ernst Friedrich seinen Vetter als Gast zu sich ein und übergab ihm nach dessen Zusage, finanzielle Ordnung in seinem Lande schaffen zu wollen, etliche tausend Gulden. Natürlich erfolgte bald eine Gegeneinladung, die auch Georg Friedrich einschloss, den jüngeren Bruder des Markgrafen von Baden-Durlach. Eduard Fortunatus plante, seinen Vetter bei dieser Gelegenheit zu vergiften.

Schon während seines Besuches bei Ernst Friedrich war dieser Plan gereift. Kaum war er nämlich zurück in seiner Herberge, ließ Eduard Fortunatus den Muscatelli zu sich rufen und gab ihm den Befehl, Gift zu bereiten. Die ganze Nacht hindurch arbeitete Muscatelli und mischte die todbringenden Essenzen und Extrakte. Doch das Vorhaben schlug fehl, denn Ernst Friedrich folgte der Einladung nicht.

Es gibt einen zeitgenössischen Bericht über die geheimnisvolle Giftherstellung des Muscatelli. Danach waren viele Schritte nötig, damit das Giftwasser tödlich wirkte. In einer Zeugenaussage wusste ein Mitangeklagte später zu berichten, er wisse nicht mehr, als er gesehen habe, und er habe gesehen, wie der Muscatelli ein Wasser mit ungekannten Zutaten 24 Stunden lang hatte sieden lassen, auch habe er gehört, wie untereinander geflüstert wurde: Wenn man hiervon den Leuten etwas gäbe, so müssten sie daran sterben.

Für die Mixtur benötigte man zunächst vor allem Kröten. Also befahl der Markgraf einigen Bauern, solche einzusammeln und noch lebendig abzuliefern. Unterdessen suchten Pestalozzi und Pompeius, der Medicus von Baden, ganz bestimmte Kräuter. Mit diesen Kräutern mussten die Kröten nun gefüttert werden. War die Zeit reif, so bereitete der Giftmischer aus diesen Kröten ein „Giftsalz“ und behauptete, *wer darvon esse, der mueße verspringen.*

Einige Zeit später hielt sich Eduard Fortunatus in den Niederlanden auf. Dorthin habe ihm der beklagte Muscatelli durch einen Lakaien *schedlichs verderblich Giftwasser ungefehrlich [ungefähr] vor zween Monaten* zukommen lassen in dem Bewusstsein, dass jener ein solches Wasser nur für ein geplantes Verbrechen werde gebrauchen können. Was Eduard Fortunatus damit tat, ist ungewiss. Er kehrte nach Baden zurück, blieb dort zwei Monate lang und nahm Bäder in froher Gesellschaft. Nach einem der Bäder ließ er nach Muscatelli schicken mit dem Auftrag, ihm nochmals Giftwasser zukommen zu lassen. Daraufhin wurde ihm durch den Diener Nicodemus ein kleines Gläschen zugeschickt, aber durch seine Ungeschicklichkeit zerbrach Nicodemus das Gläschen. Am folgenden Morgen holte der Diener von Muscatelli abermals Gift, zwei Löffel voll, und brachte es auf Befehl seines Herrn nach Ettlingen. Als Muscatelli bei der Gerichtsverhandlung später zu diesem letzten Anklagepunkt gefragt wurde, wozu man solches Gift denn gebraucht habe, antwortete er, er wisse von Nicodemus, *uff welchen man gewarttet sey nicht komen, es wehre der Marggrave von Durlach gewesen.*

In der Tat war Ernst Friedrich abermals zu einem vetterlichen Mahl geladen worden, und wieder stand ein starkes Giftwasser für ihn bereit. Aber der Gast war verhindert, er war in Durlach unabkömmlich, und so geriet auch dieses Vorhaben nicht an sein Ziel. Nach der Okkupation fand man auf dem Schloss Baden noch einen guten Rest dieses Giftes. In den Niederschriften der Aussagen, die vor Gericht gemacht wurden, wurde das Rezept dieses Giftes nicht wiedergegeben, wohl um zu verhindern, dass andernorts damit auf tödliche Weise umgegangen werden könnte.

Nachdem mehrere Giftanschläge gescheitert waren, suchte Eduard Fortunatus nach einen anderen Weg, um den Markgrafen von Baden-Durlach aus der Welt zu schaffen. Im Oktober 1594, kurz vor der Okkupation der Oberen Markgrafschaft, von der Eduard Fortunatus vermutlich doch schon etwas ahnen konnte, wurde erneut ein Versuch unternommen. Diesmal sollte Pestalozzi auf Wunsch seines Herrn den ungeliebten Vetter durch Magie und Teufelskunst ums Leben bringen. Wie er dies anstellen müsse, war aus geheimen Büchern zu erfahren. In ihnen war auch zu lesen, wie die Gunst der Frauen zu gewinnen sei und wie eine Frau durch die Berührung eines teuflich geweihten Ringes zur Liebe gereizt werden könne.

Eduard Fortunatus hatte – wie berichtet – bereits in seiner Jugend einige Zauberbücher besessen. Als er im Jahre 1584 mit seinen Geschwistern in München zum katholischen Kirche übergetreten war – sie taten dies ihrer Mutter gleich, die diesen Schritt unter dem Einfluss ihrer Schwägerin, der Königin von Schweden, schon getan hatte – musste er auf Befehl seines Beichtvaters diese Bücher zwar verbrennen. Aber der Markgraf ließ nicht ab von seiner Vorliebe für die Schwarze Kunst und besorgte sich neue Zauberbücher. Mit ihrer Hilfe nun sollte Pestalozzi dem Durlacher Markgrafen ein baldiges Ende bereiten.

Pestalozzi gab später bei seiner Vernehmung vor Gericht an, sein Herr habe solche Bücher von Löwen mitgebracht, aber wer ihm dieselben geliehen habe, das wisse er nicht. Auf Befehl habe er diese Bücher in der Alten Kanzlei zu Baden, *in dero er sampt seinen gesellen ir Losament gehapt,*[144] abgeschrieben, und aus diesen Büchern stamme die Zauberei, wie sie mit einem wächsernen Abbild angestellt werden sollte.

Hauptmann Pestalozzi machte sich an die Arbeit und stellte mit Hilfe eines Goldschmiedes eine Form her nach dem Bildnis des ausersehenen Opfers. In diese musste nun Jungfernwachs[145] gegossen werden, hernach das Bild der Form entnommen, ein Licht davor angezündet und der 108. Pslam gesprochen werden: *Mit Gott wollen wir Taten tun. Er wird unseren Feind niedertreten … Seiner Tage sollen wenige werden, und sein Amt soll ein anderer empfangen.*

Wichtig für dieses Hexenwerk war die liturgische Weihe durch einen frommen und gottesfürchtigen Mann, der noch nicht mit vielen Sünden belastet war. Schon bald konnte Eduard Fortunatus einen Priester herbeischaffen in der Hoffnung, der geistliche Mann werde ihm und Pestalozzi hilfreich zur Seite stehen.

Der badische Hofkaplan Marco del Furno, den der Markgraf aus Murano mitgebracht hatte, hielt sich gerade in Brüssel auf, als ihn Eduard durch einen Lakaien zu sich nach Trarbach beorderte, wo er selbst sich gerade aufhielt. Del Furno solle weiterreisen nach Baden, dort werde ihm durch den Hofmeister Carl und den Hauptmann Pestalozzi aufgetragen, welches seine Aufgabe sei. Nichtsahnend machte sich der Kaplan auf den Weg und erfuhr an seinem Ziel, zu welch üblen Taten er herangezogen werden sollte. Magische und teuflische Künste wider Gott und seine heiligen Sakramente sollte er praktizieren und damit helfen, den Markgrafen von Baden-Durlach ums Leben zu bringen; zudem sollte er ein Buch und einen Diamantring weihen. Wenn das Vorhaben gelinge und Ernst Friedrich nicht mehr unter den Lebenden weile, werde man ihm großzügig zum Lohn eine jährliche Pension von zwei- bis dreitausend Gulden ausbezahlen.

Natürlich weigerte sich der Geistliche. Er sei doch damals in Murano als Kaplan und Musikant in badische Dienste getreten, nicht aber als Mörder. Schließlich begann Pestalozzi, ihm zu drohen. Das Vorhaben müsse noch jetzt, im Oktober, in die Tat umgesetzt werden. Marco del Furno indes weigerte sich standhaft, und als Pestalozzi nicht nachgeben wollte, erwiderte er schließlich, dass es gewiss nicht erlaubt sei zu helfen, einen Christenmenschen durch Teufelskunst ums Leben zu bringen. Und um Zeit zu gewinnen sagte er schließlich, er wolle zunächst gelehrte Männer zu Rate ziehen.

Marco del Furno schrieb später an Probst Bornius a Madrigal, er habe ferner von einem Priester aus Rodemachern Öl für die Taufe holen und dieses dem Hauptmann Pestalozzi übergeben sollen.

Man habe ihm diesen Auftrag erteilt unter dem Vorwand, eine hochschwangere Frau wolle sich auf die Reise begeben, und so habe man, falls sie unterwegs niederkäme, geweihtes Öl bei der Hand.

Nach all ihren Geständnissen, die in Gegenwart von Fürst Christian zu Anhalt-Zerbst, Graf Philipp von Eberstein, Graf Emich von Falkenstein und einer großen Anzahl fürstlicher Bediensteter und anderer adliger und nichtadliger Personen in Durlach abgelegt wurden, warteten die Delinquenten nun auf das Urteil. Ernst Friedrich hatte keine Kosten und Mühen gescheut, damit das Urteil ein unparteiisches würde, und hatte alles durch kaiserliche Notare lutherischen und katholischen Bekenntnisses zu Papier bringen lassen.

Eduard Fortunatus behauptete später, die Aussagen seien durch die Tortur erzwungen worden, aber bei den Folterungen, so schrieb hernach Bornius an ihn, habe Ernst Friedrich große Gnade walten lassen. Ein freiwilliges Geständnis erhielt zudem der geistliche Beistand des Paul Pestalozzi, der Superintendent Jennich, der nicht ausgesprochen als Beichtvater fungiert hatte und daher an keine Schweigepflicht gebunden war. Ihm hatte der Angeklagte all seine Aussagen, die er vor Gericht gemacht hatte, nochmals bestätigt und abschließend gesagt: „Es ist nämlich so gewesen, dass er uns überredet hat, es sei keine Sünde, die Ketzer zu töten."

Das Urteil lautete schließlich: Paulus Pestalotius und Franciscus Muscatellus sollten *beyde dem Nachrichter an die Handt gegeben werden*, und dieser sollte sie alsdann *auff die gewöhnliche Richtstadt hinausführen und alda sie beyde also lebendig Viertheilen inen zu wolverdiener straff und menniglich zu einem abschewlichen Exempel und Ebenbild sich von solchen lastern zuvorhüten wissen.* So hart wurde das Urteil allerdings nicht vollstreckt. *Uff ihr beyder ubeltheter untertenigs und hochfleißiges anruffen und Bitten* hin ließ Markgraf Ernst Friedrich Gnade walten. Die Verurteilten wurden nicht bei lebendigem Leib gevierteilt, sondern am 10. Dezember 1594 *mit dem Schwerdt vom Leben zum Tode gerichtet,*[146] dann erst gevierteilt und hernach an vier Straßen aufgehängt.

Diese Gnade wurde wenig später einem anderen Delinquenten nicht zuteil. Kaum war die Obere Markgrafschaft besetzt, kam es zu einem erneuten Mordanschlag auf Ernst Friedrich von Baden-Durlach. Der Hass Eduard Fortunats gegen seinen Vetter hatte sich durch die Okkupation natürlich vergrößert, und heftiger denn je trachtete er ihm nach dem Leben. Dass ihm weiterhin kein Mittel schlecht genug war, um seinen Widersacher zu beseitigen, zeigt der Prozess gegen einen der gedungenen Mörder.

Am Mittwoch, den 17. Mai 1595, morgens zwischen fünf und sechs Uhr, legte in Durlach der inhaftierte Amtmann und markgräfliche Burgvogt zu Rorburg, Franz Köcher aus Rodemachern, vor Gericht ein letztes Geständnis ab. Alles wurde wie immer von kaiserlichen Notaren protokolliert, aber er selbst hatte auch schon alles mit eigener Hand niedergeschrieben und danach das ihm vorgelegte und eigenhändig verfasste Geständnis mit *ohnerschrockene gemueht vnd herzen vor seine aigene hand vnd vnderschrifft vnlaugbar erkhant.*[147] Die Anwesenden stellten fest: Franz Köcher hat *niemand zu lieb noch zu layd, allein* der Wahrheit wegen, *mit runden verstendlichen worten bekhendt vnd sich vernemmen lassen.*

Er bekannte: „Vor ungefähr vier oder fünf Wochen ist mir, Franz Köcher, durch einen Boten mitgeteilt worden, ich solle mich mit des Eduard Fortunatus Lakaien Rothans treffen. Dieser hat mir dann mitgeteilt, sein Herr habe ihm befohlen, mir aufzutragen, dem Herrn Markgrafen Ernst Friedrich zu Durlach eine Kugel in den Leib zu schießen. Dafür wolle mir Eduard Fortunatus 1.000 Kronen zukommen lassen und mein Weib und meine Kinder ein Leben lang unterhalten.

Ich habe darauf geantwortet, wie es mir denn möglich sein könne, Ihre Fürstlichen Gnaden um's Leben zu bringen, hat dieser mir doch sein Leben lang kein Leid zugefügt. Aber Rothans hat erwidert, sein Herr kenne im Land niemanden, auf dessen Verschwiegenheit er rechnen könne, und er vertraue mir allein diese Angelegenheiten an.

Eine günstige Gelegenheit für den Anschlag würde sich ergeben, meinte Rothans, wenn Ernst Friedrich demnächst nach Baden reise; dann würden dem Markgrafen die Bürger entgegenziehen, und in der Menge könnte niemand recht erkennen, woher und von wem der tödliche Schuss komme. Ich erklärte mich schließlich zu dieser mörderischen Tat bereit, änderte indes den geplanten Verlauf des Attentats und sagte, sollte Ihre Fürstliche Gnaden auf das Haus zu Rorburg kommen und im Garten spazierengehen, würde ich mich im Wald verstecken und ihn erschießen."

Diese Tat blieb in der Planung stecken und wurde von Köcher niemals ausgeführt. Aber der Burgvogt wusste noch über ein ganz anderes Vorhaben zu berichten, von dem später noch zu erfahren sein wird. Am Ende seines Geständnisses bekannte Franz Köcher vor allen Anwesenden, er habe falsch gehandelt *vnnd vnrecht gethan vnd dadurch das leben wohl verwürckt*[148] und bat, um Gottes Willen, um ein gnädiges Urteil.

Er wurde am 20. Mai 1595 in Durlach vor das Strafgericht gebracht und hernach für sein Verschulden öffentlich bei lebendigem Leib gevierteilt und an vier Straßen aufgesteckt.

Markgraf Ernst Friedrich *ließ hierauf den ganzen Prozess und sein ganzes Betragen gegen Eduard Fortunat, nebst dessen unfürstlichen und unmenschlichen Ausschweifungen und Schandtaten durch öffentlichen Druck bekannt machen, ob ihm gleich leid war, daß er von einer Fürstlichen Person seines Hauses der ganzen Welt einen ihm so unangenehmen Abriß vor Augen legen mußte.*[149]

Als alle diese Verbrechen ans Tageslicht gekommen waren, schrieb Propst Bornius an den Herzog von Bayern, unter Eduard Fortunatus und den gottabgewandten Zauberern seines Gefolges seien derartige Ruchlosigkeiten vorgefallen, dass es kein Wunder gewesen wäre, wenn Gott das ganze Land versenkt hätte.

So war es auch kein Wunder, wenn in der Bevölkerung die Okkupation ohne den geringsten Widerstand zur Kenntnis genommen, ja vielleicht sogar begrüßt worden war. Zu erbittert war die Stimmung im Lande, dass niemand ein Unbehagen verspürte. Vielleicht lag die reibungslose Übernahme auch an den doch noch zahlreich vorhandenen Untertanen, die sich nach wie vor zum evangelischen Glauben bekannten.

Ernst Friedrich zog ein in die Obere Markgrafschaft und ließ sich als deren Verwalter anerkennen und huldigen. Eduard Fortunatus behauptete später, sein Vetter habe sich bei der Huldigung so verhal-

Ernst Friedrich, Markgraf von Baden-Durlach.

ten, als ob er es auf Seiner Kaiserlichen Majestät Befehl getan habe und er, Eduard, schon tot sei. Es sind dies die Äußerungen eines verletzten, in die Defensive gedrängten Regenten, der nicht begreifen wollte, dass die Welt um ihn herum eine andere geworden war. Der Wunsch war der Vater des Gedankens, seine *getreuen Undertonen* hätten bewaffneten Widerstand geleistet. Schmerzlich musste er erkennen, dass sein Rückzug unabdingbar war, aber nicht in der Besinnung auf sich selbst suchte er den Ausweg, sondern, wie sich zeigen wird, in der gleichen Manier, die ihm bisher zu eigen war.

Natürlich musste Markgraf Ernst Friedrich dem Kaiser die Zusage geben, die Religionsangelegenheiten unverändert zu lassen, und so konnte er nicht anders, als die wiederholt vorgebrachten Bitten um Anstellung evangelischer Pfarrer auszuschlagen, obwohl er doch selbst dieser Glaubensrichtung angehörte; er verbot seinen Untertanen jedoch nicht, die Gottesdienste in benachbarten evangelischen Kirchen zu besuchen. Die Folge war, dass in den baden-durlachischen, württembergischen, hanau-lichtenbergischen Grenzorten ganze Scharen baden-badischer Untertanen in deren Kirchen erschienen.

Strenger verfuhr Ernst Friedrich mit dem Kloster Frauenalb, denn auch hier war, wie im weltlichen Leben der Markgrafschaft, *die Sittenzucht freilich in einen fast unglaublichen Grad von Verfall gerathen.*[150] Schon einige Jahre zuvor hatte sich der Bischof zu Speyer Sorgen um das Kloster gemacht und 1590 eine Visitation angeordnet. Manches wurde hierbei bemängelt, und man drang auf eine baldige Abhilfe, *doch gänzliche Tadellosigkeit der Nonnen wurde nicht herbeigeführt.*[151] So, wie der einstige Landesherr an keiner unverdorbenen Lebensführung Gefallen fand, hatte es auch an mancher klösterlichen Sittenstrenge gemangelt. Gerücht um Gerücht fand eifrige Zuhörer, und so kam es, dass drei Jahre später eine weitere Visitation im Kloster stattfinden musste, *weil darin fast übel und ärgerlich gehauset worden.*[152]

Darüber war wieder einige Zeit ins Land gegangen, Ernst Friedrich war inzwischen seit drei Jahren Landesherr der Oberen Markgrafschaft, als kurz vor Weihnachten 1597 der Klosterküfer von

Frauenalb verhört werden musste. Neben allen Verdächtigungen, die das unzüchtige Leben im Kloster betrafen, war nämlich den baden-durlachischen Räten zu Ohren gekommen, die Äbtissin habe Gültbriefe des Klosters an einen auswärtigen Ort schaffen lassen. Vielleicht war dies eine Vorsichtsmaßnahme in der unruhigen Zeit, vielleicht wollte sie aber auch den ihr anvertrauten Besitz vor dem Zugriff der Schirmherren schützen, dem protestantischen Ernst Friedrich und dem gleichfalls protestantischen Grafen von Eberstein, denn die weltliche Macht versuchte zunehmend, Einfluss auf die Verwaltung des Gotteshauses zu nehmen, wo es zu jener Zeit allerdings auch recht weltlich zuging. Der Küfer indes bezeichnete alle Vorwürfe der Unsittlichkeit und der Bereicherung als üble Nachrede.

Aber schließlich war es doch nötig geworden, härtere Maßnahmen zu ergreifen. Die Äbtissin Paula von Weitershausen und die Priorin, ihre Schwester Katharina, wurden im Januar des folgenden Jahres gefangengenommen und nach Durlach geführt. Es begann eine strenge Untersuchung wegen des Verdachts, es habe unziemliche und liederliche Verfehlungen einiger Nonnen gegeben. Zahlreiche Verhöre fanden statt, und am Ende, im März 1598, lagen eine umfangreiche Anklage vor und die Geständnisse der Äbtissin, ihrer Schwester und anderer Nonnen. *Unzucht, Hurerei, Sodomie und Blutschande*[153] seien im Kloster begangen worden, und wenn dies auch übertrieben scheint, so lassen die Protokolle doch keine peinliche Einzelheit aus, so dass die wiedergegebenen Aussagen häufig durch ein „salva reverentia" – bei allem Respekt – unterbrochen sind.

Die Äbtissin selbst hatte, obschon klösterliches Vorbild, kein keusches Verhalten vorgelebt. Inzwischen dem jugendlichen Alter entrückt, denn sie näherte sich langsam dem 60. Lebensjahr, gestand sie ein, vor etlichen Jahren mit dem oben erwähnten Klosterküfer in einem recht intimen Verhältnis gestanden zu haben. Aber, so versicherte sie inständig, zu einem „actum veneris", einem Liebesakt, sei es letztlich nicht gekommen. Weniger zurückhaltend hatte sich ehedem ihre Schwester, die Priorin, verhalten, die nun schon am

Beginn ihres 60. Lebensjahrzehntes stand. Mit dem Priester Martin Falch aus Ersingen war sie eine Liebesbeziehung eingegangen. Als dieser schließlich vernommen wurde, stritt sich das Paar vor Gericht herum, wer von beiden den anderen zuerst erregt, gereizt und verführt habe.

Waren dies vielleicht nur gelegentliche Verfehlungen, so erscheint das Treiben des Barfüßermönches Marx in einem gänzlich anderen Licht. Er, der in früheren Jahren dem Kloster als Beichtvater zur Seite gestanden hatte, war der wollüstige Vorbereiter gewesen. Gleich beiden Schwestern hatte er die Jungfernschaft genommen und sie eingeweiht in die Künste der körperlichen Liebe. Aber die beiden edlen Klosterfrauen hatten ihm wohl nicht genügt in seinem Rausch des fleischlichen Verlangens. Denn auch der jungen Nonne Anna Maria von Kirchberg hatte er sich genähert, und wiederholte Unzucht musste sie gestehen. Die Äbtissin soll jene daraufhin in ihrer Eifersucht rachsüchtig behandelt haben. Marx, der sittenlose Mönch, war nach der Speyerer Visitation vom Bischof seines Amtes enthoben worden.

Anna Maria hatte danach versucht, all das, was sündig vorgefallen war, ungeschehen zu machen. Man fand später einen Zettel, auf dem in ihrer Handschrift angegeben war, welches Mittel nützlich sei für jene Kunst, *wie ein Frau einer Jungfrauen widerum gleich zu machen.*[154] Die junge Konventualin, die ihr „votum castitatis", ihr Keuschheitsgelübde, gebrochen hatte, wurde aus dem Kloster gewiesen. Ihr Vater erhielt einen Brief der badischen und ebersteinischen Räte, er solle seine Tochter abholen und alles mitnehmen, was durch sie einst ins Kloster gekommen war. Mitte März zog Anna Maria von Kirchberg mit zwei weiteren jungen Nonnen, die um ihre Entlassung gebeten hatten, auf der Klosterfuhre davon.

Eine andere Konventsfrau, Anna von Hattstein, war auch kein unbeschriebenes Blatt im wenig tadellosen Klosterbetrieb. Zwei Kindern hatte sie schon das Leben geschenkt, bevor sie nach Frauenalb kam. Sie hatte sich hierher begeben, um in guter Obhut zu sein, verstand sich schon bald auf das Beste mit der Äbtissin, und schließlich liebte jene sie sogar mehr als ihre eigene Schwester.

Aber diese Liebe wurde dann doch geringer, als Anna ein Verhältnis einging mit einem Schreinergesellen, der im Kloster arbeitete. Wissend, dass eine Liebschaft Früchte tragen könnte, begegnete sie allen unerwünschten Folgen, indem sie sich Haselwurz kochte. Als alle Wahrheiten über das klösterliche Leben ans Tageslicht gebracht zu werden drohten, verhalf die Äbtissin dieser einst liebsten, dann verschmähten Mitschwester aber doch zur Flucht.

Aufschlussreich ist das Bekenntnis der Äbtissin, sie lese nur in den papistischen Legenden; die Bibel habe sie nie gelesen, denn diese sei, wie sie gehört habe, wohl dem einen nützlich, dem anderen aber schädlich, wenn er sich nicht nach ihr zu richten wisse.

Im Einverständnis mit dem Grafen von Eberstein hob Ernst Friedrich das Kloster auf und ließ die Äbtissin und deren Schwester nach Durlach in das Gefängnis bringen, wo sie aber nicht lange bleiben mussten. Wer von den anderen Nonnen nicht in das Kloster Lichtental ging, wandte dem geistlichen Stand den Rücken und suchte das Heil in Ehe und Familie. Nur wenige Klosterfrauen blieben in Frauenalb, von Ernst Friedrich unter Vorbehalt geduldet.

Schmerzvoll war die Okkupation der oberen Markgrafschaft aber nicht nur für Eduard Fortunatus, sein Gefolge und die Frauen im Kloster Frauenalb, auch für Ernst Friedrich hatte sich das Leben seither verändert. Seit jenem Jahr war der Markgraf von Baden-Durlach von Krankheit gezeichnet. Er, der stets das Bild eines gesunden, recht stattlich gebauten Regenten verkörpert hatte, war ab dieser Zeit teilweise gelähmt; vermutlich hatte ein Schlaganfall diesen unglücklichen Zustand hervorgerufen.

Man brachte dieses Gebrechen aber auch mit einer Krankheit in Verbindung, die ihn als jungen Mann in Schweden heimgesucht hatte. Damals, als er in Gripsholm weilte, hatte ihn ein schweres Fieber auf das Krankenbett geworfen, weshalb er sich schon bald wieder nach Deutschland und nach Hause begeben musste. Was es auch gewesen sein mag – mit dem Jahr der Okkupation begann seine Behinderung, und im Sterbejahr des Eduard Fortunatus war seine Immobilität so weit fortgeschritten, dass er sich einmal beim pfälzischen Kurfürsten dafür entschuldigen musste, einen Brief nicht eigenhändig verfasst zu haben, da dies *um dero abermaln von dem Allmächtigen zugestandenen Leibsblödigkeit willen nit geschehen konnte.*[155]

Aber letztlich sah er doch den Grund für seine Leiden in den zauberkräftigen Anschlägen seines Vetters Eduard Fortunatus. Denn nach der Besetzung dessen Landes war ja offenkundig geworden, auf welche Weise man ihm nach dem Leben getrachtet hatte, waren doch jene Wachsbilder gefunden worden, und sowohl die Übeltäter als auch der Hofkaplan und der Propst wussten das Geheimnis darum zu erklären. So war Ernst Friedrich schließlich davon überzeugt, seine Krankheit sei einzig *ex magica et supernaturali quadam virtute et potentia*, also durch Zauberei und Übernatürlichkeit und deren Kraft und Wirksamkeit, entstanden.

Eduard Fortunat verblieben nach der Okkupation seiner Markgrafschaft nur noch seine luxemburgischen und moselländischen Lande. Seine Familie begab sich nach Brüssel, er selbst nahm Zuflucht auf der Burg Kastellaun in der Hinteren Grafschaft Sponheim, die er sich nach einem Beschluss vom Januar 1595 mit Herzog Karl von Pfalz-Zweibrücken-Birkenfeld teilte. Er reiste weiterhin umher, mischte sich abenteuerlustig mal hier, mal dort ein und versuchte unentwegt aber erfolglos, seine verlorene Markgrafschaft zurückzugewinnen.

Exil, Ende und Erbe

Das Leben im Exil und der Tod des Eduard Fortunatus auf Burg Kastellaun

Es hat der Sommer eben erst begonnen, die Bäume stehen voll in sattem Grün, und satt und voll sitzt Eduard mit seinem Gast, sich gründlich und geschäftlich zu besprechen. Vertrieben aus dem angestammten Land sitzt er auf jenem Rest, der ihm geblieben, wo er nach allerletztem Aufbegehren den rechten Weg nicht suchte und nicht fand. Noch eben fröhlich zechend und vergnügt in kleiner Runde verlebt der Markgraf wenig später seine letzte Stunde.

So will ich, bestimme und befehle ich – Langhaar soll sterben, damit Land und Leute sicher seien.[156] Diesen abschließenden Befehl sprach Eduard Fortunatus am 30. Dezember 1595. Schon seit Stunden hielt er sich in einem Bürgerhaus in Kastellaun auf und verfolgte den Verlauf einer Gerichtsverhandlung, die im gegenüberliegenden Rathaus stattfand, dergestalt, dass ihm alle Augenblicke Bericht erstattet wurde. Es wollte kein Ende nehmen, denn immer wieder gab es Einwände, und es schien schwer, den Willen des Markgrafen durchzusetzen. Erst sein entschiedenes Machtwort beendete den Prozess, und der Richterspruch konnte gefällt werden.

Er betraf drei Angeklagte – den Rittmeister Langhaar, der eigentlich Cornelius Harz hieß, vielleicht auch Antonius von der Hardt, und der seinen Namen durch seine ungewöhnlich langen Haare erhalten hatte, den Holländer Stelandt und den Dänen Bodecamer, auch Hans von Puttkamer genannt, der des Markgrafen Hofmeister war. Dieses zusammengewürfelte Kleeblatt war von Eduard Fortunatus in Dienst genommen worden, um gegen seinen Vetter Ernst Friedrich von Baden-Durlach ins Feld zu ziehen und die okkupierten Lande wieder zurückzugewinnen. Aber unter ihrer Führung entwickelte sich der Soldatenhaufen zu einer berüchtigten Bande, die weit und breit die Landstraßen unsicher machte, und Langhaar und seine zwei Spießgesellen galten bald im Trierer Raum als die am meisten gefürchteten Straßenräuber. Die Klagen und heftigen Beschwerden aus der Bevölkerung und auch der benachbarten Fürsten nahmen kein Ende.

Schließlich wandte sich die Gewalt dieser Truppe sogar gegen ihren Auftraggeber. Seine schwierige finanzielle Lage machte es Eduard Fortunatus unmöglich, die Söldner auszubezahlen, und was diese durch ihre Raubzüge im ganzen Land bei den Leuten nicht holen konnten, gedachten sie nun bei ihrem Herrn persönlich einzutreiben. Langhaar und sein Gefolge nahmen schließlich Stadt und Burg Kastellaun als Pfand für den ausstehenden Sold, und der Markgraf war kaum mehr Herr im eigenen Land. Nichts wäre dem Markgrafen lieber gewesen als ein Rückzug dieser Bande – aber „die er rief, die Geister, wurde er nun nicht los". Eduard Fortunatus musste diesem Spiel ein Ende setzen.

Eine günstige Gelegenheit dafür erwartete der Markgraf um die Weihnachtszeit. Mit seiner Gemahlin, den Kindern und einigen Vertrauten seines Hofgesindes begab er sich zur Christmesse in das Kloster Engelport. Am 28. Dezember kehrte er zurück, schickte aber seine Familie voraus auf seine Burg, auf der sich Langhaar mit seinem Gefolge eingenistet hatte. Er selbst blieb über Nacht in dem nahegelegenen Dorf Bell, um abzuwarten, was Langhaar bei seinem Ausbleiben mit Frau und Kindern anstellen würde. Derweil beratschlagte er sich mit dem Landtruchsess,[157] wie die Füchse im Bau auszuräuchern seien.

Am nächsten Tag ritt Eduard Fortunatus auf seine Burg. Man salutierte einander freundlich, und alle zusammen verbrachten den Abend bei einem Nachtmahl an langer Tafel. Aber der Hauptmann war doch argwöhnisch, und so saßen seine Leute mit brennenden Fackeln und bewaffnet am Tisch.

Es knistert stark auf beiden Seiten, und keiner traut dem anderen über den Weg. Die Becher sind gefüllt und werden schnell geleert. Derbes Gespräch und lautes Lachen verbergen Vorsicht und die Angst vor der Gefahr, bei der nicht klar ist, wem sie von welchem droht. Es ist ein Gastmahl, das nicht zeigt, wer Gast ist und wer

Burg und Stadt Kastellaun, Ansicht von 1645.

Herr der Lage. Ein Lauern ist es, einem Raubtier gleich, das den Moment abwartet für den Angriff. Doch mit dem Wein entweicht die Spannung, und siegen wird nun der, der sich zurückgehalten hat und strategisch einen Plan verfolgt.

Zu vorgerückter Stunde wurden Langhaar, Stelandt und Bodecamer nebst ihren Burschen mit Kerzenlicht in ihr Gemach geleitet, und um ihnen eine ruhige Nacht zu wünschen, hatte man für sie noch einen Schlaftrunk mitgeführt. Rechtzeitig hatte man vorher Langhaars Soldaten vor das innerste Tor gebracht und ausgeschlossen.

Die ganze Nacht über verbrachten Eduard und sein Gesinde damit, sich für das Unternehmen zu rüsten, und am frühen Morgen öffneten sie, wie zuvor geplant, dem bewaffneten Landvolk die Tore. Es folgte nun ein Kampf, der zwei Stunden andauern sollte und bei dem zwei Bauern ihr Leben lassen mussten. Dann endlich stand die Truppe vor Langhaars Kammer. Aber es war unmöglich, in diese einzudringen, denn mit Betten, Kissen, Bettladen und Tischen war inwendig alles verschanzt. Mit Pickeln öffneten die Bauern den Raum schließlich von oben her, von wo herab man nun schießen konnte. In seiner aussichtslosen Lage bat der Räuberhauptmann um einen gütlichen Ausgleich und die Versicherung des Markgrafen bei gutem fürstlichen Glauben, dann wolle er sich mit seinen Gesellen ergeben. Dies wurde ihm versprochen, aber dann doch nicht gehalten, denn Meister David, ein Bürger zu Kastellaun und berühmter Augenarzt, warf ihm einen Strick um den Hals, und desgleichen wurden auch die anderen herausgeführt und gebunden.

Noch am selben Tag, als der Richter gesprochen hatte, eine Stunde nach Mittag, wurde das Urteil vollstreckt. Langhaar wurde mit den lutherischen Sakramenten versehen, Stelandt mit den katholischen, nur Bodecamer bekannte sich zu keiner Religion. Hernach wurden die Angeklagten enthauptet und der Kopf des Anführers Langhaar auf die Spitze des Kirchturmes gesteckt.

Wenige Tage nach der Hinrichtung der drei Delinquenten wurde der Stallmeister des Eduard Fortunatus für seine Beihilfe standrechtlich erschossen. Nachdem auf diese rigorose Weise dem ganzen Spuk ein Ende gemacht war, hegte man anfangs noch die Befürchtung, die Holländer würden die Verurteilung und den Tod ihres Landsmannes rächen wollen – aber es krähte kein Hahn nach ihm.

Diese ganze Entwicklung nahm ihren Beginn recht bald nach der Okkupation der Oberen Markgrafschaft, denn natürlich dachte Eduard Fortunatus nicht im Traum daran, sein Leben fortan im Exil zu verbringen und hatte darum Söldner angeworben, um den verlorenen Teil zurückzugewinnen.

Schon kurz nach der Besetzung seines Landes durch Ernst Friedrich von Baden-Durlach, als einige Parteigänger des Eduard vor Gericht vernommen und schließlich verurteilt wurden, hatte der Burgvogt zu Rorburg, Franz Köcher,[158] in seiner Aussage auf die beabsichtigten Gegenmaßnahmen aufmerksam gemacht. Bevor er für sein geplantes Attentat auf Markgraf Ernst Friedrich gevierteilt wurde, hatte er am Ende seines Geständnisses vor Gericht noch wissen lassen, Eduard Fortunatus habe vor, Durlach anzugreifen, Ernst Friedrich umzubringen und die Untere Markgrafschaft sowie die pfälzischen und württembergischen Gebiete zu verwüsten. Köcher sagte damals aus:

„Der Lakai Rothans erzählte mir, Eduardus wolle mit seiner Truppe an drei Stellen den Rhein überqueren, und es sei ihm nicht bange, wie sie über den Rhein kämen, denn der Bischof von Speyer meine es mit seinem Herrn gut. Wenn sein Hauptmann Langhaar mit 100 Reitern komme, so wolle er bis an den Rhein ziehen, und sobald sie mit dem Haufen rübergekommen, plane Langhaar voranzuziehen mit 400 oder 500 Pferden, und den Ernst und den Carl wolle er bei sich haben, damit sie ihm eine günstige Gelegenheit melden könnten, und dann müsse er stracks auf Durlach vorrücken, *vnd wöllen sehen, das sie meinen Gnedigen Fürsten vnnd Herren Ernst Friedrichen bey dem Rothen Kopff bekommen könten, es soll ihm kein haar bey dem andern pleiben, vnnd mit dem Frawenzimmer vnnd anderen vmbgehen als mit andern vmbgangen, vnd wollten niemant verschonen.* Aber wenn sie in die Obere Markgrafschaft kommen, so wolle Langhaar sie verschonen, so gut es ginge; die Untere Markgrafschaft jedoch wollen sie *in boden brennen und verschleiffen, vnd die Pfalz müesse ebn so wohl herhalten, vnd Würtemberger Land.*[159]

Rothans sagte mir, der Langhaar plane, zwei Jahre lang sein Kriegsvolk nicht zurückzuziehen, und dass sein Herr Markgraf Eduardus kein Kriegsvolk mehr bei sich habe als die alten Diener. 300 Wallonen, lauter Musketiere, habe er bei sich in Trarbach in der Stadt und auf dem Haus gehabt, aber er habe sie alle fortgeschickt zu den Truppen, die an der Mosel liegen, und er wäre längst mit ihnen ausgezogen, warte aber noch auf den Landhofmeister, der beim Kaiser sei. Sein Herr Markgraf Eduardus habe fünf Posten ausgeschickt, es sei aber noch keiner zurückgekommen."

Tatsächlich hatte Eduard Fortunat ein 3.000 Mann starkes Heer aus seinen und anderen Landen zusammengezogen und sich mit ihnen gegen den Rhein in Bewegung gesetzt. Er hatte einigen Adligen in Lothringen eine gewisse Summe Geldes gezahlt, um für ihn Soldaten anzuwerben, und schon kurz nach der Okkupation war er nach Nancy gereist, wo er auf Unterstützung hoffte; dort nahm er La Huguerye und zwei weitere adlige Söldnerführer in seine Dienste. Zudem rechnete er mit dem Beistand des Erzherzogs Ernst, Gouverneur der Spanischen Niederlande, an dessen Hof er sich aufgehalten hatte. Dieser gab ihm dann auch einiges Kriegsvolk. Eduard Fortunatus bereitete in der Tat ganz nachdrücklich die Rückereroberung seiner verlorenen Markgrafschaft vor.

Mag dieses Vorhaben noch auf Verständnis stoßen, so weicht dies bald der bitteren Erkenntnis, dass sich weiterhin nichts in der Lebensführung des Markgrafen geändert hatte. Ausschweifend verlebte er seine Tage, und alles, was er tat, verschlang viel Geld. So schreckte er einmal nicht davor zurück, den Messwein einer Kirche zu verkaufen.

Eduard Fortunatus hielt sich in Trarbach auf, und *Tag und Nacht* war dort *des Tollisierens kein End,*[160] schrieb Bornius an den Herzog von Bayern. Und schon kurz nachdem La Huguerye dort seinen Dienst genommen hatte, gewann der Propst einen sehr schlechten Eindruck von den Gefolgsleuten seines Herrn. Keinen einzigen von ihnen hielt er für fähig, ihrem Herrn bei der geplanten Rückeroberung wirkliche Dienste leisten zu können. Eher, so meinte er, besäßen sie das Talent, ihm Zerstreuungen und Amusements zu verschaffen. Auch sei die Truppe, *die er in Castellaun um sich sammelte, … das Sammelbecken für allerlei in- und ausländisches beutegieriges Gesindel. Klagen der Bürgerschaft über Vieh- und Felddiebstähle waren an der Tagesordnung.*[161]

Aber der Markgraf war ja kein Einzelfall. Eduard Fortunat war ein Kind seiner Zeit, geprägt durch seine Herkunft und sein Umfeld. Der Sittenverfall, die Liederlichkeit und Lasterhaftigkeit, die ganze Verderbtheit war nicht nur ein Phänomen in Eduards Umgebung, auch an manch anderem Hof im Reich scherte man sich zu jener Zeit wenig um Würde und Moral. Allzeit umgeben von rohen, ungehobelten Junkern, Stallmeistern und Hofnarren hatte mancher Fürst nur allzu gern gewetteifert, wer den anderen im Zechen überbieten könne, und durch Prassen, Zügellosigkeit und eine bedenkenlose Verschwendungssucht gelangte nicht selten ein Land an den Rand des Ruins.

Ein kleiner Exkurs gibt Einblicke in die Zustände an anderen Fürstenhäusern des 16. und frühen 17. Jahrhunderts, wobei allerdings berücksichtigt werden muss, dass die Tendenz vieler Quellen durch die konfessionellen Gegensätze geprägt wurde.

Mit *Buhlerinnen, Sauf- und Jagdgenossen, Sterndeutern* und *Goldmachern*[162] umgab sich so mancher Fürst, ganz ohne Scheu und Scham, denn durch den Augsburger Religionsfrieden fühlte sich jeder in seinem Land als unumschränkter Herrscher über den Glauben und die Sitten. So glaubte auch Kurfürst Joachim II. von Brandenburg (1505–1571), sich schon auf Erden einen kleinen Himmel schaffen zu können. Zwar soll er ein weiches Herz besessen haben und wurde daher „der Gütige" genannt, zudem ließ er neue Schulen bauen, förderte die Künste und Wissenschaften und kümmerte sich um Handel und Gewerbe im Land, aber auch er gehörte nicht zu den sparsamen Fürsten. Seine Gutmütigkeit und Großzügigkeit, seine Prachtliebe und sein glänzender Hofstaat verschlangen große Summen an Geld. Er baute sich Lustschlösser für seine zahlreichen Mätressen, *gab schwelgerische Feste, große Jagden, Wettrennen, ließ die Diener seiner Lüste stehlen, was sie mochten, er-*

schöpfte durch die ungeheure Verschwendung das Land gänzlich, und musste, um dem Bankerott zu entgehen,[163] Zuflucht bei Wucherern suchen.

Des Kurfürsten Münzmeister Lippold machte schlechtes Geld und lieh auf Pfand und durfte sich schließlich als Zahlmeister, Kuppler und vertrauter Ratgeber jedwede Gewalttat erlauben. Unter Joachims Sohn und Nachfolger wartete später auf Lippold eine harte Bestrafung. Nach seiner Festnahme wurde er auf die grausamste Weise gefoltert und am Ende gevierteilt.

Neben all der Üppigkeit im Essen, Trinken und in der Kleidung, neben der ganzen Vergnügungssucht und der Hinwendung zu allem, was den Sinnen schmeichelt, gehörte zu den größten Leidenschaften des Kurfürsten die Jagd. Kein armer Bauer durfte das kostbare Wild verjagen oder gar schießen; wer dem Verbot zuwiderhandelte, dem wurden erbarmungslos die Augen ausgestochen.

Als wieder einmal zur Jagd geblasen war, wurde der Kurfürst von seiner zweiten Gemahlin begleitet, Hedwig. Es wird berichtet, er sei, als er sich mit ihr vermählte, in leichter Rüstung zu ihr ins Brautbett gestiegen. Das Paar hielt sich nun also in einem alten Jagdhaus auf, als ganz plötzlich der morsche Boden unter ihnen nachgab und beide in die Tiefe stürzten. Hedwig wurde von einem Hirschgeweih aufgefangen, gleichsam aufgespießt, und verletzte sich schwer, aber ihr Schamgefühl ließ es nicht zu, sich einem Wundarzt anzuvertrauen. Lahm und schief und in der Folge mürrisch und eigensinnig verbrachte sie fortan ihr Leben an Krücken, und der Kurfürst wandte sich seinen zahlreichen Mätressen zu. Aber die Jagd sollte auch Joachims II. Schicksal besiegeln; im Januar 1571 wurde er während der Jägerei ganz plötzlich vom Tod überrascht.

Und da gab es jenen Herzog Friedrich III. von Liegnitz (1520–1570), der gesoffen und in seiner Trunkenheit so furchtbar gewütet haben soll, dass ihn sein Sohn Heinrich im Jahre 1560 in Gefangenschaft nehmen musste, wo er zehn Jahre später starb. Der Fluch des Vaters traf den Sohn dann unerbittlich, denn auch Heinrich XI. (1539–1588) entwickelte sich zu einem Säufer und stand seinem Vater an Liederlichkeit nicht nach. Er übernahm als 20-Jähriger die

Regierung des Fürstentums, geriet in große Schulden, zog mit seinem Faktotum Hans von Schweinichen[164] auf einer „Bettelreise" von Hof zu Hof, und sein Geldmangel brachte ihn dabei aus einer Verlegenheit in die andere und stürzte ihn in manche Unwürdigkeit. Seine Zügellosigkeit und sein Widerstand gegen kaiserliche Kommissare führten zu seiner Absetzung und einer strengen Haft in Breslau, aus der er aber entweichen konnte, um sich fortan als heimatloser Abenteurer in der Fremde herumzutreiben. Schließlich ereilte ihn in Krakau ein plötzlicher Tod, und man nimmt an, er sei vergiftet worden.

Seltsam wie sein Leben und traurig wie sein Ende erfolgte auch die Bestattung jenes Herzogs. Der Kaiser befahl, den Leichnam keinesfalls aus Polen herauszuführen, denn Heinrich habe sich auf die Seite des Feindes geschlagen. Aber keine Kirche dort wollte ihn aufnehmen, bis sich endlich die Mönche eines Bettelordens seiner annahmen und ihn bis zu einem ferneren Begräbnis in einer Kapelle bestatteten, die hernach vermauert wurde. Um den Toten an diesem Ort für alle Zeiten festzuhalten, gab sein Bruder Friedrich den Mönchen 50 Gulden und ließ die Kapelle noch stärker zumauern.

Auch der Kurfürst von Sachsen, Christian II. (1583–1611), ein gutmütiger, frommer aber phlegmatischer Regent, soll tief in die Arme des Lasters gefallen sein. Er liebte das Turnier, die Jagd und die Tafelfreuden, ganz besonders war er jedoch der Sauflust ergeben, und sein Leib soll davon so aufgedunsen gewesen sein, sein Antlitz so gerötet und entstellt, dass er kaum einem Menschen mehr ähnlich sah. Auch habe er sich oftmals nur durch Winken und mit den Fingern mitteilen können und selbst in weniger vertrauter Umgebung nur unflätige Dinge von sich gegeben. Hinter vorgehaltener Hand nannte man ihn bald spöttisch den „Merseburger Bierkönig".

So ist überliefert, es sei einmal über sieben Stunden lang aus ungeheuren Humpen um die Wette getrunken worden, wobei der Kurfürst den Sieg davongetragen habe. Natürlich konnte bei dieser Gelegenheit nicht über geschäftliche Dinge gesprochen werden, und keine gesellige Unterhaltung, kein gebildeter heiterer Umgang war so möglich. Täglich soll der Hof von Gästen gewimmelt haben, und nicht weniger als 700 Tische seien gedeckt gewesen. Nur im Essen und im Trinken sei der Regent groß, aber er achte nicht darauf, gut zu trinken, sondern nur viel. *Sein einziges Trachten geht dahin, ungeheuer zu trinken und wo möglich sich selbst im Soff zu übertreffen. Er würde nicht zu leben glauben, wenn er nicht unaufhörlich betrunken wäre.*[165]

Seine Versoffenheit kostete ihn schließlich sein junges Leben. Nach einem Ringspiel trank er zu rasch in heftiger Erhitzung einen kräftigen kalten Schluck seines geliebten Bieres, woraufhin ihn der Schlag traf und er die sinnenfreudige Welt vorzeitig verlassen musste.

Gänzlich verwahrlost war auch das Haus Sachsen-Lauenburg. *Hier hatte sich die Liederlichkeit schon in vielen Geschlechtern fortgeerbt, das Land war voller Schulden.*[166] Zwei Brüder, Magnus II. (1543–1603) und Franz II. (1547–1619), kämpften dort um ihr Erbe, ein weiterer mischte sich ein, und der Kampf verwüstete das ganze Land.

Der älteste Bruder Magnus, ein Raufbold und Glücksritter, brachte nicht nur Unruhe in die politischen Verhältnisse des Herzogtums, das er schließlich sogar angriff, um sich gegen seine Entmachtung zu wehren. Nach seiner Flucht nach Schweden, wo ihn König Johann mit der Sonnenburg auf Ösel belehnte, begann er einen privaten Raubkrieg gegen Dänemark. Magnus war verheiratet mit Sophia Wasa, einer Schwester König Johanns und Tante des Eduard Fortunatus. Auch er suchte im Suff sein Heil, zudem sei er gewalttätig gewesen, selbst seiner Gemahlin gegenüber, die ihm daher, als er in Schweden in Ungnade fiel, nicht zurück nach Deutschland folgten wollte. Er wurde schließlich vom Reichshofrat für regierungsunfähig erklärt und weggesperrt. Seine letzten 15 Lebensjahre verbrachte Magnus in Ratzeburg in einem eigens für ihn gemauerten Gefängnis, in das, so wird es überliefert, kein Tageslicht dringen konnte.

Mit seinen Brüdern Magnus und Franz immer wieder im Streit lag deren jüngerer Bruder Moritz (1551–1612). Seine Neigung galt indes weniger den zu jener Zeit ausschweifenden Zechgelagen; seine Leidenschaft galt den Frauenspersonen, und durch seine Affären wusste auch er den Ruf des Fürstenhauses zu schädigen. Immer wieder wurde der Herzog von seiner Mutter getadelt, er treibe es mit zu vielen Weibern, und wenn er schon nicht davon lassen könne, da er die Gabe der Keuschheit nicht besitze, möge er sich doch nur eine zur Frau nehmen. Moritz hatte bereits das 30. Lebensjahr überschritten, und noch immer war er keine standesgemäße Verbindung eingegangen.

Also beschloss der Herzog zu heiraten, ganz im Geheimen zwar, aber doch mit dem göttlichen Segen. Seine Wahl war auf Katharina Spörck gefallen, die bis zum Tode der Gemahlin seines Bruders Franz in deren Diensten gestanden hatte. Und so, wie bei Eduard Fortunats erster Vermählung der Priester sich anfangs gesträubt haben soll, die Trauung zu vollziehen, so versuchte auch hier der Prediger, sich seiner Aufgabe zu entziehen. Auch er wusste ja nicht sicher, wie ernst es seinem Herrn mit dieser Sache sei. Im November 1581 ließ Katharinas Stiefmutter den Prediger zu Dahlenburg zu sich rufen und ihn wissen, der Herzog sei willens, ihre Tochter zu ehelichen, und er solle die Trauung vornehmen. Nein, das gehe nicht, gab der Prediger zur Antwort, das Dorf liege nicht in seinem Kirchspiel, und außerdem könne eine Trauung nur nach vorheriger Ankündigung und in Anwesenheit der Verwandten vollzogen werden. Aber, aber, meinte die Mutter, der Bruder der Braut wisse doch Bescheid um die Verbindung.

Unterdessen wurde der Tisch gedeckt, die Reden und Gegenreden setzten sich fort, und als die Speisen abgetragen und der Prediger noch immer nüchtern war, trat Herzog Moritz ein. Sofort versuchte der Gottesmann, über den Hinterhof zu entweichen, aber die Mutter holte ihn zurück, der Herzog bot ihm die Hand, und wieder suchten allerlei schöne Worte ihn von der Rechtmäßigkeit dieser Trauung zu überzeugen nebst dem Versprechen, ihn wegen aller Gefahr schadlos zu halten. Abermals versuchte der Prediger, sich zu entfernen, aber der Versuch misslang erneut. Er habe kein Buch, um den Segen zu sprechen, gab er nun zu bedenken. Dafür sei gesorgt, wurde ihm erwidert, und man reichte ihm Luthers

Katechismus, der auf der Fensterbank gelegen hatte. Für weitere Ausflüchte gab es nun keinen Raum mehr.

Die Braut war inzwischen mit einer Magd und einer Jungfrau aus ihrer Kammer getreten, und der Prediger musste die Trauung vollziehen. Bei der anschließenden Mahlzeit erhob der Herzog das Glas und trank ihm fröhlich zu: Es gilt, Herr Pastor, der erste Trunk im heiligen Ehebunde! Beim Abschied schärfte man dem Prediger noch ein, die Sache vorerst geheimzuhalten.

Es mutet bekannt an, wenn zu erfahren ist, wie eifrig die Mutter der erwählten Braut das Wohl ihrer Tochter in die Hände eines Fürsten zu legen wünschte allein aus dem Ehrgeiz heraus, den eigenen Stand durch diese Verbindung aufwerten zu können. Schon die Schwiegereltern des Eduard Fortunatus gaben ihre Töchter Maria und Anna bereitwillig an die Seite fürstlicher Herren, und allemal war ihnen diese morganatische Verbindung lieber als eine ebenbürtige, denn welch ein Glanz würde dadurch ihr eigenes Haus erhellen, und welche Wege könnten sich für die Nachkommenschaft erschließen.

Wie Eduard Fortunatus machte auch Moritz ein großes Geheimnis um seine Trauung, und wie sein Zeitgenosse war auch der Herzog seiner Angetrauten bald überdrüssig und suchte Abwechslung bei anderen Frauen, denen er „bei Teufelsholen“ ewige Liebe und Treue versprach. So, wie Eduard dann aber doch an seiner Maria festhielt, so blieb auch Moritz zwar nicht mit seiner ihm angetrauten Gemahlin, aber mit seiner Geliebten zusammen, die es verstand, trotz aller Gefahren für ihre eigene Person den für ihre Existenz wichtigen, aber unruhigen Mann an sich zu fesseln.

Sobald Franz von der heimlichen Vermählung erfahren hatte, kam es erneut zu Zwistigkeiten zwischen den Brüdern; denn durch diese Heirat sei nicht allein Moritz, sondern das ganze Haus Sachsen-Lauenburg hoch beschmutzt worden. Aber schon ein halbes Jahr nach seiner Trauung erklärte Moritz, dass er diese Verbindung herzlich bereue und wohl durch seltsame Praktiken dazu verführt worden sei, und er wünsche, von dieser in unziemlicher Weise geehelichten Person befreit zu werden. Der Grund für seinen Trennungswunsch war in jenem anderen Liebesverhältnis zu suchen, das indes noch weit mehr seine Person und sein Haus beschmutzen sollte.

Schon vor seiner heimlichen Trauung hatte Moritz sich in den Netzen einer listigen Buhlerin verfangen, und von zahlreichen heimlichen Zusammenkünften wusste man zu berichten. Gysell Sachsen, die in einem üblen Rufe stand, war dem Adam Tschammer angetraut, der nach 20 Dienstjahren als Zöllner zu Lauenburg in eben dem Jahr seiner Ämter enthoben wurde, in dem der Herzog seiner Gemahlin überdrüssig wurde. Man beschuldigte ihn eines gottlosen und lasterhaften Lebens, welches er mit seiner Frau führe.

Moritz hielt sich fortan die meiste Zeit über in Buxtehude auf bei jener Frau Tschammer, und große Vorwürfe musste er sich von seinen Angehörigen anhören; ja, man ermahnte ihn sogar, er solle zu seinem ihm angetrauten Weibe zurückkehren, zu Katharina, obgleich man diese Verbindung nie akzeptiert hatte. Er solle von seinem gottlosen Leben ablassen, sonst müsse man gegen ihn so verfahren wie gegen Magnus, und als alles nichts half, wurde ein Prozess gegen Gysell und ihren Mann eingeleitet. Kupplerei und Ehebruch wurden ihnen zur Last gelegt und eine unzüchtige Lebensweise, zudem beschuldigte man die Angeklagte der Blutschande, denn sie entstammte einem unehelichen Sohn des Bischofs Johann von Lauenburg, eines Verwandten von Moritz.

Vieles wusste man noch vorzubringen gegen Gysell. Es gehe das Gerücht, sie habe die Ehe mit Katharina Spörck durch zauberische Mittel getrennt, auch habe sie in Lauenburg ihre Widersacherin öffentlich als des Herzogs Hure gescholten und die Gassenbuben veranlasst, jene mit Kot zu bewerfen. Die ganze Umgebung wisse, dass die Tschammer schuld sei an der Uneinigkeit im fürstlichen Hause und den Zwist ständig nähre. Aber Moritz, dessen Schwester Ursula verschiedene Male riet, man solle die Tschammer in den Sack stecken, erklärte, er könne es nicht über sein Herz bringen, sie von sich zu lassen. Er blieb bei ihr bis zu seinem Ende. Im November 1612 starb er nach längerem Siechtum in ihrem Haus in Buxtehude.

So ging es also auch an manch anderen Höfen im Reich drunter und drüber, und Eduard Fortunatus stand mit seinem Verhalten in der fürstlichen Gesellschaft nicht vereinzelt da. Alle seine offiziellen Bemühungen um einen friedlichen Ausgleich mit Ernst Friedrich schienen dennoch unglaubwürdig, denn sein lasterhaftes Leben, seine Anschläge auf seinen Vetter und die militärischen Vorbereitungen sprachen gegen eine vernünftige und verträgliche Lösung. Schon deshalb wollte bereits im Januar 1595 Ernst Friedrich eine Gesandtschaft des vertriebenen Markgrafen nicht empfangen. Sie wurde vielmehr heftig angefahren, entwaffnet und schließlich für einige Tage in Gewahrsam genommen. Allen Vermittlungsversuchen anderer Fürsten gegenüber zeigte sich der Baden-Durlacher unbeugsam; auf keine Verhandlungen wollte er sich einlassen, er bat sich vielmehr energisch aus, man solle ihn *mit dergleichen unzeitigen und ubel bedachten Vorschlägen*[167] künftig verschonen.

Durch die Mobilmachung seines Vetters sah sich Ernst Friedrich veranlasst, seinerseits die Anzahl seiner Soldaten zu verstärken. Im Mai 1595 schrieb Bongars,[168] ein französischer Diplomat und Unterstützer der protestantischen Seite, in einem Brief: *Unser Marggrav von Durlach hat auserlesene Völker, dergleichen Deutschland kaum gesehen hat, und der Rheingrav Philipp hat vor ihn zweyhundert von unsern Reutern in Sold genommen. Was er im Sinn habe, ist noch nicht bekannt; denn alle Bewegungen Eduards zu beobachten, ist nicht viel werth. Und in eine offene Feldschlacht wird sich Eduard nicht einlassen.*

Anfang Juni berichtete der Diplomat aus Straßburg, Rheingraf Philipp sei angekommen und mit ungefähr 200 Mann zu Pferd weitergezogen nach Beinem, wo er das Nachtlager halten und daselbst die Befehle des Markgrafen von Baden-Durlach erwarten wolle. *Es kommen auch des M. Eduards Völker an, welche dreytausend Mann ausmachen sollen.* Man wisse, dass Eduard gegen Geld Soldaten werben lasse. *Ich bin neugierig, wo diese Zurüstungen hinaus wollen: die Anschläge kann ich allem Nachdenken ohngeachtet, nicht errathen. Allein, wo ich nicht irre, so ist nichts gründliches dahinter.*[169]

Natürlich blieb es zunächst bei diesem Aufplustern und Röhren auf beiden Seiten, denn die benachbarten Fürsten der Gegner waren an einer kriegerischen Auseinandersetzung nicht im Mindesten interessiert, und auch der Kaiser wünschte Ruhe im Reich. Doch obwohl die Kurfürsten von Mainz und Köln sich bemühten, mit Eduards Einwilligung einen gütlichen Vergleich zu stiften, und obwohl man auch auf seiten Ernst Friedrichs zu einer Aussöhnung riet, ließ der Markgraf von Baden-Durlach allen Vorschlägen zum Trotz seine Soldaten ins Elsass einmarschieren, um auch die restlichen Lande seines Vetters einzunehmen und zu sichern.

Im Juni sandte der Herzog von Bayern den Generalvikar Pistorius zu Ernst Friedrich, um einen Vergleich auszuarbeiten. Der Entwurf sah vor, dass in der Markgrafschaft Baden-Baden der katholische Glaube als der einzige gelten müsse und keine Räte und Diener der anderen Konfession angenommen werden sollen, außer es herrsche an ihnen ein Mangel; dann sollten die evangelischen Räte und Diener verpflichtet werden, das katholische Bekenntnis ungestört zu erhalten. Markgraf Eduard Fortunatus, der Ernst Friedrich nach wie vor nach dem Leben trachtete, solle in Verwahrung genommen und die Obere Markgrafschaft sowie die übrigen Lande Eduards dem Markgrafen von Baden-Durlach für eine gewisse Zeit übergeben werden. Hierüber sei noch die Bestätigung des Kaisers einzuholen. Aber es blieb bei diesem Entwurf, und der Vergleich kam nie zustande.

Der Kaiser,[170] sobald er Kenntnis genommen hatte von der kriegerischen Aufstellung der beiden Markgrafen von Baden, befürchtete eine Ausbreitung dieses Brandherdes auf weitere Teile des Reiches und verfügte umgehend, Ernst Friedrich solle die Waffen niederlegen und die Obere Markgrafschaft in seine, des Kaisers, Hände legen, bis die Angelegenheit geklärt sei. Desgleichen befahl er Eduard Fortunatus, seine Truppen ohne Verzug aufzulösen, und ersuchte zudem die rheinischen Kurfürsten, jedwede Hilfe für die Kontrahenten zu unterlassen.

Sofort sandte Ernst Friedrich ein Antwortschreiben, in dem er betonte, Eduard habe nicht nur die alten Verträge gebrochen, sondern auch den Herzog von Lothringen dazu bewogen, ihn mit etlichen tausend Reitern und Fußvolk zu unterstützen. Bei diesen misslichen Umständen könne es ihm nicht zur Last gelegt werden, wenn er um seine Sicherheit besorgt sei, was einem Fürsten weder das Natur- und Völkerrecht noch die Reichs-Grundgesetze verwehrten. Er halte Friede mit seinen Nachbarn, und es gebe keinen Grund zum Argwohn. Was er zu seiner Verteidigung unternommen habe, sei kein Anlass zu einem inneren Kriege, und er werde dafür Sorge tragen, dass seine Kriegsvölker den benachbarten Ländern keinen Schaden zufügten. Zudem habe er die Obere Markgrafschaft zu Recht eingenommen, und er, der Kaiser, habe dies für billig erkannt und könne sie jetzt nicht einfach unter Zwangsverwaltung nehmen. Er möge diese Entschuldigung gnädig aufnehmen und ihn nicht mit weiteren Befehlen beschweren.

Eduard Fortunatus hingegen meldete dem Kaiser, er wolle seinen Soldaten den Dienst quittieren und ihm in den nächsten Tagen persönlich aufwarten. Jene lothringischen Herren, die für ihn Soldaten geworben hätten, seien inzwischen nach Burgund in spanische Kriegsdienste getreten, und zwei weitere hätten die Soldaten, die ihm versprochen gewesen seien, dem König von Frankreich zugeführt. Auch habe der größte Teil seiner eigenen Leute selbst spanische Kriegsdienste angenommen. Zudem mangele es ihm an Geld, und er halte sich nun mit nur noch wenigen Leuten in seiner Grafschaft Sponheim auf.

Im Juli jenes Jahres 1595 schrieb Bongars: *Ich glaube, dieses kleine Feuer werde von den Spaniern und andern, welche die Ruhe in Deutschland nicht gern sehen, unterhalten werden. In dessen muß der Marggrav von Durlach große Kosten anwenden, und weiß ich nicht, ob er's lang werde aushalten können.*[171] In der Tat waren durch die unsinnige Mobilmachung der Vettern schließlich auch die Mittel Ernst Friedrichs erschöpft, und schweren Herzens hatte er sich noch im selben Jahr von Teilen seiner Markgrafschaft trennen und sie an Herzog Friedrich I. von Württemberg verkaufen müssen, um seinen Finanzhaushalt ausgleichen zu können. Besigheim und Mundelsheim, die letzten badischen Besitzungen am Neckar, gehörten fortan zum Herzogtum Württemberg.

Der Unruhezustand nahm kein Ende. Auf des Durlachers Antwort hin schrieb ihm der Kaiser, dass jener den Befehlen doch Gehorsam leisten möchte, aber Ernst Friedrich erwiderte, dies sei ihm nicht möglich, denn er habe vernommen, dass Eduard, entgegen seiner Versicherung, noch Soldaten in seinen Diensten habe. Und abermals, zum dritten Mal, schickte daraufhin der Kaiser am 6. August einen Brief, er solle seine Truppen entlassen und mit Wilhelm von Bayern, dem die Angelegenheit übertragen sei, sich wegen des Sequesters[172] besprechen. Zudem beschwerte sich der Kaiser am selben Tag bei den vier rheinischen Kurfürsten über die Widerspenstigkeit des Markgrafen. Auf dem Konvent zu Speyer waren die Gesandten der drei geistlichen Kurfürsten der Meinung, die kaiserliche Sequestration solle gelten, sollte der Markgraf seine Soldaten nicht abdanken. Einzig der Kurfürst von der Pfalz hielt dagegen: Ernst Friedrich bereite den benachbarten Fürsten keinen Verdruss, und außerdem handele er nicht anders, als wozu er berechtigt sei, da Markgraf Eduard Fortunatus wider die kaiserliche Anordnung noch Kriegsvolk beibehalte.

Gespräche, Verhandlungen und Briefe konnten kriegerische Maßnahmen verzögern, aber einzig wichtig war schließlich das Machtwort des von den Kurfürsten gewählten Kaisers. Gewiss drohte keine wirkliche Gefahr, aber dieses Scharmützel, diese Machtplänkelei zwischen den zwei badischen Vettern musste beendet werden. Noch konnte im Reich Ruhe einkehren durch Diplomatie und Einlenken und die Weisungsbefugnis des Kaisers – eine Generation später sollte alles aus dem Ruder laufen.

Endlich gab auch Ernst Friedrich nach. Der Kaiser hatte ihm mitteilen lassen, dass von seinem Vetter nichts mehr zu befürchten sei und ihm wohlwollend Verhandlungen angeboten. Vielleicht in der Annahme, diese Verhandlungen mit dem Herzog von Bayern als Kommissar bezögen sich auf den Vergleich, der im Juni mit Pistorius ausgearbeitet worden war, sagte er gerne zu und dankte im September seine Soldaten ab. König Heinrich IV. von Frankreich übernahm im November die nicht mehr benötigten Truppen und verpflichtete sich in einem Vertrag, den Markgrafen vor feindlichen Aktionen aus Lothringen zu schützen. Einen Monat später beendete auch Eduard Fortunatus endgültig und selbstbefreiend seine kriegerischen Unternehmungen mit der Hinrichtung Langhaars und dessen Spießgesellen.

Ein Jahr war seither ins Land gegangen, es war wieder im November, als abermals ein unseliger Fall sein Ende fand. Er hatte seinen Anfang genommen in jener Zeit, als die Menschen der Region unter den räuberischen Soldaten des Hauptmanns Langhaar zu leiden hatten. Ein ganzes Jahr lang wurde ein Gerichtsprozess geführt um eine arme Frau, der aber eher ein politisches Taktieren darstellte als die gerechte Beurteilung einer Person und der ihr zur Last gelegten Vergehen.

In Zilshausen, einem Dorf unweit von Kastellaun, lebten die Leibeigenen Jakob und Elsa Daum. Elsa hatte sich wohl manch einen ihrer Mitmenschen zum Feind gemacht, denn bei Hexenprozessen in den benachbarten Herrschaftsbereichen fiel bei peinlichen[173] Befragungen immer wieder ihr Name. Die unglückliche Frau, *ahn underschiedlichen ortten und enden solcher laster halben besagt und zum oftermalen denuncyrt,*[174] wurde der Hexerei bezichtigt. In der Hinteren Grafschaft Sponheim gab es zu jener Zeit keine Hexenverfolgungen, es stand ja einer der Gemeinherren, Karl von Pfalz-Zweibrücken-Birkenfeld, mit seinen Beamten dem ganzen Hexenwahn ausgesprochen ablehnend gegenüber. Aber als die Welle auch in sein Land schwappte, als die Dorfbevölkerung hier den auswärtigen Vorbildern in nichts nachstehen wollte und auch nach Prozessen verlangte, und als schließlich sogar aus ihrem Heimatort *uff der gantzen gemeindt Zolßhaußen vielfaltiges clagen* zu hören war, war der Druck so groß geworden, dass etwas unternommen werden musste. Am 29. September 1595 wurde Elsa Daum in Haft genommen und nach Kastellaun überstellt. Es begann nun jener langwierige Prozess, der dieser armen Frau viel körperliche und seelische Standfestigkeit abverlangte.

Unterstützt wurde die Angelegenheit vom Kurfürstentum Trier, und wie in den Gemeinden dort üblich, wurde nun auch hier der Prozess nicht durch ordentliche Vorsteher und Repräsentanten geführt, sondern es wurde eigens in der Gemeinde ein Ausschuss gebildet, der die Anklage erhob und das Verfahren zu führen hatte.

Die Bewohner des Dorfes, gänzlich der Massenhysterie ergeben, geiferten schon nach weiteren Prozessen und schlugen vor, *in solchen sachen vortzufahren und niemandt deswegen zu verschonen.*[175]

Eduard Fortunatus hatte sich in den Jahren zuvor um die Angelegenheiten in der Grafschaft Sponheim wenig gekümmert, er war ja mit anderen Dingen beschäftigt und die meiste Zeit über auf Reisen. Nun, da er nach Kastellaun hatte flüchten müssen, sah er sich veranlasst, mit Pfalzgraf Karl in einem Vertrag zu vereinbaren, wie die sponheimischen Ämter in Zukunft aufgeteilt werden sollten. Diese Vereinbarung gestattete ihm nicht nur eine militärische Aufrüstung, sondern auch einen Anspruch auf administrative Eingriffe, und nicht lange, so entwickelten sich die Stadt Kastellaun und der gesamte Bezirk zu einem Sammellager für buntgemischtes Soldatenvolk, und auch in der Verwaltung gab es bald personelle Veränderungen.

Über den zwielichtigen und berüchtigten Landsknecht Langhaar, der als Hauptmann jener Truppe der Schrecken der ganzen Gegend wurde, ist schon zu erfahren gewesen. Er spielte auch in dem Prozess um die arme Elsa Daum eine anmaßende Rolle. Wichtig aber sollte für die Angeklagte der Amtmann von Kastellaun werden, Franz Römer, der im Dienste des Pfalzgrafen Karl alles unternahm, um dem abergläubigen Irrsinn ein Ende zu bereiten.

Am 4. Oktober wurde Elsa Daum aus ihrem Verlies geholt und zur Folter geführt. Trotz aller Schmerzen und Qualen blieb die Frau standhaft, denn keiner Vergehen, deren man sie bezichtigte, war sie sich bewusst, keine zauberkräftigen Taten hatte sie zu gestehen, und keine Besagungen wusste sie zu machen. Der Tortur wohnte auch Langhaar bei. Er fühlte sich bei der ständigen Abwesenheit des Markgrafen als Herr im Lande und maßte sich selbst richterliche Gewalt an, und er war zu dieser Zeit auch nicht untätig, wenn es um die Jagd auf Hexen ging. Nicht anwesend war indes der Amtmann Franz Römer, denn so übermächtig war das gewalttätige Treiben der markgräflichen Söldner geworden, dass er diesem vorerst hatte weichen müssen. Aber sein Sohn konnte bewirken, dass die Angeklagte das Verlies mit dem Hausarrest tauschen durfte. Elsa

Daum berichtete später, Hans Reinhard habe sie aus dem Turm holen und in ihr Haus führen lassen mit der Auflage, dieses nicht ohne Bescheid zu verlassen. Dies geschah gewiss zu ihrem Schutz vor Langhaar und der verfolgungswilligen Dorfgemeinschaft.

Sobald dem verbrecherischen Treiben des Langhaar und seiner Spießgesellen ein Ende bereitet war, konnte Römer wieder seines Amtes walten, aber erst am 4. Mai 1596 wurde die Angeklagte freigesprochen. Elsa Daum befand sich nun wieder auf freiem Fuß. Jedoch so wie die politischen Verhältnisse und Machtverschiebungen Unruhe in das Land brachten, so veränderte sich bald abermals die Situation dieser armen verfolgten Frau. Es kam erneut zu Beschuldigungen. Weitere zahlreiche Besagungen aus den benachbarten Gebieten lagen dem Ausschuss vor. Da die Klagen nun einige weitere Dörfer betrafen, war jetzt das sogenannte Beltheimer Gericht zuständig. Man kam nicht umhin, ein neues Verfahren in Gang zu setzen, auf das sich wohl oder übel auch die Birkenfelder Regierung einlassen musste. Angeklagt waren nun neben Elsa Daum noch zwei weitere Personen – der größte und reichste Hofpächter der Gegend, Johann Hofmann von Petershausen, und der alte blinde Jonas Lentz von Macken. Amtmann Franz Römer konnte wenigstens erreichen, dass die Beschuldigten das Recht der Verteidigung nutzen durften und nach der formellen Klageerhebung zunächst auf freiem Fuß blieben. Aber die gewährte Gnadenfrist konnte von den Angeklagten nicht wirklich mit Erfolg genutzt werden. Zwar arrangierte Römer für den beschuldigten Johann Hofmann ein Treffen mit dem Schultheißen von St. Goar, der ihm als Verteidiger dienen sollte. Dieser antwortete jedoch auf das Ersuchen, er wolle sich der Sache nicht annehmen, und er bat um Entschuldigung mit den Worten, *diß dingh wehre ein schwere sach, undt nit gutt darinnen zu dienen.*[176]

Am 6. Juli wurden die Angeklagten verhaftet und nach Kastellaun überstellt, und abermals musste Elsa Daum ihr Zuhause mit dem Kerker tauschen. Römer, der mit diplomatischem Geschick alle Möglichkeiten ausschöpfte, um die Delinquenten vor einem unglücklichen Ausgang des Verfahrens zu bewahren, fand schließlich Unterstützung bei dem dritten Gemeinherrn am Beltheimer

Gericht, bei Freiherr Philipp von Winneburg-Beilstein. In dieser Pattsituation – *Kurtrier mit seiner Hälfte der Gerichtsbarkeit als Prozeßbefürworter, Sponheim und Winneburg-Beilstein mit ihrer vereinigten Hälfte als Prozeßgegner*[177] – wandten sich die Ankläger an den katholischen Mitregenten, an Markgraf Eduard Fortunatus. Dieser hatte sich in der Angelegenheit bisher zurückgehalten, aber wie auch immer er zu den Hexenverfolgungen und Prozessen stand, so wollte er sie offensichtlich doch nicht verhindern.

Die heikle Situation entwickelte sich nun zugunsten der Ankläger, und das Verfahren fand plötzlich ein schnelles Ende. Im Herbst 1596 berief sich Eduard Fortunatus auf den Vertrag zu Kastellaun, der ihm auch administrative Eingriffe erlaubte. Nach 30 Dienstjahren wurde der alte treue Amtmann Römer entlassen und durch den katholischen Badener Karl von Hornung ersetzt. Kein Mitstreiter stand den Inhaftierten mehr zur Seite, kein unermüdlicher Vertreter ihrer Belange. Die drei Angeklagten wurden erneut den Folterknechten übergeben, aber nur Hofmann hielt nicht stand. Er bekannte alles, was man von ihm hören wollte. Am 23. November wurde er zum Tode verurteilt und noch am selben Tage hingerichtet. Elsa Daum durchlitt abermals alle Qualen der Tortur, ohne etwas gestehen zu können, und musste vier Tage später freigelassen werden, desgleichen der alte Lentz, der sofort die Gelegenheit zur Flucht ergriff und nie wieder gesehen wurde.

Wenn alles politisch geregelt scheint, so sind es oft auch finanziellen Zwänge, welche die Kontrahenten noch für einen gewissen Zeitraum ungewollt zusammenschweißen. Elsa Daum sollte nicht nur für die Gerichtskosten aufkommen, die ihr eigener Prozess verursacht hatte, sondern man hielt es für zweckmäßig, sich auch wegen der Kosten des geflohenen Lentz an sie zu wenden. Die arme Frau aber war eine Leibeigene und ihr Herr nicht gewillt, die geforderte Summe zu entrichten. Glücklicherweise war dessen Lehensverwalter der Sohn des alten Franz Römer; dieser brachte durch unbequeme Enthüllungen über einen verschwenderischen Umgang mit Prozessgeldern die dörflichen Ankläger in arge Bedrängnis. Bei der Prüfung der Rechnungen, die dem gerichtlichen Ausschuss vorgelegt werden mussten, kam nämlich ans Tageslicht, dass die Kosten durch ausgiebige Zechgelage in den Gastwirtschaften unnötig in die Höhe getrieben worden waren. Zudem lag die Lehensherrschaft bei den Grafen von Sponheim, und also hätte die Kostenerstattung letztlich die beiden Kondominatsherren getroffen. Dies war ganz und gar nicht im Sinne des badischen Markgrafen. Eduard Fortunatus hatte Geldsorgen genug, und da bei finanziellen Angelegenheiten so manche Freundschaft aufzuhören pflegt, endete in diesem Fall seine konfessionelle Loyalität gegenüber dem Trierer Landesherrn.

Gemeinsam mit Freiherr von Winneburg verweigerten die beiden sponheimischen Herren, Pfalzgraf Karl und Markgraf Eduard Fortunatus, nicht nur die Erstattung der Gerichtskosten, sondern sogar die Herausgabe des Hofmann'schen Geständnisses. Viele Personen, die dieser unter Qualen der Mittäterschaft bezichtigt hatte, blieben auf diese Weise vor einer Verfolgung des Beltheimer Ausschusses verschont. Viele andere hätte es auch nach einem weiteren Prozess treffen können. In diesem Fall hielt man indes die Prozessakten nicht aus politischem Kalkül zurück, nein – hier schenkte man dem Angeklagten ganz einfach keinen Glauben.

Zauberei, Diebstahl und Hehlerei, Straßenraub und Raubmord – all diese Verbrechen, die auch im Leben des badischen Markgrafen eine unglückliche Rolle gespielt hatten, standen in den Anklagepunkten bei jenem Prozess, der um 1598/99 in Kastellaun geführt wurde. Gegen mehrere Mitglieder einer Vagabundenfamilie und ihr Oberhaupt Martin Meurer war Anklage erhoben worden, die sich jedoch nur am Rande mit Hexerei befasste, weshalb das Verfahren nicht von einem Ausschuss, sondern von der lokalen Obrigkeit geführt wurde. Vor seiner Verurteilung zum Tode nannte Meurer unter der Folter die Namen zahlreicher braver Leute aus dem Amt Kastellaun, aber diesen Denunziationen wurde nicht nachgegangen, denn kein Wort glaubte man diesem Strauchdieb und Straßenräuber, und so löste auch dieser Prozess keine weiteren Verfolgungen aus.

Alle diese Besagungen unter der Folter, alle diese Verdächtigungen, Verfolgungen und Hexenprozesse waren des Birkenfelders

Sache nicht. Der Pfalzgraf und seine Regierung sahen keine zwingende Notwendigkeit für diese Verfahren, die evangelischen Pfarrer wohl auch nicht. Denn obwohl es im Alltag der Landbevölkerung damals zu den beliebtesten Schmähungen und Beleidigungen gehörte, einander der Zauberei zu bezichtigen, wusste zum Beispiel der Geistliche von Winningen bei einer Visitation der Gemeinde im Jahre 1599 nichts von Zauberei und Hexerei zu erzählen und keinen Zauberer und keine Hexe zu nennen.

Vielleicht war dieses Dorf auch nur müde. Eine verheerende Seuche war in den Jahren zuvor, von 1596 bis 1598, durch die sponheimischen Lande und die angrenzenden Gebiete gezogen, und allein in Winningen hatten 200 Einwohner ihr Leben lassen müssen. Diese schreckliche Seuche, die Tod und Elend in das Land brachte und keinen Unterschied machte zwischen Herr und Knecht, bedeutete für Eduard Fortunatus keine Gefahr, denn wie schon vor der Okkupation seines Landes, als sich der Markgraf oft und gerne am Hof des Statthalters der Spanischen Niederlande[178] aufgehalten hatte, so zog es ihn auch jetzt wieder nach Brüssel. Inzwischen war im Jahre 1595 Erzherzog Albrecht VII. von Österreich zum Generalgouverneur ernannt worden.

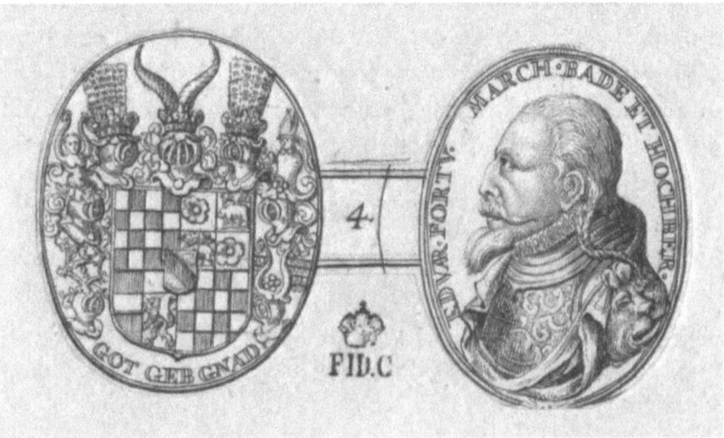

Markgraf Eduard Fortunatus, Münze.

Es lockten Eduard aber nicht nur die Annehmlichkeiten und Vergnügungen in all der Pracht und im Glanz des Hofes, es reizten ihn auch die Abenteuer, die es zu bestehen gab im Kampf gegen die Vereinigten Niederlande, die sich gegen die spanische Vormachtstellung zur Wehr setzten. Als unter der Führung ihres obersten Feldherrn, Prinz Moritz von Oranien, die Freiheitskämpfer in der Schlacht von Turnhout 1597 einen Sieg davontrugen und das Heer Erzherzog Albrechts große Verluste hinnehmen musste und sehr viele Soldaten verlor, wurde Eduard nach Deutschland geschickt mit dem Auftrag, eine neue Reiterei zusammenzustellen.

Aber schon im folgenden Jahr wechselte der Markgraf den Schauplatz, denn auch an einem anderen Ort schwelte ein Brand und drohten Funken ein Feuer zu entfachen. So war er sofort zur Stelle, als sein Vetter Sigismund III. Wasa, König von Polen und Schweden, politisch und militärisch bedroht wurde. Sigismund war der Sohn von Eduards Onkel Johann III. Er war nicht nur der rechtmäßige Nachfolger auf dem schwedischen Thron, sondern auch zum König von Polen gewählt und von seiner polnischen Mutter Katharina katholisch erzogen worden. Also unterstützte und förderte er diese Glaubensrichtung in seiner schwedischen Heimat, aber diese Politik der Gegenreformation sowie die Missachtung der schwedischen Interessen innerhalb der polnisch-schwedischen Union führten bald zu einem heftigen Widerstand des schwedischen Adels, der sich unter der Führung seines Onkels Karl, Herzog von Södermanland und Verweser des Königreiches Schweden, gegen ihn erhob. Der König plante einen Feldzug gegen die Aufständischen, und wo es sich einzumischen und zu kämpfen galt, durfte Eduard Fortunatus nicht fehlen. Er reiste nach Polen.

Verwandtschaftliche Beziehung von Eduard Fortunatus zu Schweden und Polen

Gustav I. Wasa, 1496-1560
∞ 1. Katharina von Sachsen-Lauenburg, ∞ 2. Margaretha Leijonhufvud,
∞ 3. Katharina Stenbock

Erik XIV. 1533-1577 König von Schweden (aus 1. Ehe)	Johann III. 1537-1592 König von Schweden (aus 2. Ehe)	**Cäcilia** 1540-1627 (aus 2. Ehe) ∞ Christoph II. Eduard Fortunat	Magnus 1542-1595 Herzog von Ostgotland (aus 2. Ehe)	Karl IX. 1550-1611 König von Schweden (aus 2. Ehe)
	Sigismund III. Wasa 1566-1632 König von Polen und Schweden	**Eduard** **Fortunatus** 1565-1600 Markgraf von Baden		Gustav Adolf 1594-1632 König von Schweden

Alles hatte Sigismund schon in die Wege geleitet. Von Danzig aus segelte er ab, Eduard mit an Bord, und am 30. Juli 1598 erreichte das Schiff mit seinem Gefolge die schwedische Küste. Die Stadt Kalmar musste sich ergeben, und siegesgewiss fuhr der König im ausgehenden August mit seinen Kriegsleuten nach Stegeborg, einem Schloss in Östergötland. Hier hatte einst sein Vater das Licht der Welt erblickt und die alte Burg später umfangreich ausbauen lassen.

Am 9. September kam es zum Gefecht zwischen dem König und dem Herzog von Södermanland, und es heißt, der *Marggrav habe den Angriff im Treffen gethan*.[179] Schnell befand sich Karl in einer fast aussichtslosen Lage, denn nicht nur von vorne wurde er angegriffen, wo Sigismund selbst das Kommando führte, auch von hinten rückte das feindliche Heer näher, und nicht lange, so begannen des Herzogs Soldaten zu weichen, und sie riefen schließlich sogar um Gnade. Kämpfte Sigismund hier nicht gerade gegen sein eigenes Volk, die Schweden, und gegen seine Untertanen, deren König er war? Er ließ zum Abzug blasen, und es heißt, zu dieser Entscheidung habe vor allem die Überzeugungskraft von Eduard Fortunatus und dessen Vetter Johann III. von Ostfriesland beigetragen. Sie erreichten, dass der König seine Leute wieder ins Lager führen ließ und die Entscheidung auf den folgenden Tag verschieben wollte.

Aber die Verhandlungen, die nun geführt wurden, kamen zu keinem Ergebnis. Herzog Karl bestand darauf, der König solle ihm und seinen Leuten ausreichende Versicherung geben, sein Kriegsvolk verabschieden und einen Reichstag einberufen, wo die Angelegenheit mit den deutschen Gesandten verhandelt würde. Im Gegenzug verlangte der König, Karl solle ihm das ganze Reich mit allem Zubehör übergeben und in seiner Gegenwart nicht mehr den Titel eines Gouverneurs führen, zudem solle vielmehr er sein Kriegsvolk abschaffen und sich in Ruhe auf sein Herzogtum zurückziehen.

Eine Entscheidung, die durch diplomatisches Geschick nicht zustande kam, musste nun durch Drohungen gefällt werden. Das Blatt hatte sich gewendet, denn die finnische Flotte war dem Herzog zu Hilfe gekommen, und mit dieser Rückendeckung konnte Karl weit härtere Bedingungen stellen. Der König erkannte nun, dass sein Onkel einen Krieg ganz ernsthaft im Sinne hatte.

Mitten in der Nacht, von allen unbemerkt, reiste König Sigismund von Stegeborg ab, ließ alles zurück und begab sich nach Söderköping. Der Herzog, sobald er davon erfuhr, konnte ihn nicht mehr einholen, zog sodann nach Stegeborg, nahm das Schloss ein, das ihm keinen Widerstand leistete, *und bemächtigte sich der Schiffe des Königs.* Der König zog nach Linköping und *befande sich mit seinen Leuten nicht in den besten Umständen. Da er des Herzogs Erinnerungen und Warnungen kein Gehör gab, so wurde er bey Stangbroo* (Stångebro) *den 25. September mit Verlust mehr als 2000 Mann geschlagen. Die Folge dieser Niederlage war vor ihn um so beträchtlicher, weil sie den Verlust des Thrones nach sich zog.*[180]

Es kam zu Friedensverhandlungen, und von jeder Seite wurden hierfür sechs Mittelsmänner gewählt; Eduard Fortunatus war auf der Seite des Königs der erste. Wenige Tage danach, als der Friede geschlossen war, ließ der König den Herzog durch einen Gesandten auffordern, all das, was Eduard Fortunatus in der letzten Schlacht verloren hatte, diesem wieder auszuhändigen, so auch die Tapeten, die aus des Markgrafen Zimmer entfernt worden waren. Ob er sie erhalten hat, ist ungewiss.

Eduard Fortunatus hatte keine unwesentliche Rolle gespielt in den Auseinandersetzungen zwischen seinem Onkel und seinem Vetter, aber diese Rolle wird bei den Chronisten unterschiedlich bewertet. So habe er wohl auf der katholischen Seite mitgemischt, sich aber doch lange geschickt im Hintergrund gehalten, und wohl habe er nach der Niederlage Sigismunds an den Verhandlungen teilgenommen, dann jedoch das Lager gewechselt und für einige Monate sogar ein Amt bei dem protestantischen Herzog innegehabt, obwohl er doch selber Katholik war. Vielleicht aber befand sich der badische Markgraf auch in völliger Ungewissheit über die überraschende Rückkehr des Königs nach Polen, denn jener sollte sich doch eigentlich nach Stockholm begeben haben. Man glaubte ja, nun sei endlich Ruhe eingekehrt, aber Sigismund plante, im folgenden Jahr mit einem großen Heer nach Schweden zurückzukehren, *um sich an denen, die üble Gesinnungen gegen ihn geäußert hatten, zu rächen.* So ließ er von Danzig aus in ganz Europa verbreiten, seines Vaters Bruder *Herzog Carl von Südermannland habe sich der Rebellion und Verräterey schuldig gemacht; er selbst wolle den von den Rebellen ihm angethanen Schimpf rächen, und die Schweden zum Gehorsam mit Gewalt zwingen.*[181]

Nein, dem Markgrafen war vermutlich nichts bekannt von der schnellen Abreise des Königs. Er hielt sich am Hofe Karls auf, dem Bruder seiner Mutter, den er seit Kindertagen kannte, und wenig wichtig erschien ihm wohl nach dem Friedensschluss die Konfession. Dennoch machte er sich gegen Ende des Jahres 1599 eiligst auf nach Polen, und böse Zungen behaupteten, man habe seine Abreise als eine große Erleichterung empfunden. Am Hofe des Königs wurde er jedoch brüsk zurückgewiesen. Sigismund hegte einen großen Verdacht gegen ihn, da er sich so lange bei seinem Gegner aufgehalten hatte, und er verweigerte ihm zunächst den Zutritt. Aber schon bald erlangte er wieder Vertrauen zu seinem Vetter und gewann ihn für weitere Aufgaben.

So sollte Eduard nach Schweden fahren und die Generäle, *welche an dem westlichen Ufer des Sinus Codani oder Schaggerrags commandirten*[182] auf seine Seite bringen. Es wurde eine unglückliche Reise, denn die Dänen, welche Herzog Karl unterstützten, nahmen ihn gefangen, und das Gefängnis beendete dieses schwedisch-polnische Abenteuer des Markgrafen. Wenig später erlangte er wieder die Freiheit und kehrte nach vielen Beschwernissen endlich in die Spanischen Niederlande zurück zu seiner Familie.

König Sigismund III. wurde noch im selben Jahr vom schwedischen Reichstag abgesetzt. Die adligen Gegner Karls, welche Sigismund und die katholisch-polnische Sache unterstützt hatten, wurden 1600 allesamt hingerichtet und der Herzog von Södermanland vom Reichstag als König Karl IX. bestätigt.

Auch für Eduard Fortunat wurde das Jahr 1600 zum Schicksalsjahr. Als habe er sein nahes Ende vorhergesehen, hatte Eduard Fortunat noch kurz vor seinem baldigen Ableben ein Testament aufgesetzt.

In ihm bekräftigte er die bereits festgelegten Verfügungen aus seinem ersten Testament von 1594 und ordnete an, dass sein Leichnam in der Stiftskirche zu Baden, wie seine Vorfahren, zur Ruhe gebracht und ihm eine anständige Grabschrift gesetzt werden solle. Seiner Gemahlin bestimmte er als Witwensitz das Schloss zu Baden. Er hoffe, er werde bis zu seinem Ableben wieder in seine Markgrafschaft eingesetzt werden, wenigstens dürfe sie keinem seiner Kinder entrissen werden. Sollte aber Baden bis zu seinem Tod nicht wieder frei sein, so müsse sich seine Gemahlin einstweilen in Kastellaun aufhalten. Alle seine Provinzen, sowohl die ererbten als auch jene, die man ihm mit Gewalt entzogen hatte, solle sein erstgeborener Sohn Wilhelm erhalten, und sollte dieser unterdessen sterben, ginge das Erbe an den nächstfolgenden über. Die beiden Grafschaften Sponheim sollen den übrigen Kindern zufallen, so sie sich nicht dem geistlichen Stand widmeten. Seine Tochter und jene, die vielleicht noch kommen könnten, sollen den geistlichen Stand erwählen oder aber ehrlich und nach ihrem Stand und nach dem Inhalt der vorelterlichen Verordnungen vermählt und ausgesteuert werden.

Als Testamentsvollstrecker und Vormünder ernannte er Erzherzog Albrecht von Österreich, Herzog Maximilian von Bayern und Graf Karl von Hohenzollern-Sigmaringen. Zum Vormund seiner Kinder bestimmte er zudem seine Witwe. Das Testament sollte dem Kaiser zur Bestätigung vorgelegt werden. *Daß Pistorius den Entwurf dieses Testaments gemacht habe, erhellet aus seiner Unterschrift.*[183]

Wehe meiner armen Seele! – Wehe meiner armen Seele! Es heißt, dass einige Bedienstete diese klagende Stimme etliche Male aus dem Schlossgraben von Kastellaun vernommen haben, nicht ahnend, dass ihr Herr wenige Stunden später nicht mehr unter den Lebenden weilen sollte.

Es war zu Unstimmigkeiten gekommen zwischen Eduard Fortunatus und Karl von Pfalz-Zweibrücken-Birkenfeld, die sich die sponheimische Herrschaft teilten. Vieles gab es zu besprechen, so auch an jenem Abend des 18. Juni 1600, als Karl zu Gast auf Kastellaun weilte und das Schicksal des unruhigen Badeners sich besiegeln sollte. Der Pfalzgraf schrieb kurz darauf an Kurfürst Friedrich von der Pfalz, der Markgraf habe sich in seinem, Karls Gemach aufgehalten, um einige wichtige Fragen zu erörtern. Alsdann habe sich Eduard Fortunatus in seine Räumlichkeiten begeben wollen, sei auf dem Weg dorthin gestolpert und eine steinerne Treppe heruntergefallen, wodurch er so übel zugerichtet worden sei, dass er wenig später starb.

Über Eduards Tod gibt es abweichende Schilderungen. Der Bürgermeister von Arnheim[184] schrieb in seinen Annalen, der Markgraf sei betrunken gewesen, und er sei so unglücklich eine Treppe hinuntergestürzt, dass er sich das Genick, das Rückgrat, einen Arm und beide Beine gebrochen habe. Als Unglücksort nannte er jedoch Brüssel, wie es auch einige andere Chronisten später taten, die sich vermutlich auf diese Niederschrift bezogen. So ist an anderer Stelle zu lesen:

Marggrav Eduardus Fortunatus kam gar elendig umb sein Leben, A. 1600. den 18. Jun. Bey seines Secretarii Hochzeit zu Brüssel. Denn als er daselbst nebst einem Pfalzgraven einem Graven von Eberstein und anderen sich frölich erzeigte, und nicht allzuviel getrunken hatte, doch etlichemal im Danzen strauchelte, auch darauf in sein Schlafgemach gebracht und ihme eine ruhige Nacht gewünschet wurde, wollte er bald darauf ganz allein eine Stiege herab gehen, aber dermaßen unglücklich, daß er, ehe man nach ihm greiffen konnte, einen schweren Fall thate, und nicht allein Arm und Bein, sondern auch gar den Hals brach, und also erbärmlich sein Leben endigte.[185] Auch ist zu lesen, der Markgraf sei auf der Hochzeit einem schönen jungen Mädchen nachgelaufen und habe dabei jenen unglücklichen Sturz getan.

Fest steht: So außergewöhnlich und unglücklich, wie er sein ganzes kurzes Leben geführt hatte, so fand dieses ein jähes Ende durch jenen Sturz auf einer steilen steinernen Spindeltreppe, der ihn aus einer fröhlichen und trunkenen Stunde in die Ewigkeit führte. Und Glauben schenken möchte man am ehesten dem Schreiben seines Gastes auf Kastellaun, Pfalzgraf Karl, der damals mit dem Markgrafen dessen letzten Abend verbracht hatte, unterhaltsam gewiss, strittig vielleicht auch. Dieser schloss seinen Bericht über jenen unglücklichen Vorfall mit den Worten: *„der allmechtige Gott wolle S.L. gnedig pflegen und am Tag der herrlichen Zukunft unsers Hailands und Erlösers Christi ain fröliche, sieghafte Ufferstehung väterlich verleihen.“*[186]

Der tödlich verletzte Markgraf soll die kurze Zeit vom Leben in den Tod, bevor er in den frühen Morgenstunden des 19. Juni für immer die Augen schloss, noch genutzt haben, um eine Verordnung wegen seines Begräbnisses zu diktieren. *Pistorius, der dem Marggraven immer zur Seite seyn wollte, hat dieses Codicill*, diesen Zusatz zu seinem Testament, *in lateinischer Sprache … abgefaßt,*[187] hier übersetzt: „Wir wollen, dass unser Körper in der Stiftskirche in unserer Badischen Markgrafschaft, die Uns mit Recht zusteht, mit einer ehrenvollen Grabinschrift gemäß Unserer Vorfahren bestattet wird.“ Er fand dann aber doch im Kloster Engelport seine letzte Ruhestätte, so wie später seine Gemahlin und seine Tochter auch. Im Totenregister des Frauenklosters Engelport, dem Prämonstratenser-Orden zugehörig, nicht weit von Kastellaun entfernt, steht geschrieben: *Eduardus Fortunatus dedit pannum holofericum pro ejus sepultura.*[188] Eduard Fortunat hat für diese Bestattung ein Tuch aus Samt gewidmet.

Sofort stellte sich die Frage, wer für eine Nachfolge des verstorbenen Markgrafen in Frage kommen könne. In seinem Testament hatte Eduard Fortunat seinen Erben zwar ausdrücklich benannt, aber so, wie seinem Wunsch, in der Stiftskirche in Baden beerdigt zu werden, nicht entsprochen wurde, so fand auch seine letztwillige Verfügung über seine Nachfolge vorerst keine Beachtung. Von den vier Kindern, die Maria van Eicken dem Markgrafen geboren hatte, waren zum Zeitpunkt seines Todes noch alle am Leben und blieben es noch weit darüber hinaus. Sie galten jedoch als nicht sukzessionsfähig, und so kamen nur noch die Brüder des Verstorbenen in Betracht, die Geschicke des Landes in ihre Hand zu nehmen.

Von seinen fünf Brüdern lebten aber inzwischen nur noch Christoph Gustav und Philipp; keiner von beiden kam jedoch für eine Nachfolge wirklich in Frage. Christoph Gustav hielt man zwar für *ein pur, lauter Kind,* auch wenn er tückisch und hitzköpfig gewesen sein soll, aber er war eben taub und blind und galt daher *pro semimortuo,* als halbtot. Weitaus lebendiger erschien der jüngere Bruder Philipp, der am Hofe Ernst Friedrichs freundlich aufgenommen worden war, aber es hieß, ihm sei *sein Hirn verruckt,*[189] zudem habe er einen zu Rodemachern entleibt. Am sinnvollsten also, so schien es, war die Beibehaltung des Status quo, zumal sich Ernst Friedrich ohnehin als legitimer Herr der Oberen Markgrafschaft sah.

Mit großer Beharrlichkeit setzte aber Maria alles daran, den letzten Willen ihres verstorbenen Gemahls durchzusetzen, vor allen Dingen ging es ihr darum, ihrem Erstgeborenen seinen ihm zustehenden Platz zu sichern. Natürlich hielt das gegnerische Lager die Markgrafenwitwe für ebenso leichtsinnig und verdorben wie ihren verstorbenen Gemahl, aber von keiner unsittlichen Begebenheit gab es zu berichten. Vielleicht trug die erste Zeit bis zu ihrer zweiten, diesmal anerkannten Eheschließung dazu bei, dass sie als leichtfertige, gar liederliche Person erscheinen konnte, aber die Ursache hierfür war allein in des Markgrafen herabwürdigendem Benehmen zu suchen.[190] Doch Maria fand auch Unterstützer für ihre Belange. Besonders Probst Bornius setzte sich für sie ein, indem er schilderte, wie sie ihn einmal vor ihrem eigenen Gemahl gewarnt hatte, als dieser ihm nach dem Leben trachtete.

Aber es ging ja nicht allein um Marias guten Ruf. Es ging darum, dass man ihre Ehe mit Eduard als eine nicht dem göttlichen, weltlichen und Gewohnheitsrecht angemessene hielt, sondern ihre Verbindung vielmehr als Buhlschaft bezeichnete. Es ging dem gegnerischen Lager dabei einzig darum, die Sukzessionsfähigkeit ihrer Kinder in Frage zu stellen. Denn würden diese ihr Erbe antreten, dann, so meinte man, führte dies zur Ermunterung unbesonnener Weibspersonen, ja man warnte sogar ausdrücklich vor ihrer Anerkennung als rechtmäßige Erben, würde dies doch zu gleicher Leichtfertigkeit der unbedachten und hitzigen, auch fürstlichen Jugend verleiten.

Besonders die Rechtmäßigkeit ihrer ersten Eheschließung zu Brüssel wurde in Zweifel gezogen und der erstgeborene Sohn darum für ein außerehelich gezeugtes Kind gehalten. Wohl brachte Maria ein Dokument herbei, das diese Heirat belegen sollte, aber das Zeugnis berief sich – wie berichtet – nur auf eine Handschrift des Geistlichen, der die Trauung damals vorgenommen hatte; eine solche Handschrift ist jedoch niemals aufgefunden worden.[191]

Eine erste Gefahr für ihr Erbe drohte Maria und ihren Kindern schon bald, kaum dass sie Witwe geworden war. Ernst Friedrich hatte nach dem Ableben seines Vetters schnell die Herrschaften Lahr und Mahlberg eingenommen und gedachte nun, auch die Grafschaft Sponheim in Besitz zu nehmen. Er sei doch der rechtmäßige Nachfolger des verstorbenen Markgrafen, denn auf keinen Fall seien dessen Kinder als legitime Erben anzuerkennen.

Vielleicht hatte Ernst Friedrich verdrängt, dass er seine Herkunft ebenfalls einer nicht standesgemäßen Verbindung zu verdanken hatte. Sein Vater, Karl II., war ja kein Spross der ersten Gemahlin des Großvaters, der Elisabeth von Brandenburg-Ansbach; Karl entstammte vielmehr der zweiten Ehe des Markgrafen Ernst, die er mit dem Hoffräulein seiner verstorbenen Gemahlin, der niederadligen Ursula von Rosenfeld, eingegangen war. Die Trauung hatte in aller Stille auf der Hochburg stattgefunden und war mehrere Monate lang geheimgehalten worden. Zwanzig Jahre lang, bis zu ihrem

Tod, stand Ernst von Baden treu an der Seite Ursulas und ließ ihr und sich in der Pforzheimer Schlosskirche ein stattliches Grabmal errichten. Auch wenn nach anfänglichem Vorbehalt Ursula von Rosenfeld schließlich als Markgräfin anerkannt wurde, so war die Ehe doch in keiner Weise standesgemäß, und Ernst Friedrich hätte somit auch ernsthaft die Sukzessionsfähigkeit seines Vaters und die eigene in Zweifel ziehen müssen.

Aber die Lösung des Problems lag nicht allein in der Hand des Markgrafen von Baden-Durlach, sondern in der Hand des Kaisers. Maria und die Räte in Kastellaun waren auf keinen Fall gewillt, den badischen Teil der Grafschaft Sponheim dem Herrschaftsbereich Ernst Friedrichs zu überlassen. Also schickten sie den Landhofmeister Karl von Orscelaer nach Prag; der Kaiser möge als der oberste Lehnsherr Kenntnis nehmen von den Plänen des Markgrafen, auch wolle man die Entscheidung über das weitere Schicksal der Witwe, der Kinder und der Hinterlassenschaft in seine Hände legen.

Dieser Landhofmeister, der Maria und ihren Kindern zur Seite stand, besaß nicht den allerbesten Leumund. Nicht nur im protestantischen Lager ging ihm der Ruf als das Faktotum Eduards voraus, auch bei den Katholiken zweifelte man an seiner Charakterstärke. So schrieb einmal Propst Bornius, er halte nicht viel von ihm, dieweil er einzig und vor allen anderen des Eduard Fortunatus Weissager und Vorbeter sei. Arm sei er damals gekommen, aber für gesegnete Dukaten habe er *krume neune grad lassen sein und mit Zusehen und Stillschweigen seinen Sack gefüllet, das Gewissen an den Zaun gehenkt und mitgemacht*[192] und seinem Herrn weiter gedient, selbst als dessen Bruder seine, Orcelaers, Frau zu seiner Konkubine machte und sie missbrauchte, derweil er selbst in Polen weilte.

Die Heidelberger Räte meinten später, Orscelaer habe die Angelegenheit gegen Ernst Friedrich beim Kaiser am heftigsten vorangetrieben, und tatsächlich wusste er zu Beginn seinen Auftrag zur vollsten Zufriedenheit der Kastellauner Räte auszuführen. Schon im November 1600 erging des Kaisers Befehl, die Obere Markgrafschaft, die Grafschaft Eberstein und die Herrschaften Lahr und Mahlberg und Gräfenstein dem Herzog von Bayern so lange als

Sequester zu überlassen, bis eine Lösung gefunden sei. *Vor allem aber wurde Spanheim dem Kaiser und den hinterlassenen Kindern des Marggraven zugeeignet.*[193]

Tag und Nacht überlegte Ernst Friedrich nun, wie die Angelegenheit in seinem Interesse zu regeln sei, und er beriet sich mit seinen Verbündeten; jene meinten allerdings, er solle dem Kaiser Gehorsam leisten. Dies war des Markgrafen Sache nicht. Im Dezember schrieb er dem Herzog von Bayern, er möge das ihm anbefohlene Amt nicht annehmen, sondern ihm weiterhin in Freundschaft gewogen sein, aber Herzog Maximilian gab zur Antwort, in untertänigstem Gehorsam dem Kaiser gegenüber habe er das Amt übernommen, und gewiss werde sich auch der Markgraf dem Willen des Kaisers nicht verschließen. Daraufhin schrieb ihm Ernst Friedrich, der Kaiser habe unter dem Einfluss seiner, des Markgrafen, Feinde die Sequestration angeordnet, dieweil er schlecht unterrichtet sei; zudem verstoße sie eindeutig gegen die Verträge seines Hauses, *gegen die Reichs-Gesetze und die allgemeine Freyheit der Chur- und Fürsten auch übriger Stände des deutschen Reiches.*[194]

Diese Widerspenstigkeit veranlasste den Kaiser, endlich strengere Maßnahmen zu ergreifen. Im August des Jahres 1601 befahl er dem Markgrafen, *bey Strafe zweyhundert Mark Löthingen Goldes* sowohl die Obere Markgrafschaft als auch die dazugehörigen Teile dem Herzog von Bayern und dem Kurfürsten von Trier zu übergeben. Aber hartnäckig wehrte sich Ernst Friedrich weiterhin gegen eine Zwangsverwaltung. Er fühlte sich im Recht, und so schickte er im April 1602 seinen jüngeren Bruder Georg Friedrich an den kaiserlichen Hof in der Hoffnung, dieser könne vielleicht etwas bewirken. Georg Friedrich stand seit 1595 nicht mehr unter der Vormundschaft seines älteren Bruders, und Ernst Friedrich hatte ihm die Hälfte der Länder ihres verstorbenen Bruders Jakob[195] übergeben. Aber auch Georg Friedrich konnte in dieser Sache nichts ausrichten. Die strittige Angelegenheit blieb weiterhin unentschieden, und bis zu seinem plötzlichen Tod im Jahre 1604 kämpfte Ernst Friedrich unbeirrbar, aber erfolglos um seine Rechte als Nachfolger des Eduard Fortunatus.

Georg Friedrich, Markgraf von Baden-Durlach.

Nicht anders erging es allerdings auch der Witwe und den Kindern des verunglückten Markgrafen. Zwar konnte ein Zugriff von Baden-Durlach auf Sponheim verhindert werden, aber die Kastellauner Räte vermochten beim Kaiser nicht zu bewirken, dass dem Erstgeborenen, Wilhelm, die rechtliche Nachfolge zugesichert wurde. In diesem unentschiedenen Zustand drohte Maria und ihren Kindern plötzlich eine weitere Gefahr. Wohl hatte man schon Jahre zuvor dem verbrecherischen Spuk um Langhaar und sein Gefolge ein Ende bereitet, die Bedrohung des Amtes Kastellaun war indes nicht gänzlich gewichen. Langhaars jüngerer Bruder, so ging im Winter 1603 die Warnung, plane einen Überfall, um den Hingerichteten zu rächen, und es drohe sogar die Vertreibung der markgräflichen Familie. Aber es blieb bei dieser Warnung, denn die Gefahr konnte rechtzeitig abgewehrt werden.

So, wie die politische Lage lange Zeit ungeklärt blieb und keine Seite sich durchzusetzen wusste und keine endgültige Entscheidung in Prag getroffen wurde, so konnten auch die Vorschläge, die gemacht wurden, um den Kindern eine gute Erziehung und Ausbildung angedeihen zu lassen, am Ende nicht umgesetzt werden. Eduard Fortunatus hatte, wie man weiß, nur katholische Vormünder bestimmt: Erzherzog Albrecht, Herzog Maximilian und Graf Karl von Zollern. Solange sie unverheiratet und unbescholten blieb, sollte ihnen die Markgrafenwitwe zur Seite stehen. Allein Erzherzog Albrecht konnte, arbeitsüberlastet wie er war, seiner Aufgabe nicht in dem Maße nachkommen, wie er es gewünscht hatte, und so bat man Graf Johann von Ostfriesland, statt seiner die Vormundschaft zu übernehmen. Maria bat um die Ernennung zweier weiterer Vormünder, und auch der polnische König wurde um Unterstützung angegangen. Natürlich versuchten Ernst Friedrich und sein Bruder Georg Friedrich, eine Bestätigung der Vormünder durch den Kaiser zu verhindern unter dem Vorwand, Eduards Kinder stammten nicht aus einer rechtmäßigen Ehe. Sie hatten aber keinen Erfolg.

Den Vormündern ging es in erster Linie um eine gute Erziehung und Unterrichtung der drei Söhne des verstorbenen Markgrafen. Mit Unterstützung des Herzogs von Bayern und des Königs von

Polen traten sie zunächst an den Papst heran mit der Bitte, dem ältesten Sohn einen Platz im *Collegio Germanico zu Rom zu vergönnen*;[196] Wilhelm sei begabt, zudem sittsam und still den Studien zugetan. Es war geplant, ihm zur Begleitung des Landhofmeisters Sohn mitzugeben, der selbst einst Zögling dieses Kollegs und nun ein Doktor der Theologie war. Hermann Fortunatus, der Zweitgeborene, sollte am polnischen Königshof *ufferzogen und disciplinirt werden*,[197] und für den jüngsten Sohn, den noch kleinen Albrecht Karl, war vorgesehen, dass er später eine angesehene Hochschule in den Niederlanden besuchen sollte im katholischen Gebiet seines Patenonkels Erzherzog Albrecht.

Bald konnten dem Kaiser zahlreiche Empfehlungsschreiben vorgelegt werden, auch der päpstliche Nuntius förderte die Angelegenheit, aber eine kaiserliche Entscheidung wurde nicht gefällt. Es lag an der wachsenden Lähmung der Prager Regierung, dass nichts sich richtig fortentwickeln konnte. Der Zustand rührte von der Untätigkeit Kaiser Rudolfs II. her, der schon seit den 1590er Jahren von Schwermut und Depressionen geplagt wurde, und mehr und mehr litt das Reich unter seiner zunehmenden geistigen Verwirrung.

Dieser Umstand verzögerte und verhinderte zwar wichtige Entscheidungen, und Marias Anliegen blieben noch lange Zeit ungeklärt, indes geriet die Beibehaltung des Status quo den okkupierten Landen nicht zum Nachteil. Unter der Verwaltung Ernst Friedrichs kehrten wieder ordentliche und berechenbare Zustände ein, und die religiöse Zugehörigkeit der Untertanen wurde respektiert. In einem Brief an den Kaiser hatte dieser schon im Juli 1596 erneut bekräftigt, an der Religion nichts geändert zu haben, und er wolle auch in Zukunft nichts daran ändern.

Dann entfaltete sich beim Markgrafen von Baden-Durlach aber doch ein religiöses Sendungsbewusstsein, das sich allerdings nur auf sein angestammtes Land bezog. Er hatte sich dem reformierten Bekenntnis zugewandt, und als ein überzeugter Calvinist wünschte er nun, dass die Segnungen dieser Glaubensrichtung all seinen Untertanen zuteil werde. Ernst Friedrich begann, in den Pfarreien nur

Prediger seiner Konfession einzusetzen mit dem Ziel einer langsamen, aber wirkungsvollen religiösen Umerziehung. Kaum jemand war von dieser Glaubensrichtung zu überzeugen. Ganz besonders wehrten sich die Bürger von Pforzheim gegen dieses Diktat; auf keinen Fall war man gewillt, vom Luthertum abzuweichen. Der Streit mit den Bürgern dieser Stadt sollte wenige Jahre später die letzte Auseinandersetzung werden, welcher sich der bis dahin allseits geachtete Markgraf zu stellen hatte.

Hier in Pforzheim wurde dem Regenten Paroli geboten, hier stand man auf, hier schloss man sich zusammen. Nie und nimmer wollte man der religiösen Überzeugung des Herrschers folgen, und nur mit einem abfälligen Lächeln verfolgte man die Aktivitäten des markgräflichen Obervogtes Johann von Münster, der gleichfalls ein eifriger Bekenner der reformierten Konfession war. Jener nämlich deutete Kometen am Himmel als ein Zeichen des „Calvinischen Bundes", und wenn er psalmensingend über den Marktplatz ritt, schüttelte manch braver Bürger den Kopf. Überaus erheiternd war es auch für das recht nüchterne und sachliche Gemüt der Einwohner, wenn er an seinem offenen Fenster die Laute schlug und dabei laut vernehmlich erbauliche Lieder sang. Bald kam man daher zu dem Schluss, der Vogt habe den Wurm.

Johann von Münster hatte aber jene Predigt gehört, in der Superintendent Benedict Unger zu Beginn des August 1601 die Bibelworte von den falschen Propheten auf die Reformierten bezog, und sofort erstattete er Bericht nach Durlach. Nicht lange, so wurden daraufhin alle Geistlichen entlassen, und kein lutherischer Gottesdienst konnte mehr gehalten werden. Dem Gesuch um lutherische Geistliche aus Georg Friedrichs Land oder aus Württemberg wurde nicht stattgegeben. Die nun eingesetzten reformierten Theologen konnten sich jedoch nicht durchsetzen, und schließlich versammelte sich die eigenwillige Pforzheimer Bürgerschaft auf dem Marktplatz und schwor bei Leben und Tod auf das Luthertum.

Im folgenden Monat verließ der Obervogt die Stadt, nicht ohne zum Abschied noch eine vollmundige Rede zu halten. In der Nacht zuvor hatte es ein Erdbeben gegeben. Dies sei eine himmlische Warnung, rief der Redner, weil die Pforzheimer nicht reformiert werden wollten, aber nur Spott und Hohn schlugen ihm entgegen, und der Wortführer der aufsässigen Bürger fand dazu die treffende Bemerkung: *Für einen protestantischen Edelmann ist dies fast zu läppisch.*[198]

Natürlich war Ernst Friedrich auf das Äußerste empört über die Widerspenstigkeit seiner Untertanen, und als Pforzheim sich sogar verteidigungsbereit machte, da man mit einem Anrücken des Markgrafen rechnete, wuchs sein Groll, denn undenkbar war es, dass man in seinem eigenen Land die Waffen gegen ihn erhob. Er verzichtete dann aber doch auf jedwede Gewalt, da sein Bruder Georg Friedrich, wie dieser verlauten ließ, der Stadt vor dem Reichskammergericht beistehen wolle, und so ließ der Markgraf die Angelegenheit vorerst auf sich beruhen.

Aber man wusste auch, dass mit Ernst Friedrich nicht zu spaßen war, und aufgeschoben war nicht aufgehoben, und so musste man im Frühjahr 1604 schließlich erkennen, dass der Wille des Markgrafen ungebrochen war, denn mit Soldaten und der Landwehr zog er gegen Pforzheim, die unfolgsamen Bürger zu ihrem Glücke zu zwingen. Dieses Unternehmen besiegelte jedoch sein eigenes Schicksal.

Gesundheitlich angeschlagen, besonders seit der Okkupation der Oberen Markgrafschaft, begann Ernst Friedrich diesen Feldzug im eigenen Land. Schon zehn Jahre zuvor war er *an den unteren Theilen des Leibes contract worden, so daß er sich von einem Orte zum anderen müssen in einem besonderen Sessel oder Sänfte tragen lassen.*[199] Solchermaßen behindert, teilweise gelähmt, rückte er auf Pforzheim zu. Er wusste nicht, dass Georg Friedrich schon 1600, im Sterbejahr Eduards, beim Kaiser angefragt hatte, ob im Todesfall seines Bruders die Obere Markgrafschaft ohne Furcht vor Sequestrierung von ihm übernommen werden dürfe; er ahnte nicht, dass man schon seit längerer Zeit mit seinem baldigen Ableben rechnete.

Ernst Friedrich kam bei seinem religiösen Feldzug nur bis zum Schloss zu Remchingen, von dem heute keine Spur mehr zu sehen ist. In höchster Erregung, als er erfuhr, die Pforzheimer, seine eigenen Untertanen, seien gerüstet zur Verteidigung und tatsächlich nur mit Waffengewalt zu bezwingen, traf den geschwächten Markgrafen ganz plötzlich der Schlag. Am 14. April 1604 ist er *in Gott dem Herrn seeliglichen entschlafen.*[200]

Sofort wurden seine Truppen zurückgerufen. Ernst Friedrich fand seine letzte Ruhestätte in der Schlosskirche zu Pforzheim, der Grablege der alten Zähringer. Sein Bruder Georg Friedrich übernahm fortan die Regierung der beiden Landesteile und führte die Markgrafschaft Baden-Durlach wieder zurück zum lutherischen Glauben.

Markgraf Ernst Friedrich von Baden-Durlach starb einen reformierten Tod, sein älterer Bruder Jakob zuvor einen katholischen, der jüngere Bruder Georg Friedrich später einen lutherischen. Ihr Vetter *Eduard Fortunat hingegen, der nie eine sinnvolle Existenzmöglichkeit seiner Zeit ergriffen hatte und dessen Sterben daher leer sein mußte, weil er sich in ihm und mit ihm nichts zu bekennen hatte, fiel einfach eine Treppe hinunter und brach sich das Genick.*[201]

Alle diese religiösen Unterschiede, Befindlichkeiten und Auseinandersetzungen, bei denen das gläubige Volk nie nach seinem persönlichen Glauben gefragt wurde und auf dessen Schultern dennoch alles ausgefochten wurde, fanden ihr Ventil in den Machtkämpfen des großen Krieges, der dreißig Jahre lang die Länder verwüsten sollte.

Es ging lebhaft zu am Vorabend des Dreißigjährigen Krieges. Alles war im Flus, und die Streitigkeiten im Reich nahmen kein Ende. Politik und Religion wurden nach und nach miteinander vermengt, und am Ende ging es allein um den Erhalt der eigenen Macht, denn wechselseitig und konfessionsübergreifend spähten der Regent und der Feldherr einzig nach dem erfolgversprechenden Partner.

Im Jahre 1622 konnte Eduard Fortunatus erstgeborener Sohn Wilhelm[202] als rechtmäßiger Erbe die Regentschaft der Oberen Markgrafschaft übernehmen, verlor sie aber bald darauf wieder, um im Jahre 1635 und endgültig 1648 als regierender Markgraf von Baden-Baden anerkannt zu werden. Aber das ist eine andere Geschichte.

Epilog

Ein schwarzes Totenkleid aus Samt umhüllt den Leichnam, zerfallen und verwest in seinem Sarg, und auf der Brust ruht still ein Kreuz aus Holz. Wehrhaft, trotz all dem Losgelösten, liegt rechts der lange Degen mit dem goldumwundenen Griff; die andere Gürtelseite hält, wie einst im Leben, das Stilett. So ruht der Markgraf wohlgerüstet für seine Reise in die andere Welt. In einer kleinen Kapsel liegt, sanft eingeschlagen in ein seidenes Tuch, sein einstmals ruheloses Herz.

Im Jahre 1754 wurde das Grab des Eduard Fortunatus in der Stiftskirche zu Baden geöffnet, und man fand eine gewölbte Kammer mit einem Bleisarg, darauf unter einem zerfallenen Kästlein *eine kleine Kapsel, darin ein Beutel mit dem Herz, welches in einer kupfernen Schachtel verschlossen aufs neue beigesetzt*[203] wurde.

Eine Grabplatte im Boden, links im Chor, deckt alles zu. Auf ihr lag ehedem ein bronzener Wappenschild. Er ist nun Bestandteil eines Epitaphs, dessen Sockel die lateinische Inschrift trägt, hier übersetzt: „In diesem Grabe ruht der vornehmste Fürst und Herr, Herr Eduardus Fortunatus, Markgraf von Baden und Hachberg, Graf in Sponheim und Eberstein, Herr in Lahr und Mahlberg, gestorben im Jahre des Heils 1600 am Tag des 19. Juni. Seine Seele ruhe in Frieden. Amen“

Unbestimmt und rätselhaft wie sein ganzes kurzes Leben blieb auch lange Zeit die letzte Ruhestätte des Markgrafen Eduard Fortunat. Wohl hatte er dem Kloster Engelport[204] ein schwarzes Tuch von Samt gestiftet für sein dereinstiges Begräbnis, wohl wissend, dass eine Grablege in seinem besetzten Land vorerst nicht möglich schien. Aber noch im Angesicht des Todes, nach seinem unglücklichen Sturz, verfügte er erneut, man möge ihn zur Ruhe betten im Kreise seiner markgräflichen Familie.

Vorsorglich hatte man daher den Leichnam des Markgrafen einbalsamiert, ganz unüblich für jene Zeit. Lange sollte er noch erhalten bleiben für seinen Weg zurück nach Baden. Nach der Einsetzung seines ältesten Sohnes Wilhelm in die Regentschaft konnte dem Wunsch endlich entsprochen werden. In Engelport blieben die Organe, die man dem toten Leib entnommen hatte, die Hülle ruht in Baden, so auch sein Herz – vermutlich heimlich mitgeführt.[205]

Als die beiden Teile der Markgrafschaft im Jahre 1771 wieder zusmmenkamen, beendete Karl Friedrich von Baden das Zerwürfnis mit dem ungeliebten Verwandten. Zweihundert Jahre nach Eduard Fortunatus‘ Tod ließ er das Wandgrabmal und die Grabplatte neu herrichten mit der Begründung: *Mann soll nicht im Leben, geschweige im Tode miteinander zürrnen.*[206]

Sagen um Eduard Fortunatus

Es waren auch die Sagen und Geschichten, welche die Neugierde der Autorin weckten auf das Leben des Markgrafen Eduard Fortunatus von Baden-Baden, und so sollen hier einige Auszüge im Anschluss ihren Platz finden.

Die Yburg in Geschichte und Sage

(Auszug)

Als im verhängnisvollen Jahr 1525 der von der Landgrafschaft Stühlingen ausgehende furchtbare Bauernaufstand allmählich auch ganz Schwaben und Franken aufs tiefste erschüttert, da geht auch die stolze Feste Yburg in Flammen auf, nicht ohne jedoch zuvor zu den sich wie toll und wahnsinnig gebärenden Bauern bis auf die nackten Mauern ausgeplündert zu sein. Aus den rauchgeschwärzten Trümmern der Burg aber, wo sich dermaleinst Ritter und Edelknechte mit ihren Damen ein Stelldichein gaben und die hochgewölbten Säle widerhallten von Pauken und Saitenspiel, von Trompeten und Geigen, begannen zahlreiche Sträucher und Blumen emporzusprießen.

Freilich, so ganz von Grund aus dürfte die Yburg doch nicht zerstört worden sein. Das besorgten erst anderthalb Jahrhunderte später die Mordbrennerhorden des „allerchristlichsten Königs" Ludwig XIV. […] Immerhin mögen der Verwüstung durch die Anhänger des Bundschuhs einige mehr oder weniger abgelegene Gemächer der Burg entgangen sein. Um das Jahr 1594 nämlich hauste droben auf der Burg, inmitten der zerbrochenen Mauern und Türme, umschwirrt von Eulen und Fledermäusen, ein gar seltsames und verdächtiges Paar: Paul Pestalozzi aus Chiavenna in Graubünden und Francesco Muscatello aus Schio bei Vicenza. Beide waren Alchimisten und mit dem leichtsinnigen Markgrafen Eduard Fortunat von Baden befreundet, der das Kunststück zuwege brachte, die Schuldenlast seines Landes, die unter seinem Vorgänger Philipp II. bereits 600.000 Gulden betragen hatte, bis ins Ungemessene zu steigern. Um seine Einnahmen zu vermehren und gleichzeitig seinen kostspieligen Neigungen frönen zu können, ward dieser verkommene Landesvater sogar zum Verbrecher, zum Münzfälscher. Ja, selbst zur Ausübung schimpflicher Straßenräubereien erniedrigte sich der hohe Herr! Seine beiden Helfershelfer jedoch trieben Tag und Nacht in den halbzerfallenen Gewölben der Yburg ihr lichtscheues Handwerk, indem sie gefälschte Silbermünzen für ihren tiefverschuldeten fürstlichen Auftraggeber anzufertigen versuchten. Es wird sogar von gut unterrichteter Seite durchaus glaubhaft berichtet, die beiden Abenteurer hätten auf Veranlassung des Eduard Fortunat dessen leiblichen Vetter, den Markgrafen Ernst Friedrich von Baden-Durlach, durch einen von ihnen auf der Yburg gebrauten Gifttrank zu ermorden sich vermessen. Glücklicherweise mißlang dieser grauenhafte Anschlag.

Die beiden Bösewichter jedoch wurden verhaftet, vor Gericht gestellt und am 10. Dezember 1594 zu Durlach enthauptet. Die Leiber der Gerichteten aber wurden dem harten Brauch der damaligen Zeit entsprechend, die keinerlei Gefühlsduselei hatte, gevierteilt und „auf die vier Straßen gesteckt". Fortunatus selbst indessen, dem seine Zeitgenossen übereinstimmend das Zeugnis eines verrohten, verschwenderischen, abergläubischen und außerordentlich ausschweifenden Menschen ausstellen, kam wenige Jahre später auf unwürdige Art ums Leben. Im Juni des Jahres 1600 stürzte er auf seinem Schlosse Kastellaun im Hunsrück im Rausch die Treppe hinab und brach das Genick.

Nach der Hinrichtung Muscatellos und seines Genossen aber lag die Yburg, welche der Schauplatz solch düsterer Verbrechertätigkeit gewesen, wieder längere Jahre einsam und verlassen, bis zu Beginn des Dreißigjährigen Krieges der heldenmütige Markgraf Georg Friedrich von Baden die verwüstete Burg wieder aufbauen und neu befestigen ließ.

Als Markgraf Eduard Fortunatus auf die oben geschilderte, wenig rühmliche Weise in der Trunkenheit aus diesem Leben geschieden war, kehrte sein unstätiger Geist nach den Gewölben der immer mehr zerfallenden Yburg zurück, wo er mit den Geistern der beiden hingerichteten Italiener zusammentraf. Aber die drei Ruhelosen sollten sich nicht allzulange des Alleinseins freuen. Später nämlich, so erzählt die Sage, beschworen die frommen Kapuziner vom Kloster Fremersberg bei Baden-Baden alle Kobolde und Hausgespenster der ganzen Gegend in einen Sack und trugen sie auf die alte Yburg, wo sie losgelassen und in den Mauertrümmern festgebannt wurden, weshalb sich auch nur selten beherzte Menschen in die Nachbarschaft der als Geisterschloß verschrieenen Yburg wagen.

(Hausenstein, Albert: Die Yburg in Geschichte und Sage, München, Tübingen o.J., S. 5 und 13.)

Eduard Fortunat von Baden

(Auszug)

Der Markgraf beteiligte sich sogar, ungeachtet seiner herrschaftlichen Stellung, an zahlreichen Raubüberfällen. Mit seinen Dienern ritt er aus, versteckte sich in den Kornfeldern, und wenn dann eine Kutsche mit Reisenden oder Kaufleuten nahte, so warf er die Fuhrleute nieder und stahl, was er bekommen konnte. Er ließ die Beraubten binden, zählte vor ihnen das abgenommene Geld und teilte es hernach mit seinen Raubgesellen. Einmal wurde bei einem dieser Raubzügen ein Krämer erschossen, aber skrupellos ließ der Markgraf die gestohlenen Dinge auf sein Schloß bringen und schmückte es damit aus.

Sein größter Feind war sein Vetter Ernst Friedrich von Baden-Durlach, dem er ständig nach dem Leben trachtete. Als Ernst Friedrich einmal mit seinem Bruder Georg Friedrich nach Ettlingen kam, um dort ein Passionsschauspiel anzuschauen, lud Fortunat seine Vettern zu Gast und ließ Ernst ein durch Muscatello bereitetes Giftgetränk reichen, das aber gottlob nicht zum Tode führte. Später hat man auf dem Schloß zu Baden noch weitere Gifte gefunden, und man sagt, dass es schon an einigen Leuten seine Wirkung getan haben solle.

Eines Tages beschloß Fortunat, das Leben seines Widersachers aus der Ferne zu beenden. Dazu ließ er seinen italienischen Gehilfen Pestalozzi, unter Aufsagen der gewaltigsten Zauberformeln, aus Jungfernwachs (helles Bienenwachs), Leim und geheimnisvollen Zutaten ein Bildnis des verhaßten Durlachers anfertigen; auf diese „Puppe" sollte eine Kugel abgefeuert und das menschliche Original, sei es auch noch so weit entfernt, tödlich getroffen werden. Das Wachsgebilde wurde an eine Türe geheftet, aber kaum war die Pistole darauf abgedrückt, drang ein markerschütternder Schrei von der anderen Seite herüber – – Die Kugel war durch die dünnen Bretter der Türe gedrungen und hatte die schöne junge Tochter des Burgkastellans getroffen, die Buhle (Geliebte) Eduard Fortunats, die auf der Stelle tot zu Boden sank. Seit diesem Vorfall, so wird erzählt, trieb Nacht für Nacht ein Geisterspuk auf der Yburg sein Unwesen, so dass seine Bewohner sie schließlich verlassen mußten

(Schulz, Urte: Zwischen Alb und Oos – ein Sagenführer, Auf Spurensuche alter Sagen und Geschichten im Ufgau, Heidelberg, Ubstadt-Weiher, Basel 2006, S. 237.)

Fortunat von Baden

Seht dort auf steilem Bergesgrat
Die Yburg, waldumschlossen!
Da hauste Markgraf Fortunat
Mit seinen Nachtgenossen.
Er hatte mit verruchter Hand
Dem Teufel zum verpfluchten Pfand,
Für schwarzer Kunst Befehle
Verschrieben Leib und Seele.
Entsetzen rief im Land umher
Sein wüstes Sattelleben;
Zu Straßenraub und Mordbegehr

Erniedrigt war sein Streben.
Er schmückte mit dem Raub sein Schloss
Und hielt mit seinem wilden Tross
Oft Nächte lang und Tage
Höllische Saufgelage.
Von Durlach war's Fürst Friederich,
Den er zu meucheln trachtete,
Weil der den Vetter Liederlich
Aus Herzensgrund verachtete.
„Du zwingst ihn nicht im offnen Streit,
Drum schaff' ihn heimlich an die Seit'!"
So nahm des Markgrafs Buhle
Ihn schmeichelnd in die Schule.
Und im Laboratorium
Der Yburg hört man stampfen
Die großen Mörser mit Gesumm
Und sieht die Essen dampfen.
Hier braut ein furchtbar Giftrecept
Mit wälschen Strolchen der Adept,
Ein Salz für Vetters Küche, - -
Nicht fehlen Zaubersprüche.
Der Himmel schützte wunderbar
Davor den arg Bedrohten,
Doch manch unschuldig Opfer war
Gegangen zu den Todten.
Das kümmert nicht Herrn Fortunat,
Ihn spornt, durch seiner Buhle Rath,
Und wälsche List, der Satan
Auf's Neu zur finstern That an.
Und im Gewölb', in später Nacht,
Wo sonst sie Geld nachfälschen,
Wird jetzt ein Bild auch nachgemacht
Von ihm und seinen Wälschen,
Aus Jungfernwachs zumal und Leim
Und Zauberstoffen insgeheim:

Friedrich's, zur Rach' erkoren,
Dem er den Tod geschworen.
Behängt mit Fratzen allerlei,
Verflucht mit frevlen Worten,
Starrt lebensgroß das Konterfei
Auf Tiegel und Retorten.
Im Widerschein der Kohlengluth
Sein Antlitz röthet sich zu Blut;
Sogar das Glas der Augen
Scheint Leben einzusaugen.
Er reißt sie auf in blinder Wuth,
„War das Verräthers Stimme?" –
Da wälzt verathmend sich im Blut
Die Buhle sein, die schlimme.
Deß hatte so die Lauscherin
Für schwarzen Rath den Strafgewinn.
Zu Durlach, ohne Sorgen
Schläft Friedrich, wohlgeborgen.
Die schmalen Lippenränder weit
Gesperret, bleckts die Zähne,
Aus Mörderschädeln eingereiht –
Mit grinsendem Gegähne.
Soll das der edle Friedrich seyn?
Die Hölle borgt ihm nur den Schein,
Dass sie des Frevlers Sinne
Nur fester noch umspinne.
„Beim Trismegist!" rief Fortunat,
„Der Zauber wirkt, Gesellen!
Der Schelm ist lustig, in der That!
Ob ihm die Ohren schellen?
Gewiss, es schläft sein Urbild schlecht!
So macht die Ladung ihm zurecht
Mit schwarzem Todessamen!
Wohlan, ins Teufels Namen!"
Auf Todtenköpfen mannigfalt

Buntfarbne Lichter brannten,
In deren Kreis die Zerrgestalt
Nun ziehn die Nekromanten.
Sie lesen den Beschwörungs-Psalm,
Rings füllt die Wölbung Räucherqualm,
Da tönt aus ehrnem Munde
Die mitternächt'ge Stunde.
Zum Schluß nun seine Creatur
Der Meister faßt ins Auge:
„Der Zauberkugel Erzmixtur,
Laß sehn, ob sie was tauge?"
Und los nun drückt er das Pistol,
Hei, pfeift der Ball durchs Bild so hohl!
Doch auch ein Schrei, o Grausen!
Gellt vor der Thüre draußen.
Doch Fortunat, von Angst erfaßt,
Mit seiner Schuld Genossen,
Gedrückt von des Gewissens Last,
Entflieht auf schnellen Rossen;
Fort jagt er über Stock und Zaun
Zum fernen Schloss nach Kastelaun,
Um vor der Hölle Schergen
Vielleicht sich dort zu bergen.
Die Opfer lassen ihm nicht Ruh;
In immer wildrem Prassen
Stürzt taumelnd er dem Abgrund zu,
Von Gott und Welt verlassen.
Und einst bei tollem Schwelgermahl
Lockt ihn der Böse aus dem Saal,
Und schleudert ihn kopfunter
Die Marmortrepp' hinunter. –
Doch auf der Yburg jede Nacht
Der Hölle Geister rasen.
Da waltet stets des Teufels Macht,
Wo schlimme Fürsten saßen.

Der Bau zerfiel in Schutt und Staub,
Ein Thurm noch ragt aus Waldeslaub,
Das flüstert selbst am Tage
Wie eine bange Klage.
Ignaz Hub
(Originalmittheilung.)

(Schnezler, August: Badisches Sagenbuch, Bd. 2, Karlsruhe 1846, S. 249 f.)

Literaturverzeichnis

Albers, Bruno: Pistorius und Markgraf Ernst Friedrich von Baden-Durlach, in: Zeitschrift für die Geschichte des Oberrheins, 51. Bd., N.F. Bd. 12, Karlsruhe 1897.

Badische Hofordnungen, Hofordnung des Markgrafen Philipp II. von Baden-Baden, in: Deutsche Hofordnungen des 16. und 17. Jahrhunderts, hrsg. von Arthur Kern (= Denkmäler der deutschen Kulturgeschichte, 2. Abt.), Bd. 2,, Berlin 1907.

Bartmann, Horst: Die Kirchenpolitik der Markgrafen von Baden-Baden im Zeitalter der Glaubenskämpfe, in: Freiburger Diözesan-Archiv, 81. Bd., Freiburg 1961.

Bartusch, Ilas: Die Grabmäler für Markgraf Eduard Fortunat von Baden-Baden in der Stiftskirche zu Baden-Baden, in: Früchte vom Baum des Wissens, hrsg. von Ditte Bandini u. Ulrich Kronauer, Heidelberg 2009.

Baumann, Werner: Ernst Friedrich von Baden-Durlach, Die Bedeutung der Religion für Leben und Politik eines süddeutschen Fürsten im Zeitalter der Gegenreformation, Stuttgart 1962.

Bischoff, Ulrich: Bruchsal, Bretten, Durlach, Ettlingen und Pforzheim, Vergleich der Stadtgeschichte zwischen 1000 und 1600, Dissertation, Siegen 2003.

Brunner, Karl: Cäcilia Wasa, Markgräfin von Baden-Rodemachern, in: Zeitschrift für die Geschichte des Oberrheins, 54. Bd., N.F. Bd. 15, Karlsruhe 1900.

Bülau, Friedrich (Hrsg.): Geheime Geschichten und räthselhafte Menschen, Sammlung verborgener und vergessener Merkwürdigkeiten, Bd. 11, 2. Aufl., Leipzig 1864.

Chrismar, Eugen von: Genealogie des Gesamthauses Baden vom 16. Jahrhundert bis heute, Gotha 1892.

Coeckelberge Dützele, G.: Ruinen oder Taschenbuch zur Geschichte verfallener Ritterburgen u. Schlösser nebst ihrer Sagen, Legenden u. Märchen, Bd. 5, Wien 1834.

Freytag, Gustav: Bilder aus der deutschen Vergangenheit, Bd. II: Reformationszeit und Dreißigjähriger Krieg, hrsg. von Heinrich Pleticha, Hamburg 1978.

Gothein, Eberhard: Die badischen Markgrafschaften im 16. Jahrhundert, Neujahrsblätter der Badischen Historischen Kommission, N.F. 13, Heidelberg 1910.

Grundtlicher/Warhaffter vnd Bestendiger Bericht / Was sich vor vnd nach Vnlengst durch den ... Herrn Ernest Friedrichen ... Rechmäsig ... fürgenommen Occupation ..., Staffort 1595.

Günther, Hans-Jürgen: Jakob III., ein vergessener Emmendinger? Reformation und Gegenreformation in unserer Heimat, in: Emmendinger Heimatkalender, Emmendingen 1990.

Günther, Hans-Jürgen: Johannes Pistorius Niddanus d.J., in: Lebensbilder aus Baden-Württemberg, Bd. 19, Stuttgart 1998.

Günther, Hans-Jürgen: Vater und Sohn Johannes Pistorius Niddanus, Eine Doppelbiographie, Niddaer Geschichtsblätter Heft 2, 1994, Nidda 1994.

Hexen und Hexenverfolgung im deutschen Südwesten, Aufsatzband, hrsg. von Sönke Lorenz im Auftrag des Badischen Landesmuseums Karlsruhe, Ostfildern 1994.

Hofberg, Herman: Svenskt biografiskt handlexikon, Stockholm 1906.

Kleinschmidt, Arthur: Eduard Fortunatus, in: Allgemeine Deutsche Biographie, Bd. 5, Leipzig 1877, ND Berlin 1968, S. 648–649.

Köhler, Hans-Joachim: Obrigkeitliche Konfessionsänderung in Kondominaten. Eine Fallstudie über ihre Bedingungen u. Methoden am Beispiel der Baden-badischen Religionspolitik unter d. Regierung Markgraf Wilhelms (1622–1677), Münster 1975.

Köhler, Johann David: Historische Münz-Belustigung, Theil 7, 8 und 16, Nürnberg 1735/44.

Krebs, Manfred: Schoepflins Korrespondenz mit Johann Friedrich Herbster über die Historia Zaringo Badensis, in: Zeitschrift für die Geschichte des Oberrheins, 84. Bd., N.F. Bd. 45, Karlsruhe 1932.

Kühn, Joachim: Ehen zur linken Hand in der europäischen Geschichte, Stuttgart 1968.

Kurzel-Runtscheiner, Monica: Glanzvolles Elend, Die Inventare der Herzogin von Jülich-Kleve-Berg (1558–1597), Wien/Weimar/Köln 1993.

Labonté-Philippen, Rita: Jacobe von Baden und ihre unglückliche Zeit am Düsseldorfer Hof, in: Zeitschrift des Düsseldorfer Vereins für Familienkunde e.V., April 2003, S. 97-106; URL: http://www.zeitspurensuche.de/02/jacobe1.htm.

Lacroix, Emil: Die Kunstdenkmäler der Stadt Baden-Baden, Die Kunstdenkmäler Badens, Bd. 11,1, Karlsruhe 1942.

Ledderhose, Carl Friedrich: Aus dem Leben des Markgrafen Georg Friedrich von Baden, Heidelberg 1890.

Leifeld, Hubert: Kastellaun, Burg und Stadt im vorderen Hunsrück, (= Rheinische Kunststätten, Heft 461), Neuss 2001.

Leonhard, Otto: Geschichte der Stadt Castellaun, Ein Beitrag zur deutschen Wirtschafts- und Rechtsgeschichte von 1300 bis 1800, Castellaun 1921.

Lindqvist, Herman: Historien om Sverige, Historien om Gustav Vasa och hans söner och döttrar, Stockholm 1993.

Martens, Wilhelm: Badische Geschichte, Karlsruhe 1909.

Menzel, Wolfgang: Geschichte der Deutschen bis auf die neuesten Tage, vierte, umgearbeitete Ausgabe in einem Bande, Stuttgart/Tübingen 1843.

Muschka, Wilhelm: Opfergang einer Frau, Lebensbild der Herzogin Jakobe von Jülich-Kleve-Berg, geborene Markgräfin von Baden, Baden-Baden 1987.

Muschka, Wilhelm: Jakobe, in: Lebensbilder aus Baden-Württemberg, 18. Bd., Stuttgart 1994.

Noack, Friedrich: Oberrheinische Kavalierreisen, in: Zeitschrift für die Geschichte des Oberrheins, 79. Bd., N.F. Bd. 40, Karlsruhe 1927.

Peinliche und malefitzische Anklag … Sampt angehengtem Urteil derselbigen Milderung und Execution. Gedruckt bey Straßburg durch Johann Handt im Jahr unseres Herren Jhesu Christi MDXCV (1595), wörtliche Transkription von Erwin Senft, 2003, Kreisarchiv Rastatt.

Press, Volker: Die badischen Markgrafen im Reich der frühen Neuzeit, in: Zeitschrift für die Geschichte des Oberrheins, 42. Bd.,, N.F. Bd. 103, Stuttgart 1994.

Preuschen, Albert: Badische Geschichte, Karlsruhe 1842.

Pütter, Johann Stephan: Ueber Mißheirathen Teutscher Fürsten und Grafen, Göttingen 1796.

Reiß, Wolfgang: Die Hexenprozesse in der Stadt Baden-Baden, in: Freiburger Diözesan-Archiv, 91. Bd., 1971, Freiburg 1972.

Remling, Franz Xaver: Geschichte der Bischöfe zu Speyer, Bd. 2, Mainz 1854.

Reuss, Rudolf: Graf Ernst von Mansfeld im Böhmischen Kriege 1618–1621, Ein Beitrag zur Geschichte des Dreißigjährigen Krieges, Braunschweig 1865.

Rummel, Walter: Phasen und Träger kurtrierischer und sponheimischer Hexenverfolgungen, in: Guner Franz und Franz Irsigler (Hrsg.): Hexenglaube und Hexenprozesse im Raum Rhein – Mosel – Saar, Trierer Hexenprozesse – Quellen und Darstellungen, Bd. 1, Trier 1996.

Sachs, Johann Christian: Einleitung in die Geschichte der Marggravschaft Baden u. des marggrävlichen altfürstlichen Hauses Baden, Th. 3 und 4, Karlsruhe 1769/70.

Schaible, Karl Heinrich: Geschichte der Deutschen in England von den ersten germanischen Ansiedlungen in Britannien bis zum Ende des 18. Jahrhunderts, Straßburg 1885.

Schoepflin, Daniel: Historia Zaringo Badensis, Bd. 3, Karlsruhe 1765.

Schulz, Urte: Zwischen Alb und Oos – Ein Sagenführer, Heidelberg/Ubstadt-Weiher/Basel 2006.

Schwarzmaier, Hansmartin: Baden. Dynastie - Land - Staat, Stuttgart 2005.

Siebenmorgen, Harald (Hrsg.): 750 Jahre Zisterzienserinnen-Abtei Lichtenthal, Sigmaringen 1995.

Sikora, Michael: Ungleiche Verbindlichkeiten. Gestaltungsspielräume standesverschiedener Partnerschaften im deutschen Hochadel der Früher Neuzeit, in: *zeitenblicke* 4 (2005), Nr. 3, (13.12.2005), URL: http://www.zeitenblicke.de/2005/3/Sikora/index_html, URN:urn:nbn:de:0009-9-2301.

Spittler, Ludwig Timotheus: Eduard von Baden-Baden und Maria von Eickin, in: Göttingisches historisches Magazin, Bd. 4, Hannover 1789, S. 174–192.

Stenzel, Rüdiger: Ettlingen vom 14.–17. Jahrhundert, Geschichte der Stadt Ettlingen, Band IIa, Ettlingen 1982.

Stieve, Felix: Die Politik Bayerns 1591–1607, Nachdruck der Ausgaben München 1878 und 1883, München 1979.

Vaterländische Blätter, Heidelberg 1812.

Vehse, Carl Eduard: Die Höfe zu Baden, Ausgewählt, bearbeitet und hrsg. von Wolfgang Schneider, Leipzig/Weimar 1992.

Vehse, Eduard: Badische und Hessische Hofgeschichten, hrsg. von Heinrich Conrad, München 1922.

Vierordt, Karl Friedrich: Geschichte der evangelischen Kirche in dem Großherzogthum Baden, 2 Bde, Karlsruhe 1847/56.

Weech, Friedrich von: Badische Geschichte, Karlsruhe 1896.

Weech, Friedrich von: Die badischen Landtagsabschiede von 1554 bis 1668, in: Zeitschrift für die Geschichte des Oberrheins, 29. Bd., Karlsruhe 1877.

Weech, Friedrich von: Verfolgte Alchymisten, in: Zeitschrift für die Geschichte des Oberrheins, 26. Bd., Karlsruhe 1874.

Wielandt, Friedrich: Badische Münz- und Geldgeschichte, Karlsruhe 1955.

Wielandt, Friedrich: Denkmünzen zur Geschichte des zähringen-badischen Fürstenhauses aus der Zeit von 1499–1871, Die Medaillen des Hauses Baden, Bd. 1, Karlsruhe 1980.

Wielandt, Friedrich: Eduard Fortunat, in: Neue Deutsche Biographie, Bd. 4, Berlin 1959, S. 317.

Wolters, Maria Agnes, S.O.Cist.: Prinzessin Charitas Wasa, Konventualin in Lichtental, in: Freiburger Diözesan-Archiv, 82./83. Bd., 1962/63, Freiburg 1964.

Zehnter, Johann A.: Geschichte der Juden in der Markgrafschaft Baden-Baden, in: Zeitschrift für die Geschichte des Oberrheins, 50. Bd., N.F. Bd. 11, Karlsruhe 1896.

Anmerkungen

1 Wielandt, S. 112.

2 In einigen Quellen wird auch der 8. Juni genannt. 1583 führte Philipp II. den verbesserten Gregorianischen Kalender ein; der 8. Juni ist noch ein Datum des veralteten Julianischen Kalenders, der im protestantischen Teil Badens vorerst beibehalten wurde.

3 Schaible, S. 309.

4 Schaible, S. 309.

5 Baumann, S. 65.

6 Gothein, S. 9.

7 Der Hauptort Rodemachern, franz. Rodemack, im Dreiländereck Frankreich–Luxemburg–Deutschland gelegen, gehört heute zu Frankreich.

8 Sachs, 3. T., S. 266.

9 Margaretha Eriksdotter Leijonhufvud, die zweite Gemahlin von Gustav I. Wasa.

10 Lindqvist, S. 264 (Übersetzung).

11 Katharina von Sachsen-Lauenburg-Ratzeburg.

12 Johann war Calvinist. Er regierte zusammen mit seinem Bruder Edzard, der Lutheraner war.

13 Sachs, 3. T., S. 269.

14 Sachs, 3. T., S. 270, Fußnote (Hubertus Langvet an Herzog August von Sachsen).

15 Schaible, S. 310.

16 Sachs, 3. T., S. 279.

17 Everardo Reidano (1549–1602), General, Bürgermeister von Arnheim, schrieb über die Geschichte der Spanischen Niederlande.

18 Sachs, 3. T., S. 281.

19 Brunner, S. 25.

20 Gesamtheit der weiblichen Bediensteten.

21 Brunner, S. 26.

22 Sachs, 3. T., S. 265.

23 Wolters, S. 288.

24 Wolters, S. 289.

25 Wolters, S. 290.

26 Siebenmorgen, S. 131.

27 Wolters, S. 293.

28 Auch folgende Zitate: Wolters, S. 292 f.

29 Soror (lat.) = Schwester.

30 Wolters, S. 287.

31 Svenskt biografiskt handlexikon, 1. 1906 (Übersetzung).

32 Baumann, S. 69 (Übersetzung); Die Sprüche Salomos 30.17.

33 Baumann, S. 69.

34 Baden ist der alte Name für die Stadt Baden-Baden. Baden-Baden hieß die Markgrafschaft.

35 Siehe Übersicht S. 54.

36 Maria von Habsburg, 1531–1581.

37 Menzel, S. 752 (Fußnote).

38 Vermögen, welches der Ehemann der Ehefrau als Gegengabe für ihre Mitgift zuwendet.

39 Kurzel-Runtscheiner, S. 13.

40 Frauengemach und die darin wohnenden weiblichen Bediensteten, oft wie vertraute Freundinnen.

41 Luxuriöses und bequemes Hausgewand des 16. Jahrhunderts als Alternative zur offiziellen Kleidung.

42 Die Darstellung der politischen, konfessionellen Hintergründe würde hier den Rahmen sprengen.

43 Weech, S. 153.

44 Hexen und Hexenverfolgung, S. 191.

45 Hexen und Hexenverfolgung, S. 191.

46 Hexen und Hexenverfolgung, S. 190.

47 Vierordt, 1. Bd., S. 516.

48 Vierordt, 1. Bd., S. 516.

49 Und folgend: Badische Hofordnungen, S. 119 f.

50 Gothein, S. 13.

51 Vierordt, 1. Bd., S. 517, Fußnote.

52 Vierordt, 1. Bd., S. 517, Fußnote.

53 Gothein, S. 32.

54 Baumann, S. 32.

55 Bartmann, S. 198.

56 Siehe Stammtafel auf S. 69.

57 Menzel, S. 752.

58 Menzel, S. 752, Fußnote.

59 Muschka, S. 247.

60 Muschka, S. 331 f.

61 Menzel, S. 752, Fußnote.

62 Muschka, S. 334.

63 Menzel, S. 753, Fußnote.

64 Menzel, S. 753, Fußnote.

65 Muschka, S. 364.

66 Muschka, S. 365.

67 Und folgende: Sachs, 3. T., S. 244.

68 Vierordt, Bd. 2, S. 57.

69 Sachs, 3. T., S. 284 f.

70 Johannes Pistorius Niddanus d. J., zunächst Leibarzt und Historiograph am Durlacher Hof, 1588 zum Katholizismus konvertiert, ab 1591 General-

vikar, seit 1601 kaiserlicher Rat und Beichtvater Rudolfs II.

71 Bartmann, S. 204.

72 Vierordt, Bd. 2, S. 57.

73 Siehe Stammtafel auf S. 69.

74 Nachzulesen bei: Weech, Landtagsabschiede, S. 359 f.

75 Baumann, S. 72.

76 Spittler, S. 177.

77 Spittler, S. 176.

78 Spittler, S. 176.

79 Köhler, J. D., S. 119.

80 Frauengemach und die darin wohnenden weiblichen Bediensteten, oft wie vertraute Freundinnen.

81 Spittler, S. 175.

82 Vertreter eines (Erz-)Bischofs als Leiter des Offizialrats, der bischöflichen Gerichtsbehörde.

83 Sachs, 3. T., S. 289.

84 Spittler, S. 176.

85 Sachs, 3. T., S. 289.

86 Spittler, S. 181.

87 Spittler, S. 178.

88 Baumann, S. 126.

89 Sikora, Ungleiche Verbindlichkeiten, Kap. V.

90 Sikora, Ungleiche Verbindlichkeiten, Kap. V.

91 Reuss, Rodolphe: Graf Ernst von Mansfeld im böhmischen Kriege 1618-1621. Braunschweig 1865.

92 Noack, S. 586.

93 Baumann, S. 74.

94 Baumann, S. 75.

95 Baumann, S. 74.

96 Sachs, 3. T., S. 292 f.

97 Pütter, S. 130.

98 Spittler, S. 190.

99 Sachs, 3. T., S. 296.

100 Baumann, S. 87, übersetzt aus dem Italienischen.

101 Baumann, S. 87.

102 Bei Treis-Karden, im Flaumbachtal gelegen, einem Seitental der Mosel.

103 Hexen und Hexenverfolgung, S. 194

104 Ein Oberbeuerner Bauer rettet den Markgrafen. Als Sage nachzulesen in: Schulz, S. 234.

105 Spittler, S. 192.

106 Zwangsverwaltung in amtlichem Auftrag.

107 Baumann, S. 78.

108 Baumann, S. 77.

109 Baumann, S. 79.

110 Siehe Kap. 1.

111 Sachs, 4. T., S. 30.

112 Köhler, J. D., T. 8, S. 315.

113 Vollständiger Titel des Berichtes.

114 Pütter, S. 127.

115 Köhler, J. D., T. 8, S. 317.

116 Kühn, S. 109 f.

117 Peinliche ... Anklag, Kreisarchiv Rastatt.

118 Weech, Verfolgte Alchymisten.

119 Wielandt, S. 112.

120 Grundtlicher ... Bericht, S. 158 f.

121 Alle folgenden Abschnitte in direkter Rede sind keine Zitate, sondern Übertragungen der Aussagen aus: Grundtlicher ... Bericht.

122 Grundtlicher ... Bericht, S. 173.

123 Grundtlicher ... Bericht, S. 173.

124 Peinliche ... Anklag (achter Anklagepunkt).

125 Hauptmann oder Capitän Paul ist Paul Pestalozzi

126 ausführlicher bei: Kühn, S. 119

127 Baumann, S. 76

128 Wielandt, S. 111

129 Wielandt, S. 111

130 Ein Ausländer französischer oder italienischer Herkunft.

131 Später Baldrich, heute Baldreit; erste Badeherberge in Baden-Baden, seit ca. 1460.

132 Sachs, 3. T., S. 116.

133 Grundtlicher … Bericht, S. 50.

134 Fechtwaffe, Degen.

135 Heute ein Ortsteil von Rheinau, Ortenau.

136 Heute ein Ortsteil der Stadt Kehl.

137 Grundtlicher … Bericht, S. 53; ranzionieren = einen Gefangenen freikaufen.

138 Euer Fürstlich Gnaden, gemeint ist hier Ernst Friedrich von Baden-Durlach.

139 Grundtlicher … Bericht, S. 56.

140 Köhler, J. D., Theil 7, S. 316.

141 Folgende Zitate aus: Peinliche … Anklag.

142 Grundtlicher … Bericht, S. 144.

143 Peinliche … Anklag.

144 Grundtlicher … Bericht, S. 148; Losament = Unterkunft, Wohnung.

145 Frischer weißer Bienenwachs.

146 Peinliche … Anklag.

147 Grundtlicher … Bericht, S. 37.

148 Grundtlicher … Bericht, S. 44.

149 Sachs, 4. T., S. 226; gemeint ist: Grundtlicher … Bericht.

150 Vierordt, 2. Bd., S. 59.

151 Remling, 2. Bd., S. 414 f.

152 Remling, 2. Bd., S. 414 f.

153 Bartmann, S. 231.

154 Baumann, S. 129.

155 Baumann, S. 173.

156 Coeckelberge Dützele, S. 132 (teilweise Übersetzung aus dem Lateinischen).

157 Truchseß = für Küche und Tafel zuständiger Hofbeamter.

158 Siehe Kapitel „Eduard Fortunatus und Ernst Friedrich“

159 Grundtlicher … Bericht, S. 43 f.

160 Baumann, S. 87.

161 Leonhard, S. 9.

162 Menzel, S. 711.

163 Menzel, S. 711.

164 Hierzu: Hans von Schweinichen – ein Lebensbild aus dem 16. Jahrhundert, bearbeitet von Hildegard Rabaa, Heidenheim 1971.

165 Menzel, S. 712, Fußnote.

166 Menzel, S. 713.

167 Baumann, S. 88.

168 Jacques Bongars (1554–1612), franzöischer Gelehrter und Diplomat.

169 Sachs, 4. T., S. 226 f., Fußnote.

170 Rudolf II. (1552–1612), Kaiser seit 1576.

171 Sachs, 4. T., S. 230, Fußnote.

172 Sequester = treuhänderische Verwaltung einer strittigen Sache.

173 Unter der Folter.

174 Rummel, S. 295.

175 Rummel, S. 296

176 Rummel, S. 301

177 Rummel, S. 302

178 Bis 1595 Erzherzog Ernst von Österreich.

179 Sachs, 3. T., S. 301, Fußnote.

180 Sachs, 3. T., S. 302.

181 Sachs, 3. T., S. 303.

182 Sachs, 3. T., S. 304.

183 Sachs, 3. T., S. 296.

184 Everardo Reidanus (1549–1602), General-Deputier der niederländischen Staaten.

185 Sachs, 3. T., S. 306.

186 Baumann, S. 127.

187 Sachs, 3. T., S. 307, Fußnote.

188 Sachs, 3. T., S. 308.

189 Siehe auch Kapitel „Christoph und Cäcilia“.

190 Siehe Kapitel „Eduard Fortunatus und Maria“.

191 Siehe Kapitel „Eduard Fortunatus und Maria“.

192 Baumann, S. 135.

193 Sachs, 4. T., S. 241.

194 Sachs, 4. T., S. 242.

195 Markgrafschaft Hachberg und Herrschaft Usenberg.

196 Baumann, S. 140.

197 Baumann, S. 140.

198 Baumann, S. 172.

199 Sachs, 4. T., S. 278.

200 Baumann, S. 174.

201 Baumann, S. 176.

202 Siehe Kapitel „Eduard Fortunatus und Maria“.

203 Lacroix, Kunstdenkmäler Badens, S. 126.

204 Bei Treis an der Mosel, im Flaumbachtal gelegen, unweit von Kastellaun.

205 Alle Erkenntnisse ausführlich nachzulesen bei: Bartusch, S. 153 f.

206 Bartusch, S. 154.

Personenregister

Bildnachweis

Badische Landesbibliothek, Karlsruhe: S. 14*, 24*, S. 164 (* = Foto: Beate Ehlig)

Badisches Landesmuseum, Karlsruhe: S. 136

Christer Engstrand, Schweden: S. 32

Generallandesarchiv Karlsruhe: S. 111 (47 Nr. 1493)

Köhler, Johann David: Der wöchentlichen historischen Münz-Belustigung ..., Theil 16, Nürnberg 1744: S. 92

Landesmedienzentrum Baden-Württemberg: S. 18*, S. 60*, S. 65 (Foto: Bothner), S. 87*, S. 122*, S. 156*, S. 196* (* = Original in Badisches Generaldepot, Staatliche Schlösser und Gärten Baden-Württemberg)

Mitgliedergruppe Yburg im Historischen Verein für Mittelbaden: S. 127 (Zeichnung: Karl Schwab)

Österreichische Nationalbibliothek, Wien: Umschlag, S. 32, S. 109, S. 184

Wikimedia: S. 71